Mein Recht
als Patient
3. Auflage

Arztwahl,
Krankenkasse,
Honorare

Aufklärungs- und Verschwiegenheitspflicht

Kranken-geschichte,
Arzthaftung,
Behandlungs-fehler

Verein für Konsumenteninformation (Hrsg.)
Martin Bleckmann

Mein Recht als Patient

3., aktualisierte Auflage

Impressum

Herausgeber
Verein für Konsumenteninformation (VKI)
Linke Wienzeile 18, 1060 Wien
ZVR-Zahl 389759993
Tel. 01 588 77-0, Fax 01 588 77-73, E-Mail: konsument@vki.at
www.vki.at | www.konsument.at

Geschäftsführung
Mag.(FH) Wolfgang Hermann

Autor
Univ.-Doz. Mag. Dr. Martin Bleckmann

Grafik/Produktion
Günter Hoy

Foto Umschlag
Zurijeta/Shutterstock.com

Druck
Gerin Druck GmbH, 2120 Wolkersdorf

Stand
April 2023

Aktualisierungen, bedingt durch mögliche gesetzliche Änderungen, stellen wir auf www.konsument.at/patient-recht zur Verfügung.

Bestellungen
KONSUMENT Kundenservice
Mariahilfer Straße 81, A-1060 Wien
Tel. 01 588 774, Fax 01 588 77-72
E-Mail: kundenservice@konsument.at

Wir sind bemüht, so weit wie möglich geschlechtsneutrale Formulierungen zu verwenden. Wo uns dies nicht gelingt, gelten die entsprechenden Begriffe im Sinne der Gleichbehandlung grundsätzlich für beide Geschlechter.

Bibliografische Information der Deutschen Nationalbibliothek
Die Deutsche Nationalbibliothek verzeichnet diese Publikation in der Deutschen Nationalbibliografie; detaillierte bibliografische Daten sind im Internet über http://dnb.d-nb.de abrufbar.

Verein für Konsumenteninformation
ISBN 978-3-99013-117-6

€ 25,–

Die Tageszeitung „Der Standard" titelte: „Es ist eine Kunst, keinen Fehler zu machen." Und die Patientenanwaltschaft geht von 2.500 bis 3.000 Toten im Jahr infolge von Behandlungsfehlern aus. Solche Meldungen machen Angst. Doch wo Menschen arbeiten, passieren Fehler. Und bei zwei Millionen Kontakten, die unsere Spitäler jährlich verzeichnen, wäre es schlicht ein Wunder, würde nicht die eine oder andere Behandlung schiefgehen.

Neu an dieser Situation ist allerdings, dass die Patienten in den letzten Jahren mündiger geworden sind. Immer öfter finden sie sich mit einem Kunstfehler nicht einfach ab, sondern klagen – ihren behandelnden Arzt an und Schmerzensgeld ein. Damit der, der recht hat, sein Recht auch bekommt, muss er jedoch gut informiert sein. Und genau dafür sorgt dieses Buch, das Sie gerade in Händen halten.

Es beschäftigt sich mit den Rechten, die Sie als Patient haben. Und das sind gar nicht wenige. Ja, Sie dürfen Ihren Arzt frei wählen. Sie haben Anspruch auf ein Spitalsbett und auf Wahrung Ihrer Privat- und Intimsphäre. Sie müssen über jede Behandlung lückenlos aufgeklärt werden, ohne Ihre Zustimmung geht gar nichts. Und selbstverständlich dürfen Sie Einsicht in Ihre Krankengeschichte nehmen. Kommt es zu Problemen, haben Sie unter bestimmten Voraussetzungen Anspruch auf Gewährleistung und Schadenersatz.

Nur ein Patient, der seine Rechte kennt, kann sie im Konfliktfall auch durchsetzen. Oder noch besser: schon im Vorfeld dafür sorgen, dass es erst gar nicht zu einer Auseinandersetzung kommt. Schließlich sind Vertrauen und eine gute Gesprächsbasis zwischen Arzt und Patient nach wie vor zentrale Voraussetzungen für den Behandlungserfolg.

Ihr KONSUMENT-Team

Inhalt

Das Verhältnis Patient – Arzt

Ob beim praktischen Arzt oder im Krankenhaus, als Privatpatient oder auf Kasse: Die Rechtsgrundlage jeder Behandlung ist der Behandlungsvertrag. Durch ihn ist alles geregelt – von der Diagnose über die Therapie bis zum Honorar.

Der Behandlungsvertrag

Die Patientenrechte beruhen im Wesentlichen darauf, dass Sie bei Ihrem Arzt, im Krankenhaus oder in einer Ambulanz Vertragspartner sind und nicht unmündiger Schutzbefohlener. Zwischen Ihnen als Patient und dem Arzt bzw. dem Rechtsträger einer Krankenanstalt wird ein Behandlungsvertrag geschlossen. Und zwar auch dann, wenn die Kosten der Behandlung von der Sozialversicherung übernommen werden. In letzterem Fall sind aber die ärztlichen Leistungen der Krankenkasse nicht zurechenbar. Die Krankenkasse haftet daher auch nicht für Fehlleistungen der Vertragsärzte.

Behandlungsvertrag ist Dienstvertrag

Dieser Behandlungsvertrag ist ein Dienst- und kein Werkvertrag. Denn der Arzt schuldet Ihnen eine **Dienstleistung**, keinen Heil- oder Behandlungserfolg. Aufgrund des Vertrages hat der Arzt den geschuldeten Eingriff fachgerecht durchzuführen. Das heißt, dass er diejenigen Maßnahmen ergreifen muss, die von einem gewissenhaften und aufmerksamen Arzt seines Fachbereiches vorausgesetzt und erwartet werden. Er hat Sie entsprechend dem anerkannten und gesicherten Stand der Medizin in Diagnose und Therapie zu behandeln bzw. vor der Behandlung umfassend darüber aufzuklären.

Der ärztliche Behandlungsvertrag ist zweiseitig, verbindlich und entgeltlich. Das heißt: Für beide Vertragsparteien ist er verpflichtend und sowohl für den Arzt als auch für den Patienten ergeben sich daraus wechselseitige Rechte und Pflichten; unter anderem auch **Schutz- und Sorgfaltspflichten**. Der Vertrag ist zugleich Grundlage der Haftung bei allfälligem ärztlichen Fehlverhalten.

Nach der Rechtsprechung ist als Gegenstand des jeweiligen Behandlungsvertrags im Zweifel grundsätzlich ein bestimmter „Krankheitsfall" des Patienten anzusehen und nicht der jeweils isolierte Behandlungsabschnitt. Das gilt auch, wenn der Behandlungsvertrag mit dem Rechtsträger eines Krankenhauses geschlossen wurde und die Krankenhausärzte insoweit als Erfüllungsgehilfen des Rechtsträgers tätig werden.

Vertrag mit Schutzwirkung zu Gunsten Dritter

Die Rechtsprechung anerkennt die Schutzwirkung zu Gunsten Dritter bei einem Behandlungsvertrag. Das gilt etwa für Unterhaltsfolgen nach der Geburt eines schwer behinderten Kindes. Hier wird der Schutzbereich des ärztlichen Behandlungsvertrags auf den Vater erstreckt, hat doch dieser gleich der Mutter ein eigenes, dem Arzt bekanntes Interesse, über das Wohlergehen bzw. Beeinträchtigungen der Leibesfrucht informiert zu werden. Ebenso ist im Falle eines ärztlichen Kunstfehlers mit der Folge des Todes des Patienten auch der in aufrechter Lebensgemeinschaft mit dem Patienten lebende Ehegatte aus dem Behandlungsvertrag geschützt. So kann er – im Unterschied zum Bruder des verstorbenen Patienten – für einen bei ihm eingetretenen Trauerschaden mit Krankheitswert vom Vertragspartner des Getöteten Ersatz wegen Verletzung vertraglicher Schutz- und Sorgfaltspflichten begehren.

Die ärztliche Leistung ist eine Dienstleistung

Egal ob Sie Privat- oder Kassenpatient sind: Auch der Vertrag zwischen Ihnen und Ihrem **Zahnarzt** ist grundsätzlich ein Vertrag über eine Dienstleistung. Das gilt beispielsweise für die Extraktion von Zähnen, die Behandlung von Kieferbrüchen und Zystenoperationen. Allerdings können in diesem Dienstvertrag gleichzeitig werkvertragliche Elemente enthalten sein, so etwa bei der prothetischen Versorgung oder der Fertigung von Zahnkronen. Kommt es in diesen Bereichen zu rein zahnlabortechnischen **Verarbeitungsfehlern**, gilt hier das werkvertragliche Gewährleistungsrecht.

Sitzt also Ihre neue Zahnprothese nicht einwandfrei, weil der Zahntechniker schlampig gearbeitet hat, können Sie ein mangelfrei angefertigtes Werkstück verlangen. Hier hängt das Arbeitsergebnis nicht so sehr von unbeherrschbaren Risiken wie der physischen und psychischen Anlage des jeweiligen Patienten ab, sondern hauptsächlich von der fachlichen Qualifikation des Arztes und den verwendeten Materialien und Arbeitsbehelfen.

Der Lehrberuf des Zahntechnikers ist ein Gewerbe, das den Zahntechniker zur Herstellung und Reparatur von Zahnersatz befugt. Das Berufsprofil sowie das Berufsbild sehen keine Tätigkeiten am Patienten vor. Daraus wurde abgeleitet, dass das Abdrucknehmen und Anpassen von Zahnersatzstücken und Gebissen im menschlichen Mund ohne Anordnung und ständiger Aufsicht eines Zahnarztes vom Zahntechniker nicht ausgeübt werden dürfen. Das bloße „in den Mund" verstößt aber noch nicht gegen den gesetzlichen Ärztevorbehalt.

Auch bei kosmetischen Operationen oder einer Sterilisation schuldet der Arzt nicht den Erfolg seiner Leistung. Hat er etwa die **Schönheitsoperation** lege artis (nach dem aktuellen Stand der Wissenschaft) durchgeführt, steht ihm sein Honorar grundsätzlich auch dann zu, wenn der beabsichtigte Erfolg – besseres Aussehen, mehr Selbstwertgefühl – ausbleibt. Hingegen sind die Kosten einer medizinisch notwendigen Operation zur Korrektur eines Behandlungsfehlers bei einer misslungenen Schönheitsoperation vom Arzt zu ersetzen.

Ärztemonopol

Der Gesetzgeber hat der Ärzteschaft eine **Monopolstellung** bei der Erfüllung des krankenversicherungsrechtlichen Versorgungsauftrags eingeräumt. Therapien zur Behandlung von Krankheiten können somit nur dann auf Kosten der Versichertengemeinschaft erbracht werden, wenn sie von einem Arzt durchgeführt werden. Leistungen anderer **Gesundheitsberufe** – sofern sie nicht der ärztlichen Hilfe gleichgestellt sind – sind nicht als Krankenbehandlung zu qualifizieren. So wurden beispielsweise Reparaturarbeiten an Zahnprothesen durch selbstständige Zahntechniker oder Massageleistungen durch gewerbliche Masseure aber auch die Behandlung oder die Einnahme von Medikamenten ohne ärztliche Aufsicht durch den Versicherten selbst nicht der ärztlichen Hilfe gleichgestellt.

Nicht erfasst sind ferner Leistungen von Gesundheitsberufen, die in Österreich berufsrechtlich nicht zugelassen sind und deshalb im Ausland in Anspruch genommen werden, etwa die Leistung eines in Deutschland in Anspruch genommenen **Heilpraktikers**. Bestrahlungen mit einer Mineralienlampe oder das Auflegen von Blütenessenzen ohne vorangehende Diagnose für sich allein ist überhaupt keine auf medizinisch-wissenschaftlichen Erkenntnissen begründete Tätigkeit.

Das bloße, mit der Arbeit eines Kontaktlinsenoptikers notwendigerweise verbundene Betrachten des Auges seines Kunden ist noch keine Untersuchung. Auch ein **Laie** kann „Hinweise" auf eine allfällige Krankheit eines anderen Menschen wahrnehmen, ohne dass er mit der bloßen

Betrachtung dieses Menschen schon in die Vorbehaltsaufgaben der Ärzte eingegriffen hätte.

Nimmt ein **Nichtarzt** eine ärztliche Behandlung vor (z.B. Injektion von Fettweg-Spritzen durch **Kosmetikerin**), hat er über das Fehlen seiner ärztlichen Qualifikation **aufzuklären**. Ansonsten ist eine Einwilligung in die Behandlung unwirksam. Allerdings führt die Aufklärung über das Fehlen der ärztlichen Qualifikation nicht dazu, dass das Risiko einer nicht fachgerechten Leistung ausschließlich beim Vertragspartner liegt. Wird ausdrücklich auch auf das Fehlen der Fähigkeiten zur Erbringung der Leistung hingewiesen, ist dies allenfalls anzunehmen. Hätte aber ein Laie aufgrund der Gesamtumstände erkennen können, dass ein Nichtarzt nicht über die erforderlichen Kenntnisse und Fähigkeiten für eine solche Behandlung verfügt und nicht befähigt ist, die angebotenen Leistungen zu erbringen, und lässt er sich auf die Behandlung ein, muss er sich dies als Mitverschulden zurechnen lassen.

Keine Heilungsgarantie

Die komplexen Abläufe im menschlichen Körper und dessen Reaktionen auf medikamentöse oder operative Eingriffe sind schwer vorhersehbar und selten zur Gänze beherrschbar. Die ärztliche Tätigkeit ist daher mit

Keine Gewährleistung

Frau Anna H. unterzog sich einer Schönheitsoperation mit dem erklärten Ziel, die Fettpölsterchen rund um ihre Hüften dauerhaft loszuwerden. Die zu diesem Zweck durchgeführte Fettabsaugung führte nur zu einem teilweisen Erfolg. Frau H. verlangte daraufhin vom behandelnden Arzt – analog den Gewährleistungsbestimmungen – die Herabsetzung seiner Honorarforderungen. Das Gericht verneinte einen Preisminderungsanspruch von Frau H. Schlagen Krankenbehandlung oder kosmetische Behandlung fehl, gibt es nämlich keine Gewährleistungsansprüche und damit keine Preisminderung. Ein Arzt ist eben kein typischer Werkbeauftragter wie ein Automechaniker, der Ihren Wagen zur Reparatur übernimmt und Ihnen zugleich versichert, das Auto in einen funktionstüchtigen Zustand zu bringen.

so vielen Risikofaktoren belastet, dass der glückliche Ausgang einer Behandlung oder eines Eingriffs wohl niemals mit Bestimmtheit vorhergesagt werden kann. Deshalb steht die Rechtsprechung auf dem Standpunkt, dass der Arzt vertraglich **keine Erfolgsgarantie** übernehmen kann. Ihr Arzt schuldet Ihnen demnach nicht die Beseitigung Ihres gesundheitlichen Problems, sondern lediglich sein intensives Bemühen, Ihre Gesundheit wiederherzustellen.

Ärztliche Hilfe ohne Erfolgsgarantie

Wann kommt ein Behandlungsvertrag zustande?

Ein Behandlungsvertrag kommt regelmäßig dadurch zustande, dass sich der Patient in die Behandlung des Arztes begibt und der Arzt die Behandlung übernimmt. Ein Vertragsverhältnis kann auch durch die Erteilung telefonischer Ratschläge auf ausdrückliche Anfrage des Patienten begründet werden. Der Arzt übernimmt damit **persönlich** (oder arbeitsteilig mit anderen Berufskollegen) die Verpflichtung, die Vorgeschichte der Erkrankung zu erforschen, die notwendigen diagnostischen Untersuchungen durchzuführen, eine an den neuesten Erkenntnissen der Medizin ausgerichtete Behandlungsform zu wählen und diese Behandlung dann sorgfältig durchzuführen – kurz: Sie gemäß dem Ärztegesetz gewissenhaft und nach dem Stand der medizinischen Wissenschaft zu behandeln.

Behandlungsvertrag kann formlos abgeschlossen werden

Vertrag geschlossen

Sobald Sie der Sprechstundenhilfe Ihres Arztes die e-card ausgehändigt oder die formale Aufnahme zur stationären Pflege in einem Krankenhaus hinter sich gebracht haben oder der Arzt einfach die Behandlung beginnt, haben Sie – stillschweigend – den Behandlungsvertrag abgeschlossen.

Ob Sie krankenversicherter Patient sind oder nicht: In jedem Fall erfüllt der Arzt aufgrund des Behandlungsvertrages seine persönliche Pflicht. Sind Sie **Kassenpatient**, besteht zwischen Ihnen und Ihrem Sozialversicherungsträger eine öffentlich-rechtliche Beziehung, auf deren Grundlage bei Eintritt des Versicherungsfalles „Krankheit" dem Patienten ärztliche

Hilfe gewährt wird. Die Krankenkasse erbringt medizinische Leistungen in der Regel aber nicht selbst. Sie erfüllt ihren gesetzlichen Auftrag, ein modernes Versorgungssystem zur Verfügung zu stellen, überwiegend durch Dritte. Zu diesem Zweck verpflichtet sie durch Verträge eine ausreichende Zahl an Ärzten und Krankenanstalten, Kassenleistungen zu erbringen.

Zwischen dem Patienten, dem Vertragsarzt und der Krankenkasse besteht eine **Dreiecksbeziehung**. Auf **privatrechtlicher** Ebene ist sie durch den Abschluss eines Behandlungsvertrages zwischen dem Patienten und dem zur Kasse zugelassenen Vertragsarzt geregelt, auf öffentlich-rechtlicher Ebene in der sozialrechtlichen Rechtsbeziehung des Vertragsarztes und der Kasse. Die **öffentlich-rechtliche** Verpflichtung verpflichtet den Vertragsarzt, den festgelegten Leistungsrahmen einzuhalten, und verschafft ihm einen Honoraranspruch gegen die jeweilige Krankenkasse.

Beruflich selbstständig

Vergütung entsprechend der Honorarordnung

Bei der Durchführung von Kassenbehandlungen agieren die Vertragsärzte bzw. Vertragseinrichtungen beruflich selbstständig. Die erbrachten Leistungen werden von der Sozialversicherung entsprechend den Honorarordnungen vergütet. Ärztliche Leistungen, die die Tarife der **Honorarordnungen** übersteigen oder erst gar nicht in ihnen enthalten sind, bezahlt die Krankenkasse dagegen nicht. Sie haftet auch nicht (etwa nach dem Amtshaftungsgesetz) für Fehlleistungen ihrer Vertragsärzte.

Auch die **ambulante** oder **stationäre Krankenbehandlung** erfolgt auf der Basis eines privatrechtlichen Behandlungsvertrages mit dem Patienten. Der Kassenpatient darf grundsätzlich darauf vertrauen, nicht mit den Kosten der Behandlung belastet zu werden. Bleibt aber z.B. der Patient im Krankenhaus, obwohl keine **Behandlungsbedürftigkeit** mehr besteht oder hinreichende **Erfolgsaussichten** für die Behandlung und Pflege fehlen, so kommt zwischen ihm und dem Krankenhausträger ein separater, in der Regel schriftlicher Vertrag über die weitere stationäre Aufnahme und Betreuung zustande. Gleiches gilt für Patienten, die nicht krankenversichert sind. Auch sie müssen die Behandlungskosten selbst tragen.

Keine Verpflichtung für den Ehegatten

Herr Alois M. soll für die Unterbringung seiner Gattin im Einbettzimmer eines Spitals aufkommen. Eine derartig kostspielige und sachlich nicht gerechtfertigte Krankenhauszusatzleistung begründet jedoch keine Mitverpflichtung des Ehegatten. Und selbst wenn es sich um eine medizinisch begründete, unaufschiebbare Leistung handelt, wäre Herr M. nicht zur Zahlung verpflichtet, wenn sie die wirtschaftlichen Verhältnisse und finanziellen Möglichkeiten der Familie überschreitet. Hätten sich aber die Ehepartner darüber – für den Arzt erkennbar – zuvor abgestimmt, so würde Herr M. haften.

Angemessenes Honorar

Sind Sie Privatpatient, so kann Ihr Arzt sein Honorar im Rahmen der Angemessenheit berechnen. Wenn es ans Bezahlen geht, haftet übrigens nicht nur der die Behandlung in Anspruch nehmende Patient, sondern auch der mit ihm zusammenlebende Ehegatte, wenn er eine Kostenzusage des Patienten unterschreibt. Nichteheliche Lebensgefährten, die ihren Partner in ein Krankenhaus begleiten, haften hingegen nicht, wenn sie etwa eine ihnen vorgelegte, ihrem Inhalt nach als Kostenzusage des Patienten konzipierte Verpflichtungserklärung unterzeichnen.

Auch bei der Behandlung bewusstloser und geschäftsunfähiger Patienten besteht ein Vergütungsanspruch des Arztes oder des Krankenhauses. Hier liegt eine Geschäftsführung ohne Auftrag vor. Die Behandlung muss aber auf vitale oder absolut notwendige Maßnahmen beschränkt bleiben.

Der Vertrag mit der Krankenkasse – freie Arztwahl?

Krankenhausarzt ist Erfüllungsgehilfe

Wenn der behandelnde Arzt Dienstnehmer eines Krankenhauses ist, führt er seine Arbeiten als sogenannter **Erfüllungsgehilfe** des Krankenhausträgers aus. Vertragspartner des Patienten ist der Anstaltsträger, also das Krankenhaus. In der Regel sind dies Bund, Land oder Gemeinden, aber auch geistliche Orden und Versicherungen. Diese haften in der Folge für schuldhaft begangene Fehlleistungen ihres Personals. Der Patient kann seine Forderungen aber auch gegen den Arzt selbst richten, wenn dieser mit der Verletzung des Behandlungsvertrages ein strafbares Delikt begangen hat.

In Ausnahmefällen kann sich der Arzt von einem Berufskollegen vertreten lassen. Dieser übt seine Tätigkeit dann in der Regel eigenverantwortlich aus. Wenn also Ihr Arzt einen **Urlaubsvertreter** bestellt hat, dem in der Folge ein Fehler unterläuft, hat nicht Ihr ständiger Arzt dafür einzustehen, sondern sein Vertreter.

Recht auf freie Arztwahl

Wahlfreiheit betrifft Ärzte – nicht Therapie

Wer kranken- und unfallversichert ist, kann unter **allen** Gesundheitseinrichtungen Österreichs frei wählen. Es ist ihm freigestellt, welche ärztliche Hilfe er in Anspruch nimmt; das heißt aber nicht freie Therapiewahl. Der Patient kann also einen Vertragsarzt seines Versicherungsträgers, ein versicherungseigenes Ambulatorium oder aber einen Arzt seiner Wahl, der kein Vertragsverhältnis zu einem Versicherungsträger hat, aufsuchen.

Diese Wahlfreiheit gilt auch für psychotherapeutische Behandlungen, weil der Gesetzgeber die psychotherapeutische Behandlung der ärztlichen Hilfe gleichgestellt hat.

Vertragsärzte und Wahlärzte

Vertragsärzte sind freiberuflich tätige Ärzte, die sich durch einen privatrechtlichen Vertrag mit dem Versicherungsträger zur Behandlung krankenversicherter Patienten verpflichtet haben. Nimmt der Versicherte per **e-card** einen Vertragsarzt in Anspruch, so vergütet die Krankenkasse dem Arzt entsprechend den Honorarordnungen dessen Leistung. Der Patient wird in der Regel mit keinerlei Kosten belastet; Ausnahmen bestehen bei Bauern, Beamten und Gewerbetreibenden, die einen Behandlungskostenbeitrag zu entrichten haben.

Wahlärzte sind vertraglich nicht an einen Versicherungsträger gebunden. Das Honorar für erbrachte Leistungen muss der Patient deshalb vorerst auch aus eigener Tasche bezahlen. Er kann aber bei seinem Versicherungsträger Kostenerstattung beantragen. Vergütet werden jedoch nur 80 Prozent jenes Betrages, der für die Krankenkasse bei Inanspruchnahme eines Vertragsarztes angefallen wäre.

Sie haben auch das Recht, Arzt und Krankenhaus zu **wechseln**. Sie können zudem eine ärztliche Zweitmeinung einholen. Den begründeten Wunsch, einen weiteren Arzt hinzuzuziehen oder eine Zweitmeinung einzuholen, soll der Arzt nicht ablehnen. Einen Zweitbegutachter zu finden, kann sich in der Praxis aber mitunter als schwierig erweisen. Nicht alle Ärzte sind nämlich ohne Weiteres bereit, den Befund eines Kollegen kritisch zu prüfen. Im Zweifelsfall ist es daher besser, mehrere Ärzte aufzusuchen und sie ohne Hinweis auf die bereits erfolgte Konsultation um ihren Befund zu bitten. Bevor Sie diesen Weg einschlagen, sollten Sie sich auf jeden Fall über **eventuelle Kostenfolgen** bei dem Arzt oder dem Kostenträger (etwa gesetzliche Krankenkasse) informieren.

Ein Arzt kann eine ärztliche Behandlung auch **ablehnen**. Dabei ergeben sich jedoch Unterschiede zwischen Privat- und Kassenpatienten: Bei Privatpatienten besteht keine ärztliche **Kontrahierungspflicht** (= Bindungspflicht), außer bei Notfällen, erheblichen Symptomen etc. Bei Kassenpatienten hingegen ist ein Kassenarzt verpflichtet, zu behandeln. Nur bei triftigen Gründen (etwa Fehlen eines Vertrauensverhältnisses) kann ein Kassenarzt die Behandlung ablehnen. Und er kann im Interesse seiner angestammten Patienten neue Kunden wegen Überlastung seiner Ordination abweisen.

Wann dürfen Vertragsärzte die Behandlung von Versicherten ablehnen?

Ablehnung der Behandlung muss sachlich begründet sein

Der Gesamtvertrag verpflichtet Vertragsärzte an sich, alle Anspruchsberechtigten jener Kassen, mit denen der Einzelvertrag besteht, zu behandeln, welche die Ordination während der Ordinationszeit aufsuchen. Der Gesamtvertrag sieht aber auch vor, dass der Vertragsarzt diese Behandlung in „berechtigten Fällen" ablehnen darf, ohne diese Fälle zu konkretisieren. Hierbei ist auf die Interessen aller drei Beteiligten Bedacht zu nehmen – des Arztes, der Krankenkasse und der Patienten. Die Behandlung darf zum einen aus manchen Gründen aufseiten des Arztes abgelehnt werden, nämlich aus medizinischen Gründen wie aus Kapazitätsgründen. Ein medizinischer Grund liegt etwa vor, wenn der Arzt nicht die für eine spezielle Behandlung erforderliche Ausstattung hat oder der Patient die schuldmedizinische Behandlung an sich ablehnt. Eine Ablehnung neuer Patienten aus Kapazitätsgründen ist insbesondere möglich, wenn die Behandlung der vorhandenen Patienten die Ordinationszeiten bereits auslastet.

Zum anderen darf die Behandlung auch aus bestimmten patientenbezogenen Gründen abgelehnt werden. Die Sozialversicherten treffen bei Inanspruchnahme der ärztlichen Hilfe auch gewisse Mitwirkungsobliegenheiten. Sie haben sich dabei so zu verhalten, dass ihr Verhalten den Leistungserbringern zumutbar ist, soweit dieses Verhalten den Leistungsberechtigten selbst – insbesondere im Hinblick auf deren Erkrankung – zumutbar ist. In manchen Fällen wird eine Verletzung dieser Obliegenheit schon den Leistungsanspruch gegen die Krankenversicherung temporär beeinträchtigen, in anderen – darüber hinaus – nur den aufgesuchten Vertragsarzt berechtigen, die (weitere) Behandlung abzulehnen. Dieser hat das Recht zur Ablehnung insbesondere bei sehr schlechter Mitwirkung des Patienten an der Behandlung, bei einem Versuch, den Arzt zu strafbarem Verhalten zu verleiten, bei grob inadäquatem Patientenverhalten (z.B. grobes Beschimpfen) und bei schwerer Störung des Vertrauensverhältnisses. Können Arzt und Patient nicht miteinander kommunizieren, so kann der Arzt die Behandlung nur ablehnen, wenn er annehmen darf, dass rechtzeitig ein Arzt mit entsprechender Kommunikationsmöglichkeit konsultiert werden kann.

Arztwechsel innerhalb eines Quartals

Zustimmung des Chefarztes bei Arztwechsel im Quartal

Da das Vertrauen des Patienten in seinen Arzt zweifellos eine wichtige Basis für die Heilbehandlung darstellt, kann der Arzt auch **innerhalb** eines **Quartals gewechselt** werden. Das ist allerdings nur aus wichtigen Gründen möglich. Vor einem Wechsel müssen Sie auf jeden Fall die Zustimmung des Chefarztes Ihrer Krankenkasse einholen.

Für ein und denselben Behandlungsfall dürfen nicht gleichzeitig mehrere Vertragsärzte verschiedener Fachsparten in Anspruch genommen werden. Der behandelnde Vertragsarzt darf jedoch Ärzte anderer Fachrichtungen beiziehen oder, wenn es medizinisch zweckmäßig ist, einem anderen Arzt die weitere Behandlung übertragen.

Relative Hilfeleistung bei Hausbesuchen

Grundsätzlich muss der Arzt in seiner Praxis – also in den Räumen seiner Ordination – medizinische Hilfe leisten. Der Arzt hat die medizinische Versorgung seiner Patienten nach dem Stand der medizinischen Wissenschaft sicherzustellen. Dabei entscheidet er aber selbst, wie und wo er die Behandlung vornimmt. Standespflichten verbieten es jedoch, Patienten bloß aus der Ferne, z.B. über das Telefon, zu behandeln.

Praktische Vertragsärzte (auch „Arzt für Allgemeinmedizin" genannt) sind jedoch zum **Hausbesuch verpflichtet**, wenn dem Patienten aufgrund seines Zustandes ein Aufsuchen der Praxis nicht zuzumuten ist und der Arzt ihn im selben Quartal bereits behandelt hat oder von diesem als nähest erreichbarer Arzt in Anspruch genommen wird. Als nächstgelegen gelten jedenfalls alle Ordinationen im Umkreis von einem Kilometer vom Wohnort des Patienten.

Keine Verpflichtung zum Hausbesuch

Mehrkosten bei Hausbesuch zahlt Patient

Anders ist die Lage bei Vertragsfachärzten: Diese müssen nur dann einen Hausbesuch abstatten, wenn sie die Krankheit zuvor bereits „anbehandelt" haben. Ein Kinderarzt muss demnach Ihr erkranktes Kind daheim aufsuchen, wenn es sich bei ihm bereits wegen derselben Erkrankung in Behandlung befindet und sein Zustand einen Besuch in der Ordination nicht zulässt. Ein Hausbesuch kommt jedoch nur dann infrage, wenn der Anfahrtsweg kurz ist: So dürfen etwa in Wien zwischen der Ordination und der Wohnung des Patienten nicht mehr als ein Bezirk oder fünf Kilometer liegen.

Macht der Arzt eine Hausvisite, obwohl die Voraussetzungen dafür nicht vorliegen, so leistet die Krankenkasse dennoch **pauschalen Kostenersatz**. Allfällige – etwa durch eine lange Anfahrt bedingte – Mehrkosten kann der Arzt dem versicherten Patienten unmittelbar verrechnen.

Nimmt ein Arzt die telefonisch beschriebenen Symptome eines **bettlägrigen** Patienten nicht ernst und sucht ihn nicht auf, verletzt er damit unter Umständen seine Hilfeleistungspflicht und haftet für diese Unterlassung, wenn der Patient dadurch einen gesundheitlichen Schaden erleidet. Der Arzt ist jedoch entschuldigt, wenn andere, dringlichere ärztliche Tätigkeiten vorlagen oder wenn er glaubhaft machen kann, einem „verzeihlichen" Irrtum über den tatsächlichen Zustand des Patienten unterlegen zu sein oder wenn der Schaden auch ohne Säumnis entstanden wäre. Bevor Ihr Arzt aber die Behandlung – aus berechtigten Gründen – ablehnt, muss er sich vergewissern, dass die Versorgung durch einen anderen Arzt oder ein Krankenhaus sichergestellt ist.

Absolute Hilfeleistung bei Notfällen

Arzt muss Hilfe leisten

Im **Notfall** ist jeder Arzt zur Hilfeleistung verpflichtet. Ob Verkehrsunfall oder Verständigung über einen Unglücksfall: Der Arzt hat zur Rettung eines Menschen aus einer lebensbedrohenden Gefahr fachlichen Beistand zu leisten. Beispielsweise darf bei drohender Lebensgefahr der Arzt die Erste-Hilfe-Leistung grundsätzlich nicht mit dem Hinweis darauf verweigern, dass die Rettung oder das Rote Kreuz bereits verständigt seien.

Akute Erkrankungen treten nur allzu gerne zu Zeiten auf, in denen das medizinische Versorgungsangebot besonders gering ist. An **Wochenenden**, **Feiertagen** und in Wochentagsnächten hält sich daher ein von der Österreichischen Ärztekammer organisierter **Ärztedienst** für dring-

Persönlich statt telefonisch

Auf die telefonische Nachricht, ein Mann liege bewusstlos und offensichtlich verletzt unweit der Ordination auf der Straße, veranlasste der benachrichtigte Arzt telefonisch die Einweisung in ein Krankenhaus. Dem befassten Gericht reichte dieser Einsatz nicht: Ein Arzt habe persönlich Beistand zu leisten, wenn er zu einem Patienten gerufen werde, bei dem nicht ausgeschlossen werden könne, dass er sich in einer lebensgefährlichen Situation befinde. Er habe die Pflicht, sich persönlich davon zu überzeugen, ob die Lage tatsächlich ernst sei oder nicht.

liche Fälle abrufbereit. Die Visite ist für Patienten ohne Sozialversicherung honorarpflichtig, wobei der fällige Betrag gleich vom diensthabenden Arzt eingehoben wird. Versicherte Patienten können den Funkdienst kostenlos in Anspruch nehmen. Sie brauchen für die Inanspruchnahme dieser Leistung auch keine e-card. Sie müssen nur vor Ort den Einsatzschein des diensthabenden Arztes ausfüllen und durch ihre Unterschrift bestätigen, dass sie versichert sind.

Der Vertrag mit dem Krankenhaus

Mit der Aufnahme des Patienten bietet das Krankenhaus den Abschluss eines Vertrages an. Weigert sich ein Patient, eine vertragliche **Erklärung** abzugeben, richtet sich die Rechtsbeziehung der Beteiligten nach den Grundsätzen über die **Geschäftsführung ohne Auftrag**. Das heißt, es besteht ein Verhältnis zwischen dem Krankenhaus und dem Patienten, aus dem selbstverständlich Ansprüche hergeleitet werden können. Nach diesen Grundsätzen richtet sich auch der Fall, dass ein Patient, der außerstande ist, eine Willenserklärung abzugeben, in eine Klinik eingeliefert wird.

Krankenhaus für Heilbehandlung und Beherbergung zuständig

Der Vertrag eines Patienten mit einer Krankenanstalt auf stationäre Behandlung umfasst neben der primär geschuldeten Heilbehandlung auch dessen sichere **Beherbergung**. Wird beispielsweise ein in der gegebenen Situation kontraindiziertes Antidepressivum verabreicht und es wird unterlassen, „mit ein wenig Geduld" herauszufinden, dass ein Sedativum, die Zuziehung eines Psychiaters oder aber eine ständige Überwachung des Patienten erforderlich gewesen wäre, und war dessen späterer Sturz aus einem Fenster seines Krankenzimmers höchst wahrscheinlich eine Verkettung von Kausalitäten, deren Ausgangspunkt die Verabreichung des Antidepressivum war, so hat der Krankenanstaltsträger seine Verkehrssicherungspflicht verletzt. Dazu tritt in der Neonatologie und Pädiatrie die Betreuung und lückenlose Beaufsichtigung ins Krankenhaus aufgenommener (unbegleiteter) Kinder, die nicht für sich selbst zu sorgen imstande sind. Dieser Vertrag kann daher neben der Dienst- und Werkver-

Verkehrssicherungspflichten

Der Krankenanstaltenbetreiber ist aufgrund des Behandlungsvertrages verpflichtet, die notwendigen Vorkehrungen zu treffen, damit der Patient nicht durch andere Patienten, durch Besucher, durch die technischen Einrichtungen etc. in seiner körperlichen Unversehrtheit zu Schaden kommt. Gegenüber Besuchern oder Begleitern eines Patienten haftet der Betreiber hingegen aus den allgemeinen Verkehrssicherungspflichten. Danach ist er verpflichtet, alle Gänge, Treppen und Teile des Krankenhauses, die zu dessen ordnungsgemäßer Benützung erforderlich und einem größeren, mit den Besonderheiten des Hauses weniger vertrauten Kreis von Personen zugänglich sind, in einem verkehrssicheren und gefahrlosen Zustand zu erhalten.

tragskomponente auch Wesenszüge anderer Verträge, etwa eines Kaufvertrags (Verköstigung), aufweisen.

Beim **„totalen Krankenhausaufnahmevertrag"** verpflichtet sich der Krankenhausträger, alle für die stationäre Behandlung erforderlichen Leistungen einschließlich der ärztlichen Versorgung zu erbringen. Er begründet ausschließlich Rechtsbeziehungen zwischen Patienten und Krankenhausträger. Der Arzt tritt nur als Erfüllungsgehilfe der Krankenanstalt auf. Beim **„gespaltenen Krankenhausaufnahmevertrag"** beschränkt sich der Vertrag mit dem Krankenhausträger auf die Unterbringung, Verpflegung und pflegerische Versorgung, während die ärztlichen Leistungen aufgrund eines besonderen Vertrags mit dem Arzt erbracht werden. Beim **„totalen Krankenhausaufnahmevertrag mit Arztzusatzvertrag"** verpflichtet sich das Krankenhaus ebenfalls zur umfassenden Leistungserbringung einschließlich der ärztlichen Leistungen. Daneben schließt der Patient einen weiteren Vertrag über die ärztlichen Leistungen mit dem behandelnden Arzt.

„All-in"-Krankenhausaufnahmevertrag ist die Regel

Nach der Rechtsprechung ist es Sache des Rechtsträgers der Krankenanstalt, durch eindeutige Vertragsgestaltung die Rechtsnatur des Krankenhausaufnahmevertrags zweifelsfrei zu bestimmen. Mangels eindeutiger anderer Vertragsgestaltung ist unter Berücksichtigung der nach der Verkehrsübung selbstverständlichen Erwartung bei einem nach dem ASVG Krankenversicherten von einem totalen Krankenhausaufnahmevertrag auszugehen. Bei einem den Regelfall darstellenden totalen

Krankenhausaufnahmevertrag wird der Behandlungsvertrag durch eine medizinisch notwendige Überstellung in ein höherwertiges Krankenhaus nicht beendet oder unterbrochen. Die Kosten der Behandlung im höherwertigen Krankenhaus sind als weitere Behandlungskosten anzusehen. Das Gleiche gilt für die Kosten der Überstellung. Das heißt: Das Krankenhaus muss nicht nur den Weitertransport (z.B. Überstellungsflug) in eine höherwertige Krankenanstalt „organisieren", sondern diesen auch durchführen.

Auch Pflegepersonal darf Spritzen geben

Regelmäßig werden heute gewisse Tätigkeiten, deren Erbringung an sich dem Arzt vorbehalten ist, dem **medizinischen Hilfspersonal** übertragen. So darf derart qualifiziertes Pflegepersonal beispielsweise auf ärztliche Anordnung hin im Einzelfall intramuskuläre Injektionen geben und Blut abnehmen und in besonderen Abteilungen dem Patienten auch intravenöse Injektionen und Infusionen verabreichen. Hierbei gelten aber besonders hohe Anforderungen an die **ärztliche Überwachung** (genaue Anordnung, ständige Aufsicht).

Ebenso hat eine Anleitung und Aufsicht durch den verantwortlichen Arzt – allerdings in Relation zum Ausbildungsstand – bei **Turnusärzten** zu erfolgen. Während der Turnusarzt am Beginn seiner Ausbildung noch unmittelbar beaufsichtigt werden muss, kann er mit wachsendem Kenntnisstand Tätigkeiten zunehmend auch ohne Aufsicht ausführen. Der Ausbildungsarzt muss aber für den Fall, dass rasches Eingreifen notwendig ist, jederzeit verfügbar sein; die bloße **Rufbereitschaft** reicht in der Regel nicht aus.

Ärztliche Aufsicht bedeutet, dass die Aufsicht von einem Arzt ausgeübt werden muss, und zwar im Sinne einer **Kontrolltätigkeit** mit dem Ziel, das Verhalten des Beaufsichtigten in Übereinstimmung mit einem feststehenden Richtmaß zu setzen und zu erhalten.

Übertragung nur an Qualifizierte

Die Übertragung einer selbstständig durchzuführenden **Operation**, einer Intubationsnarkose bei einer während der Operation notwendig

Anwesenheitspflicht

Ein Anästhesist, der nach Einleitung der Narkose den Operationssaal verlässt und die weitere Narkosetätigkeit seinem unerfahrenen Turnusarzt überlässt, verstößt gegen seine Aufsichtspflicht, wenn er nur über Funkruf erreichbar ist. Tritt während der Operation aufgrund eines Dosierungsfehlers auch noch ein Gesundheitsschaden beim Patienten ein, so haften Facharzt wie Jungmediziner und das Spital.

werdenden **Umlagerung** des Patienten oder die eigenverantwortliche Übertragung einer Geburt auf einen jeweils nicht ausreichend qualifizierten Turnusarzt stellt einen **Behandlungsfehler** dar. Dem nicht ausreichend qualifizierten Turnusarzt kann jedoch nur dann der Vorwurf eines Behandlungsfehlers gemacht werden, wenn er nach den bei ihm vorauszusetzenden Kenntnissen und Erfahrungen gegen die Übernahme eines selbstständig durchzuführenden Eingriffs Bedenken gehabt haben müsste und eine Gefährdung des Patienten hätte voraussehen müssen.

Verantwortung von Turnusärzten

Über die Beteiligung eines Arztanfängers an einer Operation muss der Patient grundsätzlich nicht aufgeklärt werden. Anders verhält es sich jedoch bei der Durchführung eines schwerwiegenden Eingriffs mit erheblichen Risiken.

Die in Ausbildung stehenden Studenten der Medizin (**Famulanten**) sind zur unselbstständigen Ausübung bestimmter Tätigkeiten (z.B. Anamnese, Blutdruckmessung, Blutabnahme aus der Vene) berechtigt. Sie können auch zur Hilfeleistung bei operativen Eingriffen unter Anleitung und Aufsicht des ausbildenden Arztes herangezogen werden. Das Gesetz enthält keine ausdrückliche Regelung darüber, in welchem Umfang Famulanten zur Hilfeleistung eingesetzt werden dürfen. Dies hat der behandelnde Arzt unter Anwendung der ihn treffenden besonderen Sorgfaltspflicht zu bestimmen. Für besonders gefahrengeneigte Tätigkeiten verbietet sich der Einsatz eines Famulanten im Regelfall.

Für Fehler anlässlich einer Geburt haftet die **Hebamme** nur bis zur Vornahme der Eingangsuntersuchung durch den Gynäkologen. Betreut die Hebamme die Geburt nach der Behandlungsübernahme durch einen Arzt, untersteht sie dem Weisungs- und Direktionsrecht des Arztes. Hat der Arzt die Geburtsleitung übernommen, so stellt es einen Organisationsfehler dar, wenn die CTG-Überwachung durch eine Nachtschwester oder Hebamme erfolgt bzw. wenn eine Hebamme die Geburtsleitung bei einer – für sie erkennbaren – Risikogeburt durchführt.

Grundsätzlich muss in einem Krankenhaus jederzeit ein Arzt erreichbar sein. Uneingeschränkt haben Fachärzte in großen Krankenanstalten (Universitätskliniken) anwesend zu sein. In kleinen Krankenanstalten reicht jedoch die Anwesenheit von Turnusärzten im Nacht- und Wochenend- sowie Feiertagsdienst aus, sofern die Fachärzte durch Rufbereitschaft erreichbar sind.

Arbeitsteilung im Krankenhaus

Von der Diagnoseerstellung bis zur Nachbehandlung durchläuft ein Patient im Spitalsbetrieb so manche Fachabteilung. Überdies kann die ständige medizinische Betreuung in Krankenanstalten nur durch einen ärztlichen Wechseldienst sichergestellt werden. Entsprechend schwierig ist es, die Verantwortungsbereiche der einzelnen behandelnden Ärzte abzugrenzen. Fehlt dabei eine klare **Abgrenzung** zwischen überweisendem und hinzugezogenem Arzt, kommt eine Haftung beider Behandler in Betracht.

Grundsätzlich gilt, dass jeder Arzt sein eigenes Agieren verantwortet. Bei Überweisung an einen anderen freiberuflich tätigen Arzt kommt ein neuer Behandlungsvertrag zwischen diesem und dem Patienten zustande. Damit scheidet eine Erfüllungsgehilfenhaftung des überweisenden Arztes aus. Auch berufsrechtlich ist aufgrund der Fachbeschränkungspflicht eine Verpflichtung eines Facharztes für Leistungen aus einem anderen Sonderfach nicht zulässig. Eine Haftung kann sich für den überweisenden Arzt jedoch für Auswahlverschulden ergeben. Dieses liegt z.B. vor, wenn dem überweisenden Arzt bekannt ist, dass von dem von ihm zugezogenen Arzt häufig fehlerhafte Befunde erstellt werden. Immerhin gilt zwischen Ärzten des jeweiligen Sonderfaches bzw. zwischen Ärzten unterschiedlicher Sonderfächer der Vertrauensgrundsatz. Sofern sich jedoch Zweifel an der Richtigkeit des Befundes ergeben (z.B. weil sich aus erstellten Röntgenbildern deutlich eine andere Diagnose ergibt als aus dem erstellten Befund), muss der überweisende Arzt einen weiteren Kollegen

Spezialisten haften für ihr Fachgebiet

Lagerung im OP: Wer was verantwortet

Für das Zusammenwirken von Operateur und Anästhesist bei der Lagerung gelten die Grundsätze der horizontalen Arbeitsteilung. Anästhesist und Operateur erfüllen ihre Aufgaben selbstständig und in voller eigener Verantwortung (Grundsatz der strikten Aufgabenteilung), sie stimmen ihr Vorgehen aufeinander ab (Koordinierungspflicht) und dürfen sich auf die Sorgfalt des Partners verlassen (Vertrauensgrundsatz). Für Konfliktsituationen (z.B., wenn die für den speziellen Eingriff optimale Lagerung das anästhesiologische Risiko erhöht) gilt die fachliche Gleichberechtigung als Grundlage der Zusammenarbeit. Kommt es nicht zur Einigung, obliegt dem Operateur der Stichentscheid; er trägt dabei die ärztliche und rechtliche Verantwortung für die sachgerechte Abwägung.
Organisationsfehler gelten rechtlich als Behandlungsfehler. Anästhesist und Operateur haften jeweils für die eigenen Fehlleistungen. Die Lagerung und Lagerungskontrolle ist Aufgabe des Operateurs, für den „Infusionsarm" ist der Anästhesist verantwortlich. Dies schließt nicht aus, dass Anästhesist und Operateur vor Ort eine davon abweichende Arbeitsteilung vereinbaren. Die Beweislast für Fehlleistungen bei der Behandlung trägt im Schadenersatzprozess der Patient. Die ordnungsgemäße Lagerung hat jedoch der Arzt zu beweisen. Das Gleiche gilt für die Aufklärung über das Risiko von Lagerungsschäden. Der Arzt muss die wirksame Einwilligung des Patienten und damit auch die ordnungsgemäße Aufklärung beweisen.
Die Haftung für Schäden aus nicht fachgerechter Lagerung wird zivilrechtlich entweder auf den Grad des Verschuldens gestützt oder aus dem Behandlungsvertrag wegen einer objektiv sorgfaltswidrigen Fehlleistung abgeleitet.

hinzuziehen bzw. wenn sich klar ergibt, welche Behandlung erforderlich ist, diese durchführen.

Ärztehaftung für Stellvertreter

Ein abwesender Kassenvertragsarzt haftet für ein Fehlverhalten des in seinem Auftrag in seiner Ordination tätigen **Vertreters** als Erfüllungsgehilfen, sofern ein die Ordination aufsuchender Patient **vor** der Behandlung über einen Vertretungsfall aufgrund eines mit dem Vertreter abzuschließenden Behandlungsvertrags nicht aufgeklärt wird und deshalb nach seinem Erkenntnishorizont den Eindruck gewinnen muss, vom (tatsächlich abwesenden) Ordinationsinhaber oder zumindest innerhalb seines zivilrechtlichen Verantwortungsbereichs behandelt zu werden.

Gegenseitiges Vertrauen

Das betriebsinterne Zusammenspiel etwa des Chirurgen mit dem Anästhesisten oder des Gynäkologen mit dem Pathologen ist durch das Berufsrecht und die Anstaltsordnung der Krankenanstalt geregelt. Liegt eine klare Abgrenzung zwischen den Fachkräften vor, so gilt der **Vertrauensgrundsatz**. Jeder Arzt hat denjenigen Gefahren zu begegnen, die in seinem Aufgabenbereich entstehen. Solange keine offensichtlichen Behandlungsmängel erkennbar werden, besteht keine gegenseitige Überwachungspflicht. Der übernehmende Facharzt muss jedoch prüfen, ob der Auftrag richtiggestellt ist und dem angegebenen Krankheitsbild entspricht. Zweifelt er an der Richtigkeit der ihm übermittelten Diagnose, muss er seinem Verdacht nachgehen oder dem überweisenden Arzt von seinem Verdacht in einem Arztbrief berichten.

Vertrauensgrundsatz gilt zwischen Ärzten

Nach Abschluss der Behandlung im Krankenhaus muss der nachbehandelnde Haus- oder Facharzt über den **Entlassungsbefund** auf die aus der Spitalsbehandlung erforderliche Nachbehandlung und die sich daraus ergebenden therapeutischen Konsequenzen und Besonderheiten hingewiesen werden. Insbesondere, wenn der Patient auf eigenen Wunsch vorzeitig aus dem Krankenhaus entlassen worden ist, obwohl eine Nachbeobachtung ärztlicherseits angeraten gewesen wäre. In einem solchen Fall muss der Hausarzt umgehend informiert werden, damit mögliche Komplikationen rechtzeitig erkannt und behandelt werden können. Umgekehrt kann sich das rücküberweisende Krankenhaus darauf verlassen, dass der Hausarzt den im Arztbrief dokumentierten Empfehlungen folgt und die daraus ersichtlichen therapeutischen bzw. diagnostischen Maßnahmen veranlasst.

Wird ein Patient aus stationärer (z.B. neurochirurgischer) Behandlung mit Fieber entlassen, ohne dass man ihm empfiehlt, sich bei Verschlechterung seines Allgemeinzustandes oder bei Weiterbestehen des Fiebers umgehend an seinen Arzt zu wenden, kann darin im Einzelfall – bei wenig verständigen Patienten – eine Pflichtwidrigkeit erblickt werden. Im Allgemeinen ist eine solche ausdrückliche Belehrung aber nicht erforderlich, weil ein Wissen um diese Möglichkeit und eine ausreichende Einsicht vorausgesetzt werden können. Ein Beratungsfehler ist nur dann kausal für einen Gesundheitsschaden, wenn sich der Patient bei ausreichender

Aufklärung anders verhalten hätte und sich die Gesundheitsgefahr durch die – in Unkenntnis des medizinisch gebotenen Verhaltens – tatsächlich gewählte Vorgangsweise gegenüber dem hypothetischen Geschehnisablauf erhöht hat.

Übertragung der Verantwortung

Mit der Überweisung an eine Krankenanstalt geht die Verantwortung für den Patienten vom überweisenden Arzt auf die Anstalt über. Ein Arzt, der einen Patienten zur weiteren Diagnostik in ein Krankenhaus überwiesen hat, darf die Ergebnisse der ihm in personeller und apparativer

Arzthaftung bei Sturz vom Operationstisch

Auch der Anästhesist hat dafür Sorge zu tragen, dass der Patient nicht vom Operationstisch fällt.

Konkreter Fall: Der operierende Arzt (der seine Haftung nicht bestritt) hatte nach Beendigung des erfolgreichen Eingriffs den Operationssaal verlassen und die nur noch „relativ oberflächlich narkotisierte" Patientin der Obhut des Anästhesisten und des Operationsgehilfen überlassen. Der Anästhesist hätte die Vitalparameter der Patientin zu überwachen gehabt. Er ließ die Patientin jedoch für ca. zwei bis drei Minuten mit nur einem Pfleger allein, sodass dieser den Sturz der Patientin vom sehr schmalen Operationstisch nicht verhindern konnte.

Es ist grundsätzlich üblich, dass bis zum sogenannten „Ausschleusen" eines Patienten aus dem Operationssaal neben dem Pfleger oder Operationsgehilfen auch ein Arzt (ständig) beim Patienten bleibt. Standardmäßig nicht vorgesehen ist hingegen, dass der Patient während des Ausschleusens und der Überstellung in den Aufwachraum mittels eines Pulsoximeters überwacht wird. Der Anästhesist wandte ein, nur für das ordnungsgemäße „Aufwachen" des Patienten zuständig gewesen zu sein.

Der Oberste Gerichtshof meint dagegen: Wenn der Anästhesist die Obsorgepflicht des Operateurs (dafür Sorge zu tragen, dass der Patient beim Erwachen nicht vom Operationstisch fällt) nicht übernehmen wollte, hätte er diesen auffordern müssen, weiter im Operationssaal zu bleiben. Nach den besonderen Umständen des Falls hätte der Anästhesist gerade hier mit unwillkürlichen Reaktionen der Patientin beim Aufwachen rechnen müssen.

Ausstattung überlegenen Klinik bei der Weiterbehandlung des Patienten nach dessen Rückkehr aus dem Krankenhaus zugrunde legen, wenn sich ihm keine Zweifel an der Richtigkeit des dortigen diagnostischen oder therapeutischen Vorgehens aufdrängen. Er braucht die Gründe der dort gewählten eingeschränkten Diagnostik nicht von sich aus zu erforschen, sondern kann den Arztbrief abwarten, wenn das Beschwerdebild dies erlaubt. Ja, ein Hausarzt darf sich auf die Versorgung des Patienten durch das Krankenhaus verlassen.

Haftung des Anästhesisten

Wird eine Operation durchgeführt, ist der **Anästhesist** verantwortlich für die Beurteilung der Narkosefähigkeit des Patienten. Er trifft die Entscheidung, ob und wie eine Kanüle gelegt wird, kontrolliert ihren richtigen Sitz, sorgt für die Aufrechterhaltung der vitalen Funktionen des Patienten und deren Überwachung während der Operation sowie für die Lagerung des Patienten. Und er stellt sicher, dass der Patient nach der Narkose aufwacht und seine Vitalfunktionen gegeben sind. Die Verantwortung des Anästhesisten nach Abschluss der Operation und Beendigung der künstlichen Beatmung endet nicht, solange (unerwünschte) **Nachwirkungen** der Narkose in der postoperativen Phase anhalten. Erleidet aber beispielsweise ein Patient durch Versäumnisse des Operateurs eine Leberschädigung, so hat zwar auch der Anästhesist einen Fehler gemacht, wenn er die für die Narkose erforderlichen Befunde nicht erhoben hat. Ist dieser Fehler aber nicht die Ursache für den aufgetretenen Schaden, so haftet der Anästhesist nicht und trägt keine Mitschuld.

Haftung bei Koordinationsmängeln

Beim Zusammenwirken mehrerer Ärzte im Rahmen einer Operation bedarf es zum Schutz des Patienten einer Koordination des Anästhesisten und der Operateure (Chirurg, Orthopäde, Gynäkologe, Augenarzt etc.). Nur so können Risiken ausgeschlossen werden, die sich aus der Unverträglichkeit der von den beteiligten Fachrichtungen vorgesehenen Methoden oder Instrumente ergeben können. Für Koordinationsmängel und Organisationsfehler bei der Abgrenzung der Verantwortungsbereiche haften die Ärzte dem Patienten gegenüber.

Bei fehlender Einwilligung des Patienten haftet der Operateur – unabhängig vom Bestehen eines Behandlungsvertrags – für die Folgen eines

Koordinationsfehler

Wird bei einer Schieloperation einer Patientin vom Anästhesisten im Rahmen der Narkose reiner Sauerstoff in hoher Konzentration über einen am Kinn befestigten Schlauch zugeführt, während der operierende Augenarzt zum Stillen von Blutungen im Gesichtsbereich einen Thermokauter (ein medizinisches Gerät, mit dem die verletzten Gefäße durch Erhitzung verschlossen werden) einsetzt, und kommt es dadurch zu einer heftigen Flammenentwicklung, bei der die Patientin schwer verletzt wird, so haften der Augenarzt und der Anästhesist für den in der mangelnden Abstimmung und Koordination der angewandten Methoden bzw. eingesetzten Geräte liegenden Behandlungsfehler.

Haftung des Operateurs

kunstgerechten Eingriffs. Ein Operateur darf sich nicht auf eine vorangegangene Aufklärung durch einen anderen (z.B. durch den Arzt, der dem Patienten zur Operation riet und die Durchführung in einer Privatklinik empfahl) verlassen, sondern er muss sich vor der Operation vergewissern, ob und inwieweit der Patient schon aufgeklärt wurde.

Die Auswahl von Arzt und Spital

Sofern nicht ohnehin klar ist, welchen Facharzt Sie aufsuchen müssen (Zahnarzt bei Zahnschmerzen, Gynäkologe bei Schwangerschaft etc.), wird Ihr erster Ansprechpartner in der Regel der **Hausarzt** sein. Er stellt die erste Diagnose, kann selbst behandeln oder schickt Sie weiter in ein Krankenhaus, zum Facharzt, in ein Labor. Sofern Sie nicht selbst schon „Ihren" Urologen, Gynäkologen, Augenarzt oder Orthopäden haben, ist der Hausarzt sicher bereit, Ihnen einen Facharzt zu empfehlen, der in der Nähe ist, oder Sie in ein entsprechend ausgerüstetes Labor zu schicken oder das für Sie beste Krankenhaus (die beste Geburtsklinik, die beste Adresse für Kniegelenksoperationen, für Rheumabehandlungen ...) ausfindig zu machen. Sollte bei Ihnen ein Akutfall eintreten, ist es angeraten, nicht lange nach dem geeigneten Krankenhaus zu suchen, sondern einfach ins nächstgelegene zu fahren. Dort erfolgt die Erstversorgung.

Sollten Spezialtherapien notwendig sein, für die das Krankenhaus nicht ausgerüstet ist, werden Sie automatisch weitertransportiert.

Ein guter Arzt und seine Ordination

Die Wahl eines Arztes, mit dem man langfristig in Kontakt stehen möchte (z.B. Hausarzt) oder den man regelmäßig aufsuchen muss, ist neben der fachlichen Komponente letztlich **Vertrauenssache**.

Damit die Kommunikation und somit auch die Behandlung erfolgreich sein können, ist ein gutes, zumindest aber doch entspanntes Verhältnis zueinander Voraussetzung. Daher sollten Sie als Patient auf Folgendes achten:

Checkliste

- Können Sie den Arzt/die Ordination gut erreichen? Ist die Ordination barrierefrei? Sind die angebotenen Öffnungszeiten mit Ihrem privaten und/oder beruflichen Zeitplan vereinbar?
- Die Chemie zwischen dem Arzt Ihrer Wahl und Ihnen muss stimmen. Ist Ihnen der gewählte Arzt sympathisch? Entscheiden Sie aus dem Bauch heraus.
- Unterziehen Sie auch die Praxis einer kritischen Prüfung. Fühlen Sie sich in den Räumlichkeiten wohl? Wenn Ihnen Umgebung und Umgangston des Arztes nicht behagen, kann dies bereits die Kommunikation negativ beeinflussen, auch wenn es nichts über die Behandlungsqualität des Arztes aussagt.
- Wird in der Ordination der Schutz Ihrer Person und Intimsphäre gewahrt? Können Sie ungestört und vertraulich Ihr Anliegen äußern? Wird der Schutz Ihrer persönlichen Daten gewahrt? Behandeln Arzt und Mitarbeiter Sie freundlich und respektvoll?
- Wie gut können Sie mit Ihrem Arzt kommunizieren? Nimmt er Sie und Ihr spezielles gesundheitliches Problem ernst? Hat er genügend Zeit für Ihr Anliegen, beantwortet er alle Fragen und erklärt er Zusammenhänge so, dass Sie sie auch verstehen? Reagiert er auf Ihre Fragen freundlich oder eher unwirsch?
- Erklärt der Arzt Ihnen die notwendige Behandlung genau und wissen Sie, welche Medikamente Sie einnehmen sollen, welche Therapien anzuwenden sind?

- Bezieht der Arzt Sie in alle Entscheidungen zu Ihrer gesundheitlichen Situation ein? Erhalten Sie ohne Probleme Zugang zu Ihrer Krankengeschichte? Werden Sie auch über Risiken und Komplikationen aufgeklärt?
- Erhalten Sie Hinweise auf weiterführende Informationsquellen und Beratungsangebote?
- Akzeptiert der Arzt, dass Sie im Zweifelsfall eine zweite Meinung einholen?
- Können Sie erkennen, ob und wie sich alle in der Ordination um die Qualität Ihrer Behandlung bemühen?
- Im Fall privat zu zahlender Leistungen: Klärt der Arzt Sie rechtzeitig über die anfallenden Kosten und deren Höhe auf?
- Bietet der Arzt im Bedarfsfall eine Nachbetreuung an? Ist eine Hausbetreuung möglich?
- Patienten mit geringen Deutschkenntnissen sollten klären, ob der Arzt ihrer Wahl ihre Muttersprache spricht. Erste Informationen bieten in der Regel die Landesärztekammern, aber auch die Botschaften der jeweiligen Staaten.

Sprachliche Hürden

Ob ein Patient in der Lage war, dem ärztlichen Aufklärungsgespräch aufgrund ausreichender Deutschkenntnisse zu folgen, kann im Rahmen der **Beweiswürdigung** des Gerichts auf dessen Wahrnehmung und auf die Angaben des gerichtlichen Sachverständigen gestützt werden.

Was auch ein guter Arzt nicht leisten kann

Der Arzt wurde darin ausgebildet, Ihnen in medizinischen Belangen zu helfen. Sie können daher von ihm **Hilfe** und **Beratung** erwarten, wenn Sie mit Ihrer Erkrankung zu ihm kommen oder eine entsprechende Beratung benötigen. Der Arzt wird Ihnen nach bestem Wissen und aktuellem Stand der Medizin helfen bzw. Sie an entsprechend ausgebildete Fachkollegen weitervermitteln. Darüber hinaus können Sie von Ihrem Arzt erwarten, dass er Ihnen höflich begegnet, alle Untersuchungen genauestens und verständlich erklärt, die Diagnose ausführlich mit Ihnen bespricht und auch weitere Maßnahmen erläutert. Über alle sich daraus ergebenden Fragen können und sollten Sie mit Ihrem Arzt sprechen.

Allerdings: Eine Garantie für Ihre Gesundung wird er nicht geben können. Auch die moderne Medizin, egal ob Schul- oder Komplementärmedizin, kann nicht alle Krankheiten heilen, und darunter fällt viel mehr als nur Krebs oder Aids. Trotz spektakulärer Erfolge wird die Medizin immer **Grenzen** haben und Erkrankungen nicht so behandeln können, dass sie in jedem Fall geheilt werden.

Sie sollten also nie mit übertriebenen Erwartungen zum Arzt gehen. Das Motto „Ich bin krank, und der Arzt hat mich gefälligst gesund zu machen!" entspricht zwar dem natürlichen Wunsch nach vollkommener Heilung, je nach Art der Erkrankung wird dies aber vielleicht nicht möglich sein. Auch bei vermeintlich „leichten" Erkrankungen (z.B. Ekzemen) können oft nur die **Symptome** behandelt werden, was für viele Patienten nicht leicht zu verstehen ist.

Das passende Krankenhaus

Qualitätsberichte, Suchportale im Internet, Zertifikate und direkte Fragen an die Krankenhausträger können Ihnen helfen, das für Sie passende Spital zu finden. Haben Sie bereits ein bestimmtes Spital ausgesucht? Dann besuchen Sie dessen Website oder rufen Sie dort in der Verwaltung an. Mit den folgenden Fragen finden Sie heraus, wie sehr man sich um die Qualität der Behandlung und das Wohlergehen der Patienten bemüht:

Informieren Sie sich vorab

- Erhebt das Spital die Zufriedenheit der Patienten?
- Gibt es im Spital eine zentrale Anlaufstelle für Patienten?

Minderjährige Patienten

Bei der ärztlichen Behandlung eines **Kindes** schließen die Eltern als alleinige Honorarschuldner mit den Ärzten einen **Vertrag zugunsten Dritter** ab. Dem Minderjährigen wird dadurch bis zum vollendeten 18. Lebensjahr ein eigener Anspruch auf Durchführung einer fachgerechten Behandlung vermittelt. Wenn der Minderjährige aufgrund seiner Einsichtsfähigkeit (das heißt geistigen und sittlichen Reife) bereits selbst über die Einwilligung oder Ablehnung einer medizinischen Behandlung befinden kann, muss er **zusätzlich** auch aufgeklärt werden.

Je jünger, desto mehr elterliches Mitspracherecht

Eltern bestimmen bei Heilbehandlung von Minderjährigen mit

Einwilligungen in medizinische Behandlungen kann der entscheidungsfähige Minderjährige nur **selbst** erteilen; im Zweifel wird das Vorliegen dieser Entscheidungsfähigkeit bei mündigen Minderjährigen (Personen zwischen dem 14. und 18. Lebensjahr) **vermutet**. Mangelt es an der notwendigen Entscheidungsfähigkeit, so ist die Zustimmung der Person erforderlich, die mit der Pflege und Erziehung betraut ist.

Die Zustimmung für **dringende Behandlungen** ist nicht erforderlich, wenn die Behandlung so dringend notwendig ist, dass der mit der Einholung der Einwilligung oder der Zustimmung verbundene Aufschub das Leben des Kindes gefährden würde, oder mit der Gefahr einer schweren Schädigung der Gesundheit verbunden wäre.

Entscheidungsfähigkeit

Entscheidungsfähigkeit umfasst drei wesentliche Fähigkeiten: Die **kognitive Fähigkeit**, Grund und Bedeutung der vorzunehmenden Rechtshandlung einzusehen, also etwa, dass Patienten verstehen, was beispielsweise ein Herz ist, worin der medizinische Eingriff besteht und was dessen Folgen sind. Des Weiteren spielt auch das „voluntative" Element eine Rolle: Patienten müssen die Fähigkeit besitzen, den **Willen** nach ihrer Einsicht bestimmen zu können. Und schließlich muss die Fähigkeit vorhanden sein, sich dementsprechend zu verhalten. Diese Fähigkeit fehlt beispielsweise dann, wenn übermächtige **Ängste** Betroffene daran hindern, ihrer Einsicht und Willensbestimmung gemäß zu handeln. Das Vorliegen der Entscheidungsfähigkeit ist (zuerst) von Ärzten nach „den Umständen des Einzelfalles" zu beurteilen. Für oder gegen das Vorliegen einer solchen Entscheidungsfähigkeit sind Faktoren wie Alter, geistige Reife, Gesundheitszustand, Persönlichkeit etc. heranzuziehen. Darüber hinaus ist die Schwere des Eingriffes, die Risiken, die Folgen bei Unterlassen des Eingriffes, die Schwierigkeiten bei etwaigen Alternativbehandlungen, sowie der Stand der medizinischen Wissenschaft zu berücksichtigen. Es ist durchaus denkbar, dass ein und dieselbe Person für einen bestimmten (weniger dramatischen) Eingriff entscheidungsfähig ist, für einen anderen (eventuell riskanteren, komplizierteren) jedoch nicht.

Ab welchem Alter und in welchem Umfang das Selbstbestimmungsrecht eines Minderjährigen der elterlichen Vertretungsmacht vorgeht, kann nur im Einzelfall anhand einer Faustregel bestimmt werden: Je **jünger** der Patient und je **weitreichender** der medizinische Eingriff, umso **geringer** seine Einsicht in Bedeutung, Tragweite und Risiken einer ärztlichen Behandlung. Der Arzt muss daher in einem Gespräch mit den Eltern ermitteln, inwieweit eine Aufklärung des Minderjährigen bereits möglich ist und von ihm auch verkraftet werden kann.

„Schwerwiegende Behandlung": Alle haben zuzustimmen

Im Fall einer **„schwerwiegenden Heilbehandlung"** benötigt der Arzt nicht nur die Einwilligung des einsichts- und urteilsfähigen Minderjährigen, sondern zusätzlich auch die Zustimmung des Pflege- und Erziehungsberechtigten. „Sonstige" Obsorgeberechtigte (neben Eltern) bedürfen für besondere Fälle einer gerichtlichen Genehmigung.

Als „schwer" wird etwa ein Eingriff an einem lebenswichtigen Organ angesehen (nicht aber z.B. Mandel- und Blinddarmoperationen, „alltägliche" Eingriffe, Zahnfüllungen und dergleichen). Auch die postexpositionelle HIV-Therapie (also eine medikamentöse Behandlung nach Kontakt mit dem Erreger) wird wohl keine schwerwiegende Heilbehandlung sein. Bei einer Schutzimpfung wird im Einzelfall, je nach Grad des damit verbundenen Risikos, zu entscheiden sein. Eine Psychotherapie stellt im Regelfall keinen schweren Eingriff in die Persönlichkeit dar.

Bei gemeinsamer Obsorge müssen nicht (mehr) beide Elternteile zustimmen. Es reicht, wenn eine Person zustimmt, die mit der gesetzlichen Vertretung bei Pflege und Erziehung betraut ist. Das muss nicht unbedingt der grundsätzlich Obsorgeberechtigte sein. **Jeder** obsorgeberechtigte Elternteil allein kann die Zustimmung geben. Es entscheidet die **erste** Zustimmungserklärung; diese Vertretungshandlung ist selbst dann wirksam, wenn der andere Elternteil mit ihr nicht einverstanden ist.

Von der Einwilligung zur medizinischen Behandlung ist der Abschluss des Behandlungsvertrags zu unterscheiden. Auch wenn die Eltern den

Behandlungsvertrag abschließen, muss das einsichts- und urteilsfähige Kind selbst in die Behandlung einwilligen und entsprechend aufgeklärt werden. Fehlt einem minderjährigen Patienten die Einsichts- und Urteilsfähigkeit, so hat sich der Umfang der gebotenen ärztlichen Aufklärung nach den persönlichen Verhältnissen des jeweiligen Aufklärungsadressaten zu richten. Irrelevant ist dabei aber der Kenntnisstand eines beim Aufklärungsgespräch nicht anwesenden weiteren gesetzlichen Vertreters (konkreter Fall: Mutter eines 13 Monate alten Kindes ist beim Arzt anwesend, nicht aber der Vater des Kindes, der Zahnarzt ist).

Verweigern die Eltern eines Minderjährigen einen Behandlungsvertrag, so wird oft auch die Einwilligung zu dieser Behandlung (z.B. Verweigerung der Bluttransfusion aus religiösen Gründen) fehlen. In einem solchen Fall kann das **Pflegschaftsgericht** angerufen werden („von wem auch immer") und dieses die erforderliche Zustimmung erteilen bzw. sogar die Obsorge ganz oder teilweise entziehen. Zu beachten ist dabei, dass nur durch (teilweise) Entziehung der Obsorge der Behandlungsvertrag vom jeweiligen neuen Obsorgeberechtigten (z.B. ein anderer Verwandter oder der andere Elternteil) abgeschlossen werden kann. Das Gericht kann nämlich nur die Einwilligung zur medizinischen Behandlung ersetzen, nicht aber selbst einen Behandlungsvertrag abschließen.

Im Zweifel entscheidet das Pflegschaftsgericht

Das bedeutet: Verweigern beide Eltern die Behandlung, muss die Obsorge (teilweise) entzogen werden. Verweigert nur ein Vertreter des Kindes die Behandlung, so reicht es, wenn das Gericht die Einwilligung zur Behandlung ersetzt. Der Behandlungsvertrag würde dann vom anderen Elternteil (der ja für die Behandlung ist) geschlossen werden können. Schließen die Eltern (schlüssig oder konkludent) den Behandlungsvertrag für den Minderjährigen, dann wird („im Normalfall", wenn also keine besonderen ausdrücklichen Erklärungen vorliegen) die Zahlungspflicht die Eltern selbst treffen (soweit nicht ohnehin die Sozialversicherung leistet).

Zusätzliches ärztliches Zeugnis für Kinder, bei denen eine andere Person als Eltern, Groß-, Pflegeeltern oder Jugendamt mit der Obsorge vertraut

Einer medizinischen Behandlung, die gewöhnlich mit einer schweren oder nachhaltigen Beeinträchtigung der körperlichen Unversehrtheit oder der Persönlichkeit verbunden ist, kann die mit der Obsorge betraute Person nur zustimmen, wenn ein vom behandelnden Arzt unabhängiger Arzt in einem **ärztlichen Zeugnis** bestätigt, dass das Kind nicht über die erforderliche Entscheidungsfähigkeit verfügt und die Vornahme der Behandlung zur Wahrung seines Wohles erforderlich ist. Wenn ein solches Zeugnis nicht vorliegt oder das Kind zu erkennen gibt, dass es die Behandlung ablehnt, bedarf die Zustimmung der Genehmigung des Gerichts. Erteilt die mit der Obsorge betraute Person die Zustimmung zu einer medizinischen Behandlung nicht und wird dadurch das Wohl des Kindes gefährdet, so kann das Gericht die Zustimmung ersetzen oder die Obsorge an eine andere Person übertragen.

Sonderfälle: „Pille danach" und Abtreibung

Nicht gegen ihren Willen

Ob die „Pille danach" unter den Begriff des **Schwangerschaftsabbruchs** fällt oder eine medizinische Behandlung ist, das ist unklar. Falls es sich um einen „Schwangerschaftsabbruch" handelt, wird die einsichts- und urteilsfähige Minderjährige **allein** entscheiden können, ein elterliches Zustimmungsrecht besteht nicht. Gegen den Willen der Minderjährigen ist jeder Abbruch (ausgenommen Rettung der Schwangeren aus einer Lebensgefahr) rechtswidrig. Rechtmäßig ist dieser allein mit Einwilligung der einsichts- und urteilsfähigen mündigen Minderjährigen.

Bei unmündigen oder mündigen, aber nicht einsichts- bzw. urteilsfähigen Minderjährigen bedarf es deren und der **Zustimmung** des gesetzlichen Vertreters. Beim Abbruch in einer Krankenanstalt ist bei der nicht einsichts- und urteilsfähigen Minderjährigen und allgemein bei fehlender Einsichts- und Urteilsfähigkeit nur die Zustimmung des gesetzlichen Vertreters (außer bei Gefahr im Verzug) erforderlich. Bei einem „anderen" Obsorgeberechtigten könnte zusätzlich eine gerichtliche Genehmigung erforderlich sein.

Bei einer **Komapatientin** (auch in Zukunft als schwer behindert eingestuft) kann nach dem OGH der Erwachsenenvertreter bei einer medizinischen oder embryopathischen Indikation einem Abbruch wirksam zustimmen.

Sonderfall: Das ungeborene Kind

Bei Verträgen über eine Entbindung oder der Behandlung einer Schwangeren wird dagegen ein Vertrag mit Schutzwirkung zugunsten des **ungeborenen Kindes** angenommen. Dabei wird das ungeborene Kind nicht selbst Vertragspartei. Jedoch sind die Eltern eines durch die Behandlung geschädigten Kindes berechtigt, den Mehraufwand für die Pflege und Versorgung des Kindes als eigenen Schaden geltend zu machen.

Sonderfall: Krankentransport durch Eltern

Die im Ärztegesetz geregelte Übertragung einzelner ärztlicher Tätigkeiten im Einzelfall an Laien lässt familien- und pflegschaftsrechtlich gebotene Maßnahmen ausdrücklich unberührt. Der Transport eines Kleinkindes

Missverständnis

Wegen hohen Fiebers und Teilnahmslosigkeit des damals ca. acht Monate alten Klägers kontaktierte seine Mutter den ärztlichen Bereitschaftsdienst und wurde mit dem Beklagten als diensthabenden Arzt verbunden. Dieser forderte sie auf, zu ihm in die Ordination zu kommen. Die Mutter des Klägers ging jedoch fälschlicherweise davon aus, dass der Beklagte zu ihr kommen werde. Dadurch kam es zu einer Verzögerung von etwa eineinhalb Stunden, ehe die Rettung verständigt wurde. Beim Kläger wurde eine Gehirnhautentzündung durch Meningokokken diagnostiziert. Da es keine Unklarheiten über die Notwendigkeit einer medizinischen Abklärung gab, sondern nur ein Missverständnis darüber, wo die Untersuchung stattzufinden hatte, lag keine Sorgfaltspflichtverletzung des behandelnden Arztes vor.

zum behandelnden Arzt durch die Eltern stellt keinen ärztlich angeordneten Krankentransport, sondern eine Betreuungshandlung der Eltern im Rahmen der Pflicht zur Pflege und Erziehung des Kleinkindes dar, für die es üblicherweise keiner Anleitung und Unterweisung durch den Arzt bedarf.

Schönheitsoperationen

Bei reinen kosmetischen Eingriffen ohne medizinische Indikation („Schönheitsoperationen") gelten besonders **strenge Anforderungen** an die ärztliche Aufklärungspflicht. Bei kosmetischen Operationen, die nur ein ganz bestimmtes Ziel der optischen Verbesserung des Aussehens hätten, ist eine ausdrückliche Aufklärung erforderlich, dass dieses Ziel aus vom Arzt nicht beeinflussbaren physiologischen oder psychologischen Gründen ganz oder teilweise nicht erreicht werden könnte. Ein Arzt hat sich daher im Zusammenhang mit der Durchführung ästhetischer Operationen jeder unwahren Selbstanpreisung durch reklamehaftes Herausstellen seiner Leistungen zu enthalten. Zum Beispiel ist die Darstellung von nur mit einem Slip bekleideten Frauen auf der Homepage keine sachliche Werbung für die Leistung eines (plastischen) Chirurgen.

Ergebnis entspricht nicht immer den Erwartungen

Wird ein Arzt mit einer (in vielen Fällen realitätsfremden) **Erwartungshaltung** des Patienten konfrontiert oder ruft er eine bestimmte Vorstellung über das zukünftige Aussehen hervor, muss er **offen** und **schonungslos** darüber aufklären, dass die Zielvorstellungen des Patienten durch die kosmetische Operation nicht immer gänzlich verwirklicht werden können. Kosmetische Operationen erfordern somit eine Aufklärung über eine mögliche subjektive Unzufriedenheit mit dem Operationsergebnis; andernfalls kann die Aufklärungspflicht verletzt sein.

Konkreter Fall: Eine Patientin unterzog sich einer Operation zur **Verkleinerung der Kinnpartie**, deren Ausmaß auf einem Foto der Patientin mit einer strichlierten Linie festgehalten worden war. Durch die Operation wurden aber nur 50 Prozent der auf dem Foto als möglich eingezeichneten Reduktion erreicht. Der behandelnde Arzt hatte somit bei der Patientin eine ganz konkrete, nicht verwirklichte Vorstellung über das Operationsergebnis hervorgerufen, die Grundlage für den Abschluss des Behandlungsvertrags und die Einwilligung in die Operation war.

Ein anderer Fall betraf eine **Brustvergrößerung**. Nach der nach den Regeln der ärztlichen Kunst durchgeführten Operation trat eine sichtbare Kontur des Implantats an der Innenseite der rechten Brust auf. In der Folge kam es zu einer Rotation des Implantats der linken Brust. Mit der

Zeit wurde eine unnatürliche Form der Brüste immer deutlicher; die linke Brust saß zuletzt etwa 1,5 cm höher als die rechte. Auch in diesem Fall wurde die Erwartungshaltung der Patientin (auch objektiv) enttäuscht.

2-Wochen-Frist zwischen Aufklärung und OP

Eine ästhetische Operation darf nur durchgeführt werden, wenn die Patientin nach umfassender ärztlicher Aufklärung ihre Einwilligung nachweislich dazu erteilt hat, wobei eine Frist von zumindest zwei Wochen zwischen der abgeschlossenen ärztlichen Aufklärung und der Einwilligung einzuhalten ist. Wird die **Zweiwochenfrist** verletzt, ist die Einwilligung unwirksam. Aufklärungs- und/oder Einwilligungsdefizite führen hier zivilrechtlich dazu, dass die ästhetische Behandlung oder Operation als rechtswidriger Eingriff in die körperliche Integrität beurteilt werden muss, wenn der Eingriff vor Ablauf der Frist erfolgt. Die Zweiwochenfrist beginnt erst nach „abgeschlossener" ärztlicher Aufklärung zu laufen. Die Frist beginnt daher erst, wenn nicht nur über den Eingriff aufgeklärt wurde, sondern auch durch den Facharzt für Anästhesiologie und Intensivmedizin über die allenfalls erforderliche Anästhesie für den Eingriff.

Behandlungsverträge mit Minderjährigen bei ästhetischen Behandlungen und Operationen

Erst ab 16 Jahren erlaubt

Das seit 1.1.2013 geltende „Bundesgesetz über die Durchführung von ästhetischen Behandlungen und Operationen" – vulgo **„Schönheitsoperationengesetz"** – beinhaltet Verbote: Schönheitsoperationen sind bei Personen unter dem vollendeten **16. Lebensjahr** „unzulässig". Bei Personen zwischen dem vollendeten 16. und dem vollendeten 18. Lebensjahr sind Schönheitsoperationen (darunter auch Gesäß-Modellierung, Brachioplastik und Penisvergrößerung) nur unter bestimmen Voraussetzungen „zulässig":

- Einwilligung durch die Erziehungsberechtigten nach umfassender Aufklärung – sowohl des Patienten als auch der Erziehungsberechtigten
- schriftliche Einwilligung des Patienten

Die sehr umfassend angelegte **Aufklärungspflicht** impliziert bei deren Verletzung eine Schadenersatzhaftung und – neben der erweiterten

Widerrufsmöglichkeit bis eine Woche vor dem Operationstermin – eine zusätzliche Möglichkeit, aus dem Vertrag auszusteigen: Der Behandlungsvertrag kann nämlich bei Verletzung der Aufklärungspflicht drei Jahre lang wegen Geschäftsirrtums angefochten werden.

„Es kann nicht sein, was nicht sein darf" gilt hier natürlich nicht: Es werden auch Schönheitsoperationen entgegen den Verboten durchgeführt. Ob entgegen den genannten Regeln abgeschlossene Behandlungsverträge mit Minderjährigen wirksam sind, wird im Gesetz nicht entschieden. Ausdrücklich ist nur eine **Verwaltungsstrafe** (bis 15.000 Euro; bei Entstehen einer schwerwiegenden Gefahr oder dem bereits 3. Verstoß bis 25.000 Euro) vorgesehen.

Arzthonorar

Kassenpatienten bekommen Honorarforderungen meist gar nicht zu Gesicht. Ihr Versicherungsträger besorgt die Abrechnung. Entsprechend vage sind bei den meisten Patienten die Vorstellungen darüber, welche Beträge ihrem Arzt aus dem Vertrag mit der Krankenkasse für die einzelne Behandlung zufließen. Begibt sich der Patient einmal auf eigene Kosten in ärztliche Behandlung, kann es schon vorkommen, dass ihm bei der Präsentation der Rechnung der Atem stockt. Um abschätzen zu können, ob die Honorarnote überhöht ist, können die wenigsten auf eigene Erfahrungswerte zurückgreifen.

Pflicht- und Privatversicherung

Selbstbehalt bei Krankenkassen

Die **Honorarordnungen** der Sozialversicherung, die nicht öffentlich zugänglich, sondern nur für Ärzte bei ihrer jeweiligen Sektion erhältlich sind, geben Aufschluss über die Honorarhöhe für die vom Vertragsarzt erbrachten und mit der Krankenkasse direkt verrechneten Kassenleistungen. Immer öfter muss der Patient auch einen Selbstbehalt aus eigener Tasche bezahlen.

Direkte Verrechnung

Private Krankenversicherer vergüten Kosten und Honorare einer Anstaltspflege, die nicht von der Krankenkasse getragen werden, ebenfalls in direkter Verrechnung mit dem Krankenhaus. Verordnungen oder Vereinbarungen zwischen den privaten Versicherern und den Ärztekammern, Krankenanstaltenträgern oder Klinikvorständen legen dazu für jedes Bundesland Tarife für die stationäre Heilbehandlung fest. Diese Beträge stellen Höchstgrenzen für die Kostenerstattung dar.

In einer Kostenübernahmeerklärung verpflichtet sich der private Versicherer gegenüber dem Krankenhaus, die Behandlungskosten bis zu einer bestimmten **Obergrenze** abzudecken. Abhängig vom Vertrag mit dem Patienten kann der Versicherer den Umfang der Kostenübernahme nach Maßgabe der Prämiengestaltung sowie allfälliger Leistungsausschlüsse infolge Vertragsverletzungen des Patienten (Prämienrückstand, verschwiegene Vorerkrankungen) einschränken.

Kein Krankengeld

Wenn Sie eine Ihnen vom Arzt dringend ans Herz gelegte und mit guten Erfolgsaussichten bereits begonnene Behandlung aus persönlichen Gründen verweigern, kann die Krankenkasse die Krankengeldzahlung nach vorheriger Androhung einstellen.

Vertragsarzt darf Kassenleistungen nicht privat verrechnen

Vertragsärzten ist eine zusätzliche **Privathonorarforderung** für erbrachte Kassenleistungen untersagt. Nur unter der Voraussetzung, dass im Gesamtvertrag, in dem genau geregelt ist, für welche Leistungen die Krankenkasse die Arztkosten zu übernehmen hat, die Kostentragung der Kasse für eine bestimmte Behandlung nicht vorgesehen ist, darf auch ein Vertragsarzt dem Patienten eine Rechnung legen. Sollte jedoch dem Patienten der Nachweis gelingen, dass diese Behandlung zweckmäßig war und sich im Rahmen des Notwendigen bewegt hat, hat er auch in einem solchen Fall einen Erstattungsanspruch gegenüber dem zuständigen Krankenversicherungsträger.

Kostenerstattung bei Inanspruchnahme von Nichtvertragsärzten (Wahlärzten)

Bargeld in der Arztpraxis? In Frankreich ist es seit Entstehung der modernen Sozialversicherung 1945 eine Selbstverständlichkeit, dass der Doktor seine Patienten nach der Behandlung zur Kasse bittet. In Österreich stellt der Wahlarzt für die erbrachten Leistungen den Patienten – üblicherweise nach Beendigung der Behandlung – eine **Privathonorarnote** aus. Der Arzt ist bei der Honorargestaltung gegenüber Privatpatienten an keine Honorarrichtlinie gebunden. Allerdings gibt es von den Ärztekammern in den Bundesländern (ausgearbeitet zum Teil von der Österreichischen Ärztekammer) empfohlene Tarife (Privathonorarordnungen).

Angemessenheit des Wahlarzthonorars

Wurde der Preis nicht vorab vereinbart, muss sich die nachträglich gelegte Rechnung im Rahmen des „Angemessenen" halten. Dazu können die Kammerempfehlungen, die, wie bereits erwähnt, nur Ärzten zugänglich sind, als **Orientierungshilfe** dienen. Um Streitigkeiten zu vermeiden, sollten Sie jedoch vor jeder Privatbehandlung unbedingt über den Preis reden.

Der Wahlarzt stellt dem Patienten eine Honorarnote aus, auf der die **Leistungen** möglichst **genau aufgeschlüsselt** sein sollen. Als Grundsatz kann hier gelten: Je detaillierter die Honorarnote ausgestellt wird, das heißt, je konkreter die einzelnen Leistungspositionen der zutreffenden Honorarordnung angeführt werden, desto besser kann die Berechnung der Kostenrückerstattung durch die jeweilige Abrechnungsstelle bei den Sozialversicherungsträgern durchgeführt werden.

Nach den internen Richtlinien der Sozialversicherung wird ein Rückersatz dann gewährt, wenn die folgenden Punkte auf der Honorarnote zu finden sind:

- Vor- und Familienname
- Wohnadresse und Versicherungsnummer des Anspruchsberechtigten (bei Behandlung von Angehörigen auch dessen Daten)
- Ausstellungsdatum der Honorarnote
- Diagnose
- genaue Angaben über die ärztlichen Leistungen

An die Ärztekammer wenden

Wenn Sie die privaten Honorarwünsche Ihres Arztes für stark überhöht halten oder den begründeten Verdacht haben, Ihnen verrechnete Leistungen wurden gar nicht erbracht, oder wenn Sie wissen wollen, ob eine Überschreitung eines medizinischen Kostenvoranschlags wirklich notwendig und für den Arzt nicht vorhersehbar war, können Sie sich an die zuständige Ärztekammer wenden.

Während die ersten drei Punkte formaler Natur sind, ist der fünfte Punkt für den Patienten entscheidend. Nach den Bestimmungen des Sozialversicherungsrechtes erhält er nur jene Kosten erstattet, die von der Krankenkasse zu zahlen wären, hätte der Patient einen Vertragsarzt konsultiert. Daher sollte auch der Wahlarzt seine Honorarnoten nach den Kriterien der Honorarordnung für Vertragsärzte erstellen. Das setzt aber voraus, dass er diese Honorarordnung vor allem in Bezug auf die Sonderleistungen sehr genau kennt!

Bei der Erstellung der Honorarnote sollte Ihr Wahlarzt daher im Hinblick auf die erbrachten Einzelleistungen darauf achten, dass er Sonderleistungen, die auch bei den Vertragsärzten vorgesehen sind, in derselben Terminologie (eventuell sogar mit Angabe der jeweiligen Positionsziffer) auf der Rechnung gesondert anführt. Außerdem das Datum, zu welchem Sie ihn aufgesucht haben. (Ärzte sind nicht vorsteuerabzugsberechtigt; daher wird ohne Mehrwertsteuer/Umsatzsteuer abgerechnet.)

Am besten detailliert

Durch eine übersichtliche und detaillierte Rechnungslegung mit Bezeichnung der einzelnen Positionen und Angabe des Honorars für die einzelnen Positionen wird die Bearbeitung der Rechnung durch die zuständige Krankenkasse wesentlich erleichtert. Die Kostenerstattung für den Patienten wird dadurch höher sein als bei einer pauschalen Beschreibung der Leistungen. Von der Kasse wird auch geprüft, ob die angegebenen Diagnosen und ärztlichen Leistungen in einem nachvollziehbaren Zusammenhang stehen. Alle erbrachten Leistungen müssen letztlich auch in der Patientenkartei dokumentiert sein.

Die Krankenkassen rechnen übrigens quartalsmäßig ab. Sucht ein Patient also beispielsweise im Jänner einen Wahlarzt auf, erhält er seinen Kostenersatz frühestens im April. Ein Umstand, der viele verärgert.

Einen **Rückersatz** gibt es nur für saldierte Honorarnoten. Saldierung bedeutet: Zahlungsnachweis durch Vermerk auf der Rechnung oder dem Einzahlungsschein. Die Höhe des Rückersatzes entspricht in etwa **80 Prozent** jenes Honorars, das ein Vertragsarzt für dieselben Leistungen erhält. Bei den Gebietskrankenkassen ist dieser Rückersatz jedoch niedriger. Für viele Leistungen (z.B. Labor, Sonographie, Ordinationen) gelten fixe, pauschalierte Rückersatzbeträge, die jeweils unter den erwähnten 80 Prozent liegen. Ist eine Leistung in der Honorarordnung nicht enthalten, so gewährt die Krankenkasse dafür keinen Kostenersatz bzw. kann sie in Einzelfällen einen Kostenersatz pauschaliert festlegen.

Maximal 80 Prozent Rückersatz bei Wahlarzt

Für jene Leistungen, die laut Honorarordnung nur für bestimmte Fachgruppen verrechenbar sind, wird nur für eine Honorarnote eines solchen **Facharztes** ein Rückersatz geleistet. Dazu ein Beispiel: Ein praktischer Arzt führt eine Ergometrie durch; laut Honorarordnung ist das Internisten vorbehalten. Für diese Leistung eines Arztes für Allgemeinmedizin wird **kein** Rückersatz geleistet. Die Krankenversicherung hat auch nicht den Ersatz der Kosten einer bei einem Wahlarzt durchgeführten humangenetischen Vorsorgemaßnahme durch pränatale Diagnostik zu tragen.

Ein Versicherter, dem die Erbringung der Sachleistung (etwa durch einen Vertragsarzt) **verweigert** wird, kann sich die Krankenbehandlung anderweitig, also etwa durch einen Wahlarzt beschaffen und dann Kostenerstattung beanspruchen. Und auch für den Fall, dass ein Vertragsarzt, der dieselbe Leistung wie der Wahlarzt erbringt, **nicht vorhanden** ist, müssen die Kosten der Inanspruchnahme des Wahlarztes bis zu jener Höhe erstattet werden, in welcher sie in einer Vertragseinrichtung, die solche Behandlungen vornimmt, entstanden wären.

Eine Kostenerstattung kann aber dann nicht erfolgen, wenn der Patient im selben Kalendervierteljahr einen praktischen Arzt als Wahlarzt und einen solchen als Vertragsarzt konsultiert. Und soweit in der Honorarordnung für die Vertragsärzte **Verrechnungsbeschränkungen** (z.B. Limitierungen pro Quartal bzw. pro Arzt) vorgesehen sind, gelten auch für die Kostenerstattung von Wahlarztrechnungen die jährlich festgelegten fixen Eurobeträge.

Ein Wahlarzt ist grundsätzlich nicht berechtigt, Formulare der Krankenkassen zu verwenden. Seit Kurzem jedoch sind Gebietskrankenkassen und kleine Kassen bereit, auch Wahlärzten die Möglichkeit zu geben, Kassenrezepte auszustellen. Stellt der Wahlarzt **Privatrezepte** aus, so müssen diese Privatrezepte vor Einreichung in der Apotheke einem Kassenrezept gleichgestellt werden. Diese Gleichstellung erfolgt durch einen Stempelaufdruck bei der Krankenkasse. Wenn die Gleichstellung nicht erfolgt, sondern der Patient direkt die Apotheke aufsucht, muss er dort den vollen Medikamentenpreis bezahlen, hat jedoch einen Rückersatzanspruch an die Krankenkasse auf 80 Prozent des Kassenpreises.

Heilkostenplan

Kostenvoranschlag für Zähne

Bei **Zahnbehandlungen** wird in der Regel automatisch ein Kostenvoranschlag erstellt. Dieser sogenannte Heilkostenplan dient Ihnen als Orientierung und ist – sofern keine unvorhersehbaren Komplikationen auftreten – auch verbindlich für den Zahnarzt. Haben Sie als Kassenpatient einen besonderen Behandlungswunsch und ist dieser als außervertragliche Leistung gesondert zu verrechnen, so hat der Arzt Sie vor der Behandlung darauf hinzuweisen.

Wenn der Patient auf Basis des Kostenvoranschlages nachfolgend keinen Behandlungsauftrag erteilt, steht dem Arzt für diese „selbstständige" Leistung keine Honorarforderung zu, außer er hat vorher auf die Entgeltlichkeit des Kostenvoranschlages hingewiesen. Ein schriftlicher Heilkostenplan hat dann zu erfolgen, wenn

- „wesentliche Kosten" anfallen;
- die Kosten die Tarife der Autonomen Honorarrichtlinien der Zahnärztekammer übersteigen;
- der Patient dies verlangt (unabhängig von der Höhe der Kosten).

Die Höhe der „wesentlichen Kosten" wird jährlich bis 1.10. von der Zahnärztekammer durch die Grenzwertverordnung bekanntgegeben. Die wesentlichen Kosten betragen demnach 1.995 Euro (Stand: 2022).

Kostenvoranschlag einholen

Um unliebsame Überraschungen von vornherein auszuschließen, sollten Sie sich vor dem Beginn einer aufwendigen Zahnbehandlung einen Heilkostenplan erstellen lassen. An diese Honorarsätze ist der behandelnde Arzt dann, wie bei einem Kostenvoranschlag, gebunden. Weist der Arzt den Patienten nicht darauf hin, dass der Kostenvoranschlag zu bezahlen ist, muss der Patient eine eventuelle Forderung nicht begleichen. Gegebenenfalls hat Sie ein Kassenarzt auch darüber zu informieren, dass Ihr Behandlungswunsch als außer(kassen)vertragliche Leistung gesondert honorarpflichtig ist.

Honorarrichtlinie für Zahnärzte unverbindlich

Die Autonomen Honorarrichtlinien werden als unverbindliche Empfehlung der Zahnärztekammer herausgegeben. Die Grenzwertverordnung und die Autonomen Honorarrichtlinien der Zahnärztekammer müssen Patienten in leicht ersichtlicher Form zugänglich gemacht werden. Dies kann z.B. durch einen Aushang in der Ordination geschehen. Sie sind auch auf der Homepage der Zahnärztekammer (www.zahnaerztekammer.at) unter „Amtliche Mitteilungen" veröffentlicht.

Verschiedene Leistungen und die dafür verlangten Preise können durch das Einholen von zumindest 2 Kostenvoranschlägen leichter verglichen werden. Dies ist besonders bei teuren Sanierungen zu empfehlen. Es gibt keine Preisregelung für zahnärztliche Leistungen. Die Autonomen Honorarrichtlinien sind nicht verbindlich, Zahnärzte dürfen davon abweichen. Preise sind erst dann gesetzwidrig, wenn sie das Doppelte des Wertes der erbrachten Leistung überschreiten. Dies ist im Allgemeinen nur mit einem Sachverständigengutachten festzustellen.

Grenzüberschreitende Gesundheitsversorgung

Die einschlägigen EU-Rechtsakte gelten, vereinfacht gesagt, für **versicherte Staatsangehörige** eines Mitgliedstaates und deren anspruchsberechtigte Angehörige sowie für alle **Pensionisten** und deren Angehörige. Seit 1.1.2011 gelten die Regelungen auch für **Drittstaats-**

angehörige, wenn diese in einem Mitgliedstaat ihren rechtmäßigen Wohnsitz haben. Die Rechtsakte, welche in Österreich durch das Patientenmobilitätsgesetz ungesetzt wurden, unterscheiden zwischen folgenden drei Sachverhalten:

- Eine Person **wohnt** in einem anderen Mitgliedstaat als in dem Staat, in dem sie krankenversichert ist (zuständiger Mitgliedstaat, Versicherungsmitgliedstaat). Diese Person hat Anspruch auf alle Sachleistungen, die im Staat, in dem sie wohnt (Wohnmitgliedstaat), vorgesehen sind – so wie eine dort versicherte Person. Die Kosten der Behandlungen und Medikamente trägt der Krankenversicherungsträger, bei dem die Person versichert ist (zuständiger Träger).
- Eine Person hält sich **vorübergehend** in einem anderen als dem zuständigen Mitgliedstaat (Versicherungsmitgliedstaat) auf. Sie hat Anspruch auf alle Sachleistungen, die sich im Zusammenhang mit der Aufenthaltsdauer als medizinisch notwendig erweisen. Die Kosten trägt der Krankenversicherungsträger, bei dem die Person versichert ist (zuständiger Träger).
- Eine Person **begibt** sich zum Zweck der Krankenbehandlung in einen anderen Mitgliedstaat. Für diesen Fall gilt, dass dies nur nach vorheriger Genehmigung des zuständigen Trägers möglich ist. Die Genehmigung muss erteilt werden, wenn die geplante Behandlung Teil der Leistungen ist, die nach dem Recht des zuständigen Trägers gewährt werden, und die Behandlung nicht innerhalb eines in Anbetracht des derzeitigen Gesundheitszustands und des voraussichtlichen Verlaufs der Krankheit medizinisch vertretbaren Zeitraumes gewährt werden kann. Wurde die Genehmigung erteilt, trägt die Kosten für die Krankenbehandlung der zuständige Krankenversicherungsträger.

Möglichkeit der Kostenerstattung

Kommt es – aus welchen Gründen auch immer – bei der Inanspruchnahme von Krankenbehandlungsleistungen zu keiner Kostenübernahme durch den zuständigen Träger, ist die Möglichkeit der **nachträglichen**

Kostenerstattung vorgesehen. Es kommen drei unterschiedliche Arten der Kostenerstattung in Betracht:

- Erstattung durch den Träger am Aufenthaltsort in der Höhe der Erstattungssätze, die für den Aufenthaltsort gelten.
- Erstattung durch den zuständigen Träger in der Höhe der Erstattungssätze, die für den Aufenthaltsort gelten.
- Erstattung durch den zuständigen Träger in der Höhe der Erstattungssätze, die für den zuständigen Träger gelten.

Für die Kostenerstattung im Fall einer geplanten – und genehmigten – Behandlung gelten grundsätzlich auch diese drei Erstattungsvarianten, wobei die dritte Variante (eine Erstattung durch den zuständigen Träger nach den Sätzen des zuständigen Trägers) immer dann zu erfolgen hat, wenn diese Sätze **höher** sind als die Erstattungssätze des Aufenthaltsortes. Reisekosten sind dann zu ersetzen, wenn dies nach dem Recht des zuständigen Trägers vorgesehen ist.

Die Richtlinie zur grenzüberschreitenden Gesundheitsversorgung ergänzt die Verordnungen zur Koordinierung der Systeme der sozialen Sicherheit. Geregelt sind in der Richtlinie jene Fälle, in denen Personen **ohne vorherige Genehmigung** zum Zweck der Inanspruchnahme einer Krankenbehandlung ins Ausland reisen (sogenannte elektive Behandlungen).

Die Richtlinie legt den Grundsatz fest, dass Versicherte bzw. anspruchsberechtigte Angehörige in einem anderen Mitgliedstaat ohne vorherige Genehmigung nach den dortigen Regeln Gesundheitsdienstleistungen in Anspruch nehmen können. Sie erhalten dafür eine Kostenerstattung von ihrem zuständigen Krankenversicherungsträger in Höhe der innerstaatlich vorgesehenen Erstattungssätze.

Der Mitgliedstaat, in dem die Gesundheitsdienstleistung erbracht wird **(Behandlungsmitgliedstaat)**, hat den Zugang zu seinem Gesundheitssystem in **nichtdiskriminierender Weise** zu gewähren. Einschränkungen sind nur aus den vom EuGH anerkannten Gründen möglich (erhebliche Gefährdung des finanziellen Gleichgewichts des Systems der sozialen Sicherheit, Planbarkeit im Hinblick auf das Ziel einer ausgewogenen, allen zugänglichen klinischen und ärztlichen Versorgung und die Erhaltung eines bestimmten Umfangs der medizinischen und pflegerischen Versorgung).

Voraussetzungen für eine Kostenerstattung

Der Mitgliedstaat, in dem eine Person versichert ist **(Versicherungsmitgliedstaat)**, hat grundsätzlich die Kosten einer Behandlung im Ausland zu erstatten. Er muss die Versicherten über ihre Ansprüche, über die Verfahren zur Geltendmachung der Ansprüche, über die Kostenerstattung und über Rechtsmittel informieren. Voraussetzung für einen Kostenerstattungsanspruch ist, dass der Versicherte auf die betreffende Leistung im Inland Anspruch hat (die Leistung also im **nationalen Leistungskatalog** vorgesehen ist). Der Versicherungsmitgliedstaat erstattet die Kosten maximal bis zu der Höhe, die er für eine Leistungserbringung im Inland gezahlt hätte. Die Mitgliedstaaten können sich jedoch entscheiden, die gesamten Kosten zu tragen, auch Reisekosten oder Extrakosten von behinderten Personen.

Vorabgenehmigung bei stationären und spezialisierten Behandlungen

Die Kostenübernahme darf nur in **Ausnahmefällen** von einer **vorhergehenden Genehmigung** abhängig gemacht werden. Die Fälle, in denen eine Genehmigung verlangt werden darf, sind sehr eingeschränkt; überdies muss es ein transparentes Genehmigungsverfahren mit entsprechenden Fristen geben und Rechtsmittel müssen möglich sein für

- eine stationäre Krankenhausbehandlung oder
- eine ambulante Behandlung, die hoch spezialisierte und kostenintensive medizinische Infrastruktur und Ausrüstung erfordert.

Die Genehmigung darf **verweigert** werden,

- wenn die geplante Behandlung nicht Teil der Leistungen ist, die im Versicherungsmitgliedstaat vorgesehen sind, oder

- die Behandlung innerhalb eines in Anbetracht des derzeitigen Gesundheitszustands des Patienten und des voraussichtlichen Verlaufs der Krankheit medizinisch vertretbaren Zeitraums im Versicherungsmitgliedstaat gewährt werden kann,
- bei Behandlungen, die ein besonderes Risiko für die Patienten oder die Bevölkerung darstellen, oder
- wenn Bedenken gegen den Gesundheitsdienstleister in Bezug auf die Einhaltung der Qualitätsstandards bestehen.

Verschreibungen von Arzneimitteln und Medizinprodukten aus anderen Mitgliedstaaten sind grundsätzlich anzuerkennen. Die Richtlinie gilt nicht für den Bereich der **Langzeitpflege**, für die Zuteilung und den Zugang zu Organen zum Zweck der **Organtransplantation** sowie für öffentliche **Impfprogramme**. In diesen Bereichen sind daher die genannten Regeln nicht anwendbar und es kann innerstaatlich der Zugang und die Kostentragung abweichend festgelegt werden.

Das Recht auf Behandlung

Wer sich in ärztliche Hände begibt, darf eine Behandlung erwarten, die ausreichend und zweckmäßig ist, ohne das Maß des Notwendigen zu überschreiten.

Die Pflichtversicherung

Die überwiegende Mehrheit der in Österreich lebenden Personen genießt den Schutz der sozialen Krankenversicherung. Etwa zwei Drittel davon sind aufgrund eigener Beiträge anspruchsberechtigt, dem Rest, den mitversicherten Angehörigen, werden dieselben Leistungen gewährt. Als Rechtsgrundlage für die Leistungspflicht im Krankheitsfall dienen in erster Linie das Allgemeine Sozialversicherungsrecht **(ASVG)** sowie Sondergesetze für Bauern, Beamte, Gewerbetreibende etc. Daneben enthalten auch die Gesamt- und Einzelverträge, die die Beziehung zwischen dem Arzt und dem Versicherungsträger gestalten, und die Krankenanstaltenverträge, die zwischen den Sozialversicherungsträgern und den Krankenanstalten geschlossen werden, für den Patienten wichtige Bestimmungen.

Krankenversicherung ist in der Regel Pflichtversicherung

In erster Linie erbringen die Krankenversicherungsträger **Sachleistungen** wie Anstaltspflege, Hauskrankenpflege, ärztliche Behandlungen, Vorsorgeuntersuchungen, Arzneimittel oder Heilbehelfe. Behandlungen werden in versicherungseigenen Ambulatorien oder von den Fondskrankenanstalten – das sind Krankenhäuser des jeweiligen Versicherungs-

Selber zahlen

Wer sich nicht in der allgemeinen Gebührenklasse, sondern in der Sonderklasse versorgen lassen will, sollte rechtzeitig eine Zusatzversicherung abschließen. Mit einer privaten Zusatzversicherung kann man gewisse Leistungen – z.B. Anspruch darauf, nur von einem bestimmten Chirurgen operiert oder ausschließlich durch den Chefarzt betreut zu werden – „erkaufen". Gleiches gilt auch für spezielle Unterbringungswünsche. Nur wer eine private Zusatzversicherung abgeschlossen hat, zu deren Leistungsumfang die Unterbringung im Ein- oder Zweibettzimmer gehört, kann auch darauf pochen. Hat das Krankenhaus allerdings keine Einzelzimmer, nützt auch die teuerste Polizze nichts – der Kranke wird dann lediglich einen Betrag für die nicht in Anspruch genommene Leistung von seiner Versicherung zurückbekommen können.

Beispiel Kostenerstattung (MRT, Wahlfacharzt für Radiologie)

Der durchschnittliche Vertragstarif für Kosten für die Durchführung von Magnetresonanztomographien von privaten Krankenanstalten kann nicht als vergleichbarer Vertragstarif herangezogen werden, wenn bei diesen Geräten der Sachaufwand wesentlich höher ist und die **Anschaffungskosten** eines solchen Geräts um jedenfalls 600.000 EUR über jenen des konkret verwendeten MRT-Niederfeldgeräts liegen und Letzteres den vereinbarten Qualitätsanforderungen (Gerätfeldstärke von mindestens 1 Tesla) nicht entspricht und daher auch nur bei Untersuchungen bestimmter Körperregionen einsetzbar ist. Hingegen erscheint die Heranziehung des Vertragstarifs für eine CT-Untersuchung gerechtfertigt, weil insbesondere die Anschaffungskosten annähernd gleich hoch sind.

trägers – bzw. den Vertrags- oder Kassenärzten angeboten. Daneben werden dem Versicherten unter bestimmten Voraussetzungen aber auch die Kosten für Gesundheitsdienstleistungen, die von Ärzten oder Einrichtungen erbracht werden, welche bei den Krankenversicherungsträgern nicht unter Vertrag stehen, in Form von Barleistungen erstattet. Bei einigen Leistungen ist eine **Kostenbeteiligung** des Patienten vorgesehen (z.B. Rezeptgebühr, Kostenbeitrag für die Pflege im Krankenhaus), bei anderen Leistungen (z.B. Zahnersatz) werden bloß Kostenzuschüsse gewährt.

Kostenersatz gemäß Tarif

Kostenzuschüsse für Leistungen, hinsichtlich derer ein Tarif mangels Zustandekommens entsprechender vertraglicher Vereinbarungen nicht vorgesehen ist, haben sich an den für **vergleichbare** Pflichtleistungen festgelegten **Tarifen** zu orientieren. Es besteht aber kein Kostenersatz nach „Marktpreisen" in der gesetzlichen Krankenversicherung. Welche tariflich erfasste Pflichtleistung nun mit der im konkreten Fall erfolgten Behandlung oder Untersuchung vergleichbar ist, hängt davon ab: Einerseits von der Art der Leistungen an sich, also von ihrer Methode und ihrem Zweck (z.B. 24-Stunden-Blutdruckmessung oder Hornhautimplantation nach CISIS-Methode), andererseits vom erforderlichen Sach- und Personalaufwand. Ausnahmsweise ist auch eine Orientierung an den Tarifen in einem Gesamtvertrag eines anderen Krankenversicherungsträgers möglich, wenn vergleichbare Tarifpositionen im eigenen Gesamtvertrag gänzlich fehlen.

Kosten des stationären Aufenthalts nach Komatrinken

Eine 17-Jährige war nach dem Konsum alkoholischer Getränke von der Rettung in ein Krankenhaus eingeliefert worden. Als Vorsichtsmaßnahme wurde im Krankenhaus eine Blutabnahme durchgeführt, weil die Ärzte zu diesem Zeitpunkt nicht wissen konnten, was sie alles eingenommen hatte, das nachträglich zu einem kritischen behandlungsbedürftigen Zustand hätte führen können (z.B. Opiate). Da sich dabei herausstellte, dass bei ihr nur ein alkoholisierter Zustand (1,5 Promille) vorlag, verblieb sie bis zur Ausnüchterung am Morgen im Krankenhaus. Zur Beschleunigung der Ausnüchterung bekam sie eine Infusion.

Auszugehen ist davon, dass dann, wenn ein Versicherter bei Alkoholisierung lediglich der Ausnüchterung bedarf, mangels Behandlungsbedürftigkeit der Versicherungsfall der Krankheit zu verneinen ist. In diesem Fall besteht auch kein Leistungsanspruch gegenüber dem Krankenversicherungsträger aus dem Titel der Anstaltspflege, weil der Krankenhausaufenthalt nur die fehlende häusliche Pflege und Obsorge ersetzt und nicht einer Erfolg versprechenden Behandlung einer Krankheit dient.

Versicherungsfall „Krankheit" nur bei Behandlungsbedürftigkeit

Allerdings besteht bis zur Klärung des Krankheitsverdachtes ein Anspruch auf Krankenbehandlung bzw. Anstaltspflege. Da sich durch die Untersuchungen jedoch herausstellte, dass lediglich eine Alkoholisierung der Jugendlichen vorlag, die allein der Ausnüchterung bedurfte, ist der Anspruch auf Krankenbehandlung bzw. Anstaltspflege erloschen und die Versicherte hat die nach Abschluss der Diagnose angefallenen Kosten der Anstaltspflege selbst zu tragen. Dies bedeutet, dass die Laborkosten für die Diagnose und allenfalls auch die Kosten des Rettungseinsatzes die Sozialversicherung zu tragen hat. Ab dem Zeitpunkt, zu dem klar war, dass das Mädchen nichts anderes als alkoholisiert war, hat aber sie für die Kosten der Anstaltspflege aufzukommen.

Automatisch versichert

Die Pflichtversicherung tritt **automatisch** mit der Arbeitsaufnahme durch einen unselbstständigen Arbeitnehmer oder der Erlangung der Gewerbeberechtigung bei Selbstständigen ein. Eine besondere Meldung oder ein Antrag seitens des Arbeitnehmers beim Sozialversicherungsträger ist nicht erforderlich. Prinzipiell kommt es zu einer **Vollversicherung,** das heißt, der Versicherte ist kranken-, unfall- und pensionsversichert; Ausnahmen gibt es beispielsweise bei geringfügig Beschäftigten.

Versicherungsfall „Krankheit"

Nicht jede Störung des Wohlbefindens ist eine **Krankheit** im Sinne des Sozialversicherungsrechts [z.B. PCR-Test (COVID-19) für eine vorzunehmende Wirbelsäulen-Operation medizinisch nicht notwendig]. Vielmehr muss es sich um einen „regelwidrigen Körper- oder Geisteszustand" handeln, der eine „Krankenbehandlung notwendig macht". Auf die **Ursache** der Krankheit kommt es nicht an. Insbesondere ist ohne Bedeutung, ob der Versicherte die Krankheit selbst leichtsinnig herbeigeführt hat. Eine als Folge einer Totgeburt (z.B. Tod des Kindes, weil Arzt eine Uterusruptur nicht erkannte und daher einen Kaiserschnitt zu spät einleitete) eingetretene **Verbitterungsstörung** etwa ist nicht als Krankheit einzustufen, wenn keine psychosewertige Persönlichkeitsstörung vorliegt.

Unterschiedliche Krankheitsbegriffe

Im Gegensatz zum Sozialversicherungsrecht ist der medizinische Krankheitsbegriff weiter, weil er nicht auf die „Behandlungsbedürftigkeit" im Sinn von Beeinflussbarkeit des Leidens abstellt. Ist die Entwicklung des Leidens einmal abgeschlossen, liegt ein **„Gebrechen"** vor, für das die Krankenversicherung nur äußerst beschränkt leistungszuständig ist.

Behandlungsbedürftigkeit im Sinn des ASVG liegt dann vor, wenn der regelwidrige Zustand des Versicherten nach den Regeln der ärztlichen Kunst einer Heilbehandlung mit dem Ziel der Heilung, Besserung oder Verhütung der Verschlimmerung zugänglich ist. Die erforderliche Notwendigkeit der Krankenbehandlung ist nicht ex post durch den Erfolg einer bestimmten Methode unter Beweis zu stellen, sondern losgelöst von der tatsächlichen Krankenbehandlung ex ante. Wenn daher ein regelwidriger Körperzustand oder Geisteszustand „nach dem Stand der medizinischen Wissenschaft" durch ärztliche Hilfe, Heilmittel oder Heilbehelfe gebessert oder vor einer Verschlimmerung bewahrt werden kann, so ist die Notwendigkeit der Krankenbehandlung indiziert.

Undurchsichtig

Nach der Rechtsprechung besteht etwa bei einem medizinisch nicht indizierten Schwangerschaftsabbruch keine Leistungspflicht; Organspende und Süchtigkeit werden hingegen als Krankheit qualifiziert. Die In-vitro-Fertilisation wird durch einen eigenen Fonds finanziert.

Keine notwendige Behandlung bei androgenetischem Haarausfall

Das Fehlen der Kopfbehaarung eines Mannes ist in erster Linie ein störender optischer Zustand. Kosmetische Behandlungen gelten (nur) als Krankenbehandlung, wenn sie der Beseitigung anatomischer oder funktioneller Krankheitszustände dienen. Solche Krankheitszustände nimmt die Rechtsprechung etwa bei entstellendem Aussehen oder bei Behinderung einer Körperfunktion (z.B. Nasenatmung oder Lidschluss) an. Das Fehlen von Kopfhaar kann zu einem optischen Defizit führen, das Betroffene subjektiv als störend empfinden, wird aber im Allgemeinen nicht als entstellend beurteilt.

Krankheitsbestimmung durch Beschwerden, Symptome und Befunde

Krankheit im sozialversicherungsrechtlichen Sinn liegt bereits dann vor, wenn eine Störung der psycho-physischen Funktionen nach außen hin wahrnehmbar ist, und sei es nur durch entsprechende Äußerungen des Versicherten, die die Notwendigkeit einer Diagnoseerstellung indizieren. Der **Krankheitsverdacht** ist dann dem Versicherungsfall der Krankheit zuzurechnen, wenn er sich durch objektiv diagnostizierbare Symptome äußert, unabhängig davon, ob sich im Nachhinein der Krankheitsverdacht bewahrheitet oder nicht. Minimale Voraussetzung des Krankheitsbegriffs ist daher in der Regel, dass der Versicherte **glaubhaft Symptome** bezeichnen kann, die auf eine Abweichung von irgendeiner Norm – sei es physiologischer, psychischer oder sozialer Art – hindeuten.

Durch die Krankenbehandlung sollen die Gesundheit, die Arbeitsfähigkeit und die Selbsthilfefähigkeit wiederhergestellt werden. Keine Krankenbehandlung stellt z.B. die Schutzimpfung dar. Das Ergebnis der Behandlung ist nicht entscheidend, sofern sie zumindest zu Beginn **Erfolg versprechend** war. Die Krankenbehandlung umfasst:

- ärztliche Hilfe, einschließlich der ihr gleichgestellten diagnostisch-therapeutischen Hilfe (z.B. durch Psychologen)
- Erbringung von Heilmitteln (Arzneien) und Heilbehelfen (z.B. Massagen, Verbandsmittel, Brillen)
- medizinische Hauskrankenpflege (z.B. Verabreichung von Injektionen durch diplomierte Krankenschwestern)
- Anstaltspflege

Besonderes gilt für **Zahnbehandlungen.** Solche Arbeiten können von Zahnärzten, Dentisten und in Zahnambulatorien erbracht werden. Nur die chirurgische und konservierende Zahnbehandlung ist eine gesetzliche Pflichtleistung. Das Gleiche gilt für Kieferregulierungen, sofern sie zur Verhütung von schweren Gesundheitsstörungen oder von störenden Verunstaltungen notwendig sind (z.B. Hasenscharte). Auch unentbehrlicher Zahnersatz wird als Pflichtleistung gewährt.

Eingeschränkte Leistungspflicht bei Zähnen

Besonders wichtig bei der Inanspruchnahme von Zahnersatz ist die Unterscheidung zwischen vertraglichen Leistungen (= ausschließlich abnehmbarer Zahnersatz, sogenannte Prothese, samt medizinisch notwendigen Halteelementen, sogenannten Klammerzahnkronen) und außervertraglichen (insbesondere festsitzender Zahnersatz und Sonderanfertigungen).

Anstaltspflege

Als Anstaltspflege ist ausschließlich die stationäre Pflege (nicht dagegen die ärztliche Hilfeleistung in der Anstaltsambulanz) anzusehen. Anstaltspflege umfasst eine einheitliche und unteilbare Gesamtleistung. Es werden mit den vom Versicherungsträger gezahlten Pflegegebühren grundsätzlich **alle** Leistungen der Krankenanstalt abgegolten. Die Teilleistungen, die von dieser Abgeltung umfasst sind, sind die Kosten der Unterkunft, der ärztlichen Untersuchung und Behandlung, Beistellung von allen erforderlichen Heilmitteln, Arzneien usw., Pflege und Verköstigung.
Keine Anstaltspflege in **Tagesklinik**, wo der Patient nach dem operativen Eingriff kurz nach dem Aufwachen aus der Narkose die Tagesklinik wieder verlassen kann. Der Begriff „Tagesklinik" wird häufig für chirurgische Ambulanztätigkeit verwendet, bei der sich der Patient chirurgischen Eingriffen unterzieht, die üblicherweise einen mehrtägigen stationären Krankenhausaufenthalt bedingen, und danach wieder in den häuslichen Bereich entlassen wird („Tageschirurgie"). Diese Form der Tagesklinik fällt in den Bereich der ambulanten Behandlung in Krankenanstalten und Ambulatorien.

Bei Vorliegen von **Vertragsleistungen** übernimmt die Kasse einen bestimmten Prozentsatz, meist etwa 75 Prozent (= Kassenanteil) des mit der Ärztekammer vereinbarten Tarifes. Der Patient hat die restlichen 25

Prozent selbst zu bezahlen (= Patientenanteil). Bei Inanspruchnahme eines **Wahlzahnarztes** werden von der Kasse rund 80 Prozent des Kassenanteils rückerstattet, sofern es sich um Vertragsleistungen handelt!

Was ist nun eine Vertragsleistung? Darunter versteht man einen **Zahnersatz,** der die medizinische und funktionelle Wiederherstellung der Kaufähigkeit gewährleistet. Dabei sind auch die kosmetischen Erfordernisse (Zahnform, Zahnfarbe und Zahnstellung) im üblichen Rahmen zu berücksichtigen. Die Vertragsleistung beinhaltet alle dazu notwendigen technischen und medizinischen Maßnahmen.

Sonderleistungen (z.B. Verwendung von Edelmetallen), die über den vertraglichen Rahmen hinausgehen, müssen Sie selbst bezahlen. Der Vertragszahnarzt ist verpflichtet, Sie vorher entsprechend (über Art und Kosten) aufzuklären.

Sonderfall

Schwangerschaft und **Entbindung** sind bei normalem Verlauf keine Krankheit, werden aber auch von der Krankenversicherung erfasst. Es muss allerdings acht Wochen vor der Entbindung eine Versicherung bestanden haben. Eine Entbindung liegt vor, wenn das Kind lebend geboren wird oder die (tote) Leibesfrucht ein Gewicht von 500 Gramm erreicht hat.

Dauer der Behandlung

Eine Behandlung wird bei aufrechtem Versicherungsverhältnis für die Dauer der Erkrankung **ohne zeitliche Begrenzung** gewährt (Ausnahme: Kranken- und Wochengeld). Tritt die Krankheit innerhalb von drei Wochen nach Ende der Beschäftigung während der Arbeitslosigkeit ein, so bestehen Ansprüche, wenn der Betroffene eine bestimmte Mindestdauer versichert war. Außerdem besteht ein Anspruch auf Fortbehandlung über das Ende des Versicherungsverhältnisses hinaus, wenn ein einheitlicher Versicherungsfall vorliegt, d.h., eine in den Versicherungszeitraum fallende Erkrankung später noch weitere Behandlungsschritte erforderlich macht.

Sohn nüchtert im Spital aus: Vater muss zahlen

„Rausch": Mit diesem knappen, aber eindeutigen Hinweis lehnte der Chefarzt einer Gebietskrankenkasse die Übernahme der Kosten eines Spitalsaufenthalts ab. Ein 15-Jähriger hatte eine Nacht in einem Linzer Spital verbracht, nachdem er vorübergehend bewusstlos und allem Anschein nach stark alkoholisiert eingeliefert worden war. Unklar war, ob er auch, wie die Betreuerin im Jugendheim mutmaßte, in dem er untergebracht war, Tabletten eingenommen hatte.
Auf die Beschwerde des Vaters gegen die Vorschreibung von Pflegegebühren in Höhe von 825 Euro hob der Unabhängige Verwaltungssenat den Bescheid des Bürgermeisters auf: Man hätte im Spital erkennen können, dass der Bursch einen gewöhnlichen Rausch hatte und gar keiner Behandlung bedurfte.
Dagegen legte aber der Spitalserhalter Beschwerde ein. Der Verwaltungsgerichtshof bestätigte, dass die Aufnahme in stationäre Behandlung sehr wohl nötig gewesen sei: zur Beobachtung wegen der ungeklärten, am Ende verneinten Tabletteneinnahme. Die nicht näher begründete Ablehnung der Kostenübernahme durch den Chefarzt allein hatte jedenfalls „keinerlei Beweiswert für das Fehlen der Notwendigkeit einer Aufnahme".

Mehr Kostenbeteiligungen

Selbstbehalt durch Kostenbeitrag in Spitälern

Um die Krankenversicherung finanziell zu entlasten, werden den Versicherten zunehmend **Kostenbeteiligungen** auferlegt. Für den Bezug von Heilmitteln ist seit je eine Rezeptgebühr zu entrichten. Bei Heilbehelfen hat der Versicherte mindestens 10 Prozent der Kosten selbst zu tragen. Beamte und gewerblich Selbstständige haben sich außerdem an den Kosten der ärztlichen Hilfe im Ausmaß von 20 Prozent zu beteiligen.

Bei Anstaltspflege gebührt dem Spitalsträger ein Beitrag zu den **Verpflegungskosten** bis zu 28 Tage pro Jahr von jedem Patienten. Befinden sich Angehörige eines ASVG-Versicherten in Anstaltspflege, hat der Versicherte in den ersten 4 Wochen einen Kostenbeitrag von 10 Prozent des jeweiligen Pflegegebührensatzes zu tragen.

Welche Behandlung steht mir zu?

Die Krankenbehandlung muss ausreichend und **zweckmäßig** sein, sie darf jedoch das Maß des Notwendigen nicht überschreiten **(Ökonomiegebot).** Gewisse Leistungen bedürfen vor der Erbringung der Genehmigung des Versicherungsträgers. (Die Kosten für **homöopathische Mittel** etwa werden von der Wiener Gebietskrankenkasse nur in Ausnahmefällen und nach chefärztlicher Bewilligung durch den Medizinischen Dienst übernommen.) Die wirtschaftliche Behandlungs- und Verschreibweise wird durch Richtlinien des Hauptverbandes der Sozialversicherungsträger konkretisiert. Medizinische Experimente werden nicht abgedeckt. Die Behandlung kann auch im Ausland erfolgen (► Seite 49ff), doch besteht kein Anspruch auf eine „weltbeste Versorgung".

Recht auf hohes und anerkanntes Behandlungsniveau

Ärztliche Untersuchungen und Behandlungen in Krankenanstalten dürfen nur nach den Grundsätzen und anerkannten Methoden der medizinischen Wissenschaft vorgenommen werden. Bei der Bestimmung des gebotenen **Behandlungsniveaus** spielt der Spezialisierungsgrad der Krankenanstalten eine Rolle, wobei aber im Bereich der Schwerpunktkrankenanstalten eine rein nationale Bestimmung des Standes der Wissenschaft zu kurz greift, sondern auch das Ausland ein Bezugspunkt ist: Maßgebend sind solche Behandlungsmethoden, die sowohl in der Fachwissenschaft des Inlands oder Auslands als klinisch erprobte und erfolgversprechende Behandlungsmethoden anerkannt sind. Die gesetzliche Anordnung, dass Krankenanstalten ihre Patienten nach den Grundsätzen und anerkannten Methoden der medizinischen Wissenschaft behandeln müssen, stellt unabdingbares Recht dar und wird zwingender Inhalt des Behandlungsvertrags, den der Patient auch als subjektives Recht durchsetzen kann. Der Patient hat daher aus dem Behandlungsvertrag ein Recht auf Behandlung nach den „erforderlichen und dem jeweiligen Krankheitsbild adäquaten Behandlungsmaßnahme".

Die **Ablehnung** einer bestimmten Behandlungsmethode durch den Krankenhausträger setzt eine **sachliche Rechtfertigung** voraus. Diese läge z.B. vor, wenn die Methode nach der medizinisch-therapeutischen Einschätzung eines vom Krankenhausträger beschäftigten Facharztes nach seiner Sachkunde und Erfahrung als nicht zielführend erachtet wird. Wenn Spezialisten eines bestimmten Gebiets nach ihrem Wissen und ihrer Erfahrung die Durchführung einer bestimmten Behandlungsmethode als nicht erfolgversprechend ablehnen und darin innerhalb des Rahmens des medizinischen Kalküls auch keine Verkennung der Sachlage liegt, ergibt sich keine Pflicht des Krankenhausträgers, weitere – gegebenenfalls externe – Ärzte hinzuzuziehen, bis die Durchführung einer vom Patienten gewünschten alternativen Behandlungsmethode befürwortet wird.

Auch wenn daher ausdrücklich zu betonen ist, dass die Auswahl der im Einzelfall bestgeeigneten Therapiemethode grundsätzlich Sache des behandelnden Arztes als Spezialist auf dem jeweiligen medizinischen Fachgebiet ist, gibt es einen **Sonderfall**. Ein Anspruch auf Behandlung mit einem bestimmten Medikament ist dann zu bejahen, wenn nur eine **einzige** – alternativlose, medizinisch indizierte und derzeit nicht mit ernsthaften Komplikationen verbundene – Behandlungsmethode zur Verfügung steht.

Eine Frage der Notwendigkeit

Ob eine Krankenbehandlung noch im Bereich des Notwendigen liegt, lässt sich oft nur schwer beurteilen und kontrollieren. Jedenfalls muss **ärztliche Hilfe** im Allgemeinen von einem Arzt oder unter ärztlicher Anleitung bzw. Aufsicht geleistet werden. Die ärztliche Hilfe umfasst nicht nur die eigene Tätigkeit des Arztes, sondern auch die Tätigkeit anderer zur Unterstützung herangezogener Hilfspersonen. Werden etwa auf Anordnung und unter Anleitung des Arztes Massagen, Abreibungen oder Einpackungen vom **Gehilfen** vorgenommen, so gehören sie zur ärztlichen Behandlung, weil es sich nicht bloß um die Anwendung sachlicher Mittel (Heilmittel), sondern um Einwirkung durch persönliche Tätigkeit handelt. „Arztferne Tätigkeiten" lassen sich jedoch nur dann der ärztlichen Hilfe zurechnen, wenn der einschreitende Nichtarzt zu einem Arzt in einer qualifizierten Verantwortungsbeziehung steht, die dessen Aufsicht und Anleitung gewährleistet.

Ärztliche Hilfe umfasst auch Tätigkeit von Gehilfen

Bei sogenannten Außenseitermethoden (**Alternativmedizin** – z.B. Homöopathie, Akupressur, Kinesiologie) kommt es nach der Judikatur darauf an, ob eine wissenschaftlich anerkannte Methode erfolglos versucht wurde und die alternative Behandlung erfolgreich war oder zumindest nach den bisherigen Erfahrungen mit einem Erfolg gerechnet werden dürfte. Die Leistung hat aber auch hier durch einen Arzt zu erfolgen.

Außenseitermethode – nur unter bestimmten Voraussetzungen

Zur Behebung eines regelwidrigen Zustandes muss zunächst eine zumutbare erfolgversprechende Behandlung nach wissenschaftlich anerkannten Regeln der ärztlichen Kunst versucht werden. Dies zumindest dann, wenn diese dem Wirtschaftlichkeitsgebot entsprechend kostengünstiger ist. Nur wenn eine solche Behandlung erfolglos geblieben ist oder nicht zur Verfügung steht oder die Kosten der Außenseitermethode etwa jenen der üblichen Methoden entsprechen, stellt sich die Frage nach der Honorierung einer dann angewendeten Außenseitermethode. Es ist zwar grundsätzlich nicht Sache des Krankenversicherungsträgers, die Kosten für medizinische Experimente zu tragen, „doch soll das Recht der sozialen Krankenversicherung sich nicht als Hemmschuh für die Entwicklung und Ausbreitung neuer zukunftsträchtiger Diagnose- und Therapieformen auswirken".

Größter Nutzen zu geringsten Kosten

Als Faustregel gilt, dass der größtmögliche therapeutische **Nutzen** mit den geringsten **Kosten** erzielt werden soll. Die Kosten der jeweiligen Behandlungsmethode dürfen bei der Entscheidung nur dann berücksichtigt werden, wenn mehrere Methoden tatsächlich den gleichen medizinischen Erfolg versprechen. In erster Linie ist jedoch auf das **Wohl des Patienten** Rücksicht zu nehmen und genau zu prüfen, ob die Methoden tatsächlich gleichwertig sind. Wesentliche den Patienten betreffende Kriterien (z.B. das Risiko einer Vollnarkose) sind bei der Methodenwahl zu berücksichtigen.

Versuchskaninchen Patient?

Ablehnungsrecht bei Personal in Ausbildung und neuen Medikamenten

Manchmal erfolgt die **Ausbildung** von medizinischem Personal (Schwesternschülerinnen, Famulanten) an Patienten. Wenn Sie das nicht wollen, müssen Sie eine derartige Behandlung ausdrücklich **ablehnen.**

Neue Medikamente dürfen an Ihnen nur unter der Voraussetzung **klinisch geprüft** werden, dass Sie dieser Prüfung nachweislich zugestimmt haben. Davor müssen Sie allerdings besonders ausführlich aufgeklärt worden sein. Sie können Ihre Zustimmung verweigern bzw. auch wieder zurückziehen. Klinische Prüfungen an Kranken sind unter der weiteren Voraussetzung zulässig, dass sie dem Patienten voraussichtlich einen medizinischen Nutzen bringen. Ferner müssen Teilnehmer an solchen Prüfungen eigens versichert werden.

Versuche nur nach Zustimmung

Die klinische Prüfung eines Arzneimittels darf nur durchgeführt werden, wenn, wie bereits erwähnt, die Versuchsperson durch einen Arzt über Wesen, Bedeutung, Tragweite und Risiken der klinischen Prüfung aufgeklärt worden ist und ihre **Einwilligung** hiezu erteilt hat. Die Einwilligung ist nur rechtswirksam, wenn die Versuchsperson geschäftsfähig und in der Lage ist, Wesen, Bedeutung, Tragweite und Gefahren der klinischen

Umfangreiches Zulassungsverfahren

Wussten Sie, dass Medikamente in Österreich erst auf den Markt gebracht werden dürfen, wenn sie nach eingehender Prüfung von der zentralen Europäischen Zulassungsbehörde oder vom österreichischen Gesundheitsministerium zugelassen wurden? Wesentliche Voraussetzung für eine Zulassung sind klinische Studien, die die Wirksamkeit und mögliche Nebenwirkungen feststellen. Die Durchführung der klinischen Prüfung von Arzneimitteln und Medizinprodukten sowie die Anwendung neuer medizinischer Methoden (biomedizinische Forschungsvorhaben) ist durch die **Ethikkommission** zu beurteilen.

Prüfung einzusehen und ihren Willen danach zu bestimmen. Die Einwilligung darf **jederzeit widerrufen** werden. Sind für die Durchführung der klinischen Prüfung mehrere Einwilligungen erforderlich, so darf die klinische Prüfung an dieser Person nicht fortgesetzt werden, wenn auch nur eine dieser Einwilligungen widerrufen wird. Die Einwilligung muss in **schriftlicher** Form festgehalten werden. Die Einwilligung muss datiert und entweder mit der persönlichen Unterschrift der Versuchsperson versehen oder vor einem Zeugen abgegeben werden, der die Einwilligung durch seine Unterschrift bestätigt.

Medizinische Außenseitermethoden

Mit einer Gelöbnisformel verpflichten sich die Ärzte zu verantwortungsbewusstem Handeln gegenüber den Patienten. Methoden, die von der herrschenden Lehre „anerkannt" werden, entsprechen dem sogenannten Stand der Wissenschaft. Freilich kann auch die Schulmedizin irren. Eine Behandlung, die heute noch als Erfolg versprechend gilt, kann schon morgen nachweislich wirkungslos oder sogar schädlich sein. Die Festschreibung anerkannter Heilmethoden schützt den Arzt. Solange er sich bei der Ausübung seines Berufes an diesen Leitlinien der Heilkunst orientiert, handelt er juristisch jedenfalls korrekt.

Grenzen der Schulmedizin und des Stands der Wissenschaft

Das Ärzte- und Krankenanstaltenrecht wie auch die Judikatur stellen sicher, dass die Krankenbehandlung unter Zugrundelegung von gesicherten medizinischen Erkenntnissen und nach dem anerkannten Stand der Medizin nach Umfang und Qualität eine hinreichende Chance auf einen Heilungserfolg bietet. Der **Standard** der Behandlung darf sich aber nicht nur an Universitätskliniken und Spezialkrankenhäusern orientieren, sondern muss die dem Patienten örtlich zur Verfügung stehenden Möglichkeiten mitberücksichtigen. Das schließt ein, dass nicht jede apparative und methodische Neuerung umgehend nachvollzogen werden muss.

Grundsätzlich haben bei der Krankenbehandlung die wissenschaftlich anerkannten schulmedizinischen Behandlungsmethoden Vorrang. Ist eine Krankheit durch schulmedizinische Maßnahmen gut zu behandeln, gibt es keinen Anlass für die Finanzierung von „Außenseitermethoden" im Sinn einer komplementär-medizinischen bzw. alternativen Behandlung. Ein **Kostenersatz** bei einer von der Wissenschaft noch nicht anerkannten alternativen Behandlungsmethode kommt nur in Frage, „wenn die komplementärmedizinische Heilmethode einer zweckmäßigen Krankenbehandlung entspricht und das Maß des Notwendigen nicht überschreitet". Dies setzt voraus, dass eine zumutbare erfolgversprechende Behandlung nach wissenschaftlich anerkannten Regeln der ärztlichen Kunst nicht zur Verfügung stand oder eine solche versucht wurde und erfolglos blieb, während die „Außenseitermethode" beim Versicherten erfolgreich war oder sie sich ex ante gesehen (zumindest) als erfolgversprechend darstellte.

Erfolg „heiligt" die Mittel

Wenn jedoch schulmedizinische Behandlungsmethoden zu unerwünschten (erheblichen) Nebenwirkungen führen und durch alternative Heilmethoden der gleiche Behandlungserfolg (ohne solche Nebenwirkungen) erzielt werden kann, kommt auch eine Kostenübernahme für alternative Heilmethoden durch den gesetzlichen Krankenversicherungsträger in Betracht. Auch dann ist jedoch erforderlich, dass mit der in Frage stehenden Behandlungsmethode typischerweise – also in einer für die Bildung eines Erfahrungssatzes ausreichenden Zahl von Fällen wirksam – ein Erfolg erzielt werden kann, oder wenn auch ohne diese Voraussetzungen bewiesen wird, dass die Behandlungsmethode bei dem Versicherten erfolgreich war. So lehnte z.B. die ÖGK jüngst die Kostenerstattung für eine minimal invasive Therapie mit dem **Nano-Knife** zur Behandlung eines Prostatakarzinoms ab; in Österreich wird als etablierte operative Therapie die radikale Entfernung des Organs angeboten. Da **Langzeitergebnisse** hinsichtlich der Tumorkontrolle und einer 5- und 10-Jahre-Überlebensrate nicht vorliegen, wird diese Methode als experimentell eingestuft und gilt als Alternativtherapie.

Ob und wie therapiert wird, entscheidet grundsätzlich der Arzt

In Österreich wird grundsätzlich das Prinzip der **Therapiefreiheit** anerkannt. Der Arzt kann daher im Einzelfall nach pflichtgemäßem Ermessen darüber befinden, welche von mehreren medizinischen Maßnahmen unter den gegebenen Umständen den größtmöglichen Nutzen für den Patienten erwarten lässt.

Art, Inhalt und Umfang der ärztlichen Leistung werden vom freiberuflichen Arzt dominiert. Die ärztliche **Therapiefreiheit** bedeutet zugleich **Methodenfreiheit.** Die Methodenfreiheit findet jedoch berufs- und haftungsrechtlich insbesondere dann ihre **Grenze**, wenn die vom Arzt vorgeschlagene Methode mittlerweile von einer neueren, risikoärmeren oder weniger belastenden Methode abgelöst worden ist. Zudem verbietet der ärztliche Berufsauftrag, diagnostische oder therapeutische Methoden unter missbräuchlicher Ausnutzung des Vertrauens, der Unwissenheit, der Leichtgläubigkeit oder der Hilflosigkeit von Patienten anzuwenden.

Arzt hat freie Wahl von Therapie und Methode

Für ein schuldhaftes Unterschreiten des medizinischen Standards hat der Arzt haftungsrechtlich einzustehen. Ärzte sind verpflichtet, sich **fortzubilden.** Sind bestimmte Behandlungsmethoden überholt und haben sich bestimmte für den Patienten risikolosere Verfahren durchgesetzt, stellt es einen Behandlungsfehler dar, wenn der Arzt bei der überholten Behandlungsmethode bleibt. Auch darf sich der Arzt nicht einfach auf die Kenntnisse der lokalen Übung oder die subjektive Überzeugung der an einem Krankenhaus tätigen Mediziner beschränken.

Medizinischer Standard ausschlaggebend

Der Arzt kann z.B. frei wählen, ob die Behandlung einer Fraktur konservativ mittels Eingipsen oder operativ durchzuführen ist. Hat sich in letzter Zeit ergeben, dass sich die operative Behandlungsmethode wesentlich besser auf den Heilungsverlauf auswirkt und ist diese Erkenntnis zum medizinischen Standard erklärt worden, muss er sich für die Operation entscheiden. Er hat also keine Therapiewahl mehr. Fällt seine Entscheidung trotzdem zugunsten der konservativen Methode aus, liegt ein **Therapiefehler** vor.

Ein Patient hat kein Recht auf Anwendung einer im Krankenhaus zwar angebotenen, aber vom behandelnden Arzt als nicht zielführend eingeschätzte Behandlungsmethode. Ist eine Alternativmethode (z.B. **Madentherapie**) eine therapeutisch adäquate Alternative zur vom Arzt vorgeschlagenen Behandlung (z.B. **Beinamputation**), ist der Patient darüber aufzuklären. Das Fehlen einer entsprechenden Aufklärung ist aber nicht kausal für einen beim Patienten eingetretenen Schaden, wenn dieser über ausreichende Informationen (z.B. aus dem Internet) verfügt. Wer über eigene Nachforschungen Kenntnis der Alternativtherapie hat und insofern zur Beurteilung der offenstehenden Behandlungsmöglichkeiten in der Lage ist, der ist nicht auf die Informationen durch den Arzt angewiesen. Eine Schadenersatzforderung (z.B. auf Ersatz der wegen Ablehnung der Alternativtherapie und dem damit notwendigen Arztwechsel angefallenen Behandlungs- und Fahrtkosten) ist nur dann berechtigt, wenn der Arzt verpflichtet gewesen wäre, diese Alternativtherapie anzubieten und durchzuführen.

Anspruch auf möglichst risikoarme Behandlung

Der Patient hat aus dem Behandlungsvertrag Anspruch auf Anwendung der nach dem Stand der Wissenschaft zu fordernden **sichersten** Maßnahmen zur möglichsten Ausschaltung oder Einschränkung bekannter Operationsgefahren. Ein Verstoß gegen die Regeln medizinischer Kunst liegt vor, wenn die vom Arzt gewählte Maßnahme hinter dem in Fachkreisen anerkannten Standard zurückbleibt. Ein Arzt handelt fehlerhaft, wenn er das in Kreisen gewissenhafter und aufmerksamer Ärzte oder Fachärzte vorausgesetzte Verhalten unterlässt.

Nicht immer kann aber die von der überwiegenden Zahl der Ärzte und Krankenanstalten ausgeübte Behandlung als wissenschaftlich allgemein anerkannt bezeichnet werden, weil die Ursache vieler Krankheiten noch immer nicht erforscht ist und jede Art der Behandlung deshalb zwangsläufig experimentellen Charakter hat, ohne dass der Nachweis medizinischer Richtigkeit geführt werden kann. Die Fallgruppe der **unheilbaren Krankheiten,** bei denen es keine wissenschaftlich allgemein anerkannte Behandlungsmethode gibt, umfasst insbesondere Multiple Sklerose, AIDS und weite Bereiche von Tumorerkrankungen (Krebs).

Aber selbst wo konventionelle Methoden versagen, brauchen neue Entwicklungen ihre **wissenschaftliche Absicherung,** anderenfalls haftet der Arzt im Schadensfall für die unzulässige Anwendung einer nicht anerkannten Praxis. Wichtig ist, dass der Arzt bei Vornahme einer Alternativbehandlung den Patienten umfassend darüber aufklärt, dass er medizinisches Neuland betritt.

Es muss grundsätzlich die in Fachkreisen als am wirkungsvollsten angesehene Methode angewandt werden. Ein Verstoß gegen in Fachkreisen anerkannte Regeln zur Vorbeugung oder Behandlung einer dennoch eingetretenen Infektion etwa ist einem Arzt nur dann anzulasten, wenn die vorbeugende Gabe eines Antibiotikums bereits zu einem Zeitpunkt möglich gewesen wäre, als noch keine behandlungsbedürftige Entzündung (z.B. des operierten Kniegelenks) vorlag, und deren Unterlassung den in Fachkreisen anerkannten Regeln der gebotenen Vorbeugung widersprochen hätte. Für die Beurteilung der gebotenen ärztlichen Sorgfalt kommt es auf den **Kenntnisstand des Arztes** zum Zeitpunkt der Behandlung an.

Infektionsrisiko

Zum zumutbaren Erkenntnisstand eines Facharztes zählt auch der Inhalt des zu einem Verhütungsmittel vom Hersteller ausgelieferten und Warnhinweise enthaltenden **Beipackzettels**. Zum Beispiel: Aufklärungspflicht über das bei der „Spirale" behandlungstypische Risiko ihres „Abwanderns".

Grauzone der Wissenschaft

Die Medizin hätte sich allerdings nicht weiterentwickelt, wenn kein Arzt je den gesicherten Boden der Schulmedizin verlassen hätte. **Akupunktur** und homöopathische Arzneien etwa waren lange als medizinische Außenseiter umstritten, sind aber heute als sanfte Heilung aus dem breiten Behandlungsspektrum nicht mehr wegzudenken. Während jedoch die Erfolgswirkung der Nadelakupunktur bei bestimmten Krankheitsbildern als wissenschaftlich erwiesen gilt, wird der Homöopathie nach wie vor weitgehend die Anerkennung versagt.

Entsprechend dieser Einschätzung sind **homöopathische Behandlungen** kein ausdrücklich genannter Bestandteil des Leistungskataloges

Kostenübernahme nur in Ausnahmefällen

Wollen Sie mithilfe der Alternativmedizin gesund werden, so ist das in der Regel ein teures Unterfangen. Meist übernimmt die Kasse nur in Ausnahmefällen die Kosten hierfür. Erkundigen Sie sich daher **vor** Behandlungsbeginn bei Ihrer Krankenversicherung.

zwischen Vertragsarzt und Sozialversicherung und werden daher nicht gesondert als eigene Leistungsposition vergütet. Die Sozialversicherung unterscheidet in der Honorierung nicht, ob der Arzt homöopathisch oder im Rahmen der Schulmedizin vorgeht. Die sogenannte „Weißliste" (Auflistung der homöopathischen Ärzte) wird grundsätzlich als Nachweis für die homöopathische Tätigkeit akzeptiert.

Tarife der Honorarordnung gelten auch für homöopathische Behandlung

Werden die Kosten für eine homöopathische Behandlung von der Krankenkasse übernommen, gelten die entsprechenden Tarife für schulmedizinische Behandlungen. Die Judikatur hat folgende Voraussetzungen für die Möglichkeit der **Kostenübernahme** insbesondere von homöopathischen Arzneien als zweckmäßige Krankenbehandlung entwickelt:

- Es muss zuvor eine Erfolg versprechende Behandlung nach wissenschaftlich anerkannten Regeln versucht worden sein (das gilt zumindest dann, wenn diese kostengünstiger ist) und
- die homöopathische Behandlung muss erfolgreich gewesen sein oder
- es musste nach den Ergebnissen einer für die Bildung eines Erfahrungssatzes ausreichenden Zahl von Fällen ein Erfolg zumindest erwartet werden können.

Akupunkturbehandlungen hingegen werden von vielen Spitalsambulanzen und kasseneigenen Ambulatorien als Kassenleistung angeboten. Praktische Vertragsärzte dürfen die fernöstliche Nadeltechnik am Kassenpatienten derzeit jedoch nicht auf Kassenkosten anwenden.

Schulmedizin bevorzugt

Nach der Rechtsprechung sind die **Kosten** einer von der Wissenschaft noch nicht anerkannten Behandlungsmethode zu ersetzen, wenn zunächst eine – kostengünstigere – zumutbare Behandlung nach wissenschaftlich anerkannten Regeln versucht wurde und die Außenseitermethode beim Versicherten **erfolgreich** war oder doch nach den bisherigen Erfahrungen (prognostisch) ein Erfolg erwartet werden durfte. Beweispflichtig ist in einem solchen Fall der Patient. Hätte jedoch schon mit schulmedizinischen Methoden das Auslangen gefunden werden

Schönheit ist Privatsache

Schönheit liegt im Auge des Betrachters. Aknenarben etwa stellen ein kosmetisches und kein gesundheitliches Problem dar. Ihre Entfernung – z.B. durch Laserbehandlung – wird daher normalerweise nicht von den Krankenkassen übernommen. In seltenen Fällen, bei nachgewiesener extremer psychischer Belastung, kann aber eine Kostenübernahme erreicht werden. Privatkassen bezahlen die Behandlung manchmal. Hier ist ein Nachfragen bei der jeweiligen Kasse sinnvoll.

können, dann kommt ein Ersatz der Kosten für die Außenseitermethode nicht in Betracht, da diesfalls das Maß des Notwendigen überschritten worden wäre und somit kein Anspruch auf eine Kostenübernahme durch den Sozialversicherungsträger bestünde.

Allerdings mutet die Rechtsprechung einem Patienten nicht immer zu, alle oder zumindest einen Großteil der herkömmlichen Mittel ohne große Erfolgsaussicht anzuwenden, um den Nachweis zu erbringen, dass sein Leiden nur noch durch alternative Heilmethoden gebessert werden kann. Nur wenn der Kostenunterschied zwischen den vergleichbaren Methoden besonders groß ist, muss der Patient die Gesamtpalette konventioneller Behandlungen ausprobieren.

Nebenwirkungen durch Schulmedizin müssen nicht hingenommen werden

Wenn jedoch schulmedizinische Behandlungsmethoden zu unerwünschten (erheblichen) **Nebenwirkungen** führen und durch alternative Heilmethoden der gleiche Behandlungserfolg (ohne solche Nebenwirkungen) erzielt werden kann, kommt eine Kostenübernahme für alternative Heilmethoden in Betracht. Aber: Eine Kostenübernahme für nicht der traditionellen Medizin zuordenbare Therapiemethoden wird nur dann bejaht, wenn die Außenseitermethode in breiten Kreisen der Bevölkerung zumindest ein gewisses Maß an Heilungserfolg aufweist und sich nicht nur auf die bloß subjektive Besserung bestehender Beschwerden beschränkt.

Auch bei **Zahnbehandlungen** zahlen Krankenversicherungen „Außenseitermethoden", solange die Behandlung mit der betreffenden Technik erfolgreich verläuft. In einem konkreten Fall ging es um die sogenannte Crozat-Methode. Dabei werden kieferorthopädische Maßnahmen mit prothetischen kombiniert. Unterstützend werden bei dieser Behandlung auch alternativmedizinische Anwendungen wie Magnetfeld- und Ozon-Sauerstoff-Therapie durchgeführt. Das Gericht entschied, dass für die Bezahlung nicht die Methode, sondern allein der Erfolg der Behandlung ausschlaggebend ist.

Wird ein Arzt nur wegen der von ihm beworbenen **neuartigen** Operationsmethode bei **Krampfadern** aufgesucht, muss er umfassend über alle bestehenden alternativen Behandlungsmethoden sowie darüber aufklären, dass er beabsichtigt, nach der **herkömmlichen** Operationsmethode vorzugehen, die in jedem Krankenhaus auf Kosten der sozialen Krankenversicherung angeboten wird. Es besteht zwar keine allgemeine Rechtspflicht, den Geschäftspartner über alle Umstände aufzuklären, die auf seine Entschließung einen Einfluss haben können, doch ist eine solche zu bejahen, wenn der andere nach den Grundsätzen des redlichen Geschäftsverkehrs eine Aufklärung erwarten durfte.

Chefärztliche Bewilligung

Im Heilmittelverzeichnis der Sozialversicherung sind alle Medikamente enthalten, die von Kassenärzten ohne chefärztliche Bewilligung verschrieben werden können. Medikamente, die in diesem Heilmittelverzeichnis nicht enthalten sind, bedürfen einer **Bewilligung** durch den Chef- oder Kontrollarzt.

Die Aufgabe des Chefarztes ist es, aus der Fülle an Therapieangeboten jene auszuwählen, die folgende Voraussetzungen erfüllen: belegte **Wirksamkeit** und **Kostengünstigkeit.** Die Chefarztpflicht wird nicht auf alle Leistungen angewendet. So sind z.B. 80 Prozent der Medikamente nicht chefarztpflichtig. Die wichtigsten bewilligungspflichtigen Leistungen sind:

- bestimmte Medikamente laut Erstattungskodex;
- Verordnungen für Physiotherapie, Ergotherapie, Logopädie (derzeit ausgesetzt);
- Psychotherapie;
- Heilbehelfe und Hilfsmittel: während der Corona-Pandemie ab 1.500 Euro bewilligungspflichtig;

- Krankentransporte (derzeit ausgesetzt);
- Anträge für Kur und Rehabilitation, sofern die ÖGK zuständig ist (z. B. für mitversicherte Angehörige);
- plastisch-chirurgische Eingriffe;
- geplante Behandlungen im Ausland.

Für welche Arzneimittel und magistrale Zubereitungen ist eine Bewilligung durch den Medizinischen Dienst der ÖGK erforderlich?

Das legt der **Erstattungskodex** in einem „Boxensystem" fest. Bewilligungen sind immer im Voraus einzuholen.

Erstattungskodex enthält die von den österreichischen Krankenkassen bezahlten Arzneimittel und deren Preise

- **Grüne Box:** Bewilligung notwendig, wenn bei der Verschreibung einzelne Indikatoren nicht dem Erstattungskodex entsprechen, z. B. Mengenbeschränkung, FA-Beschränkung, IND-Regel.
- **Gelbe Box:**
  - RE1-Bereich: immer bewilligungspflichtig; Bewilligungspflicht derzeit wegen Corona-Pandemie ausgesetzt, sofern Verwendung laut Erstattungskodex gegeben ist.
  - RE2-Bereich: dokumentationspflichtig; Bewilligungspflicht besteht nur, wenn Regeln des Erstattungskodex nicht erfüllt werden oder eine Mengenüberschreitung vorliegt.
- **Rote Box:** Immer bewilligungspflichtig.
- Nicht im Erstattungskodex erhaltene Medikamenten (**„No Box"**): immer bewilligungspflichtig, weil grundsätzlich nicht erstattungsfähig (Einzelfallentscheidung).
- **Magistrale Zubereitungen:** Bewilligungspflichtige Stoffe bzw. Mengen sind ebenfalls im Erstattungskodex angeführt.

Mehrkosten für Nicht-Routine-Leistungen

Die chefärztliche Bewilligung kommt bei Nicht-Routine-Leistungen zum Einsatz. Alle gängigen Erkrankungen müssen mit nicht chefarztpflichtigen Medikamenten und Therapien abgedeckt sein. Werden bei diesen Erkrankungen dann therapeutische Maßnahmen verordnet, die chefarzt-

Kasse zahlt

Der Oberste Gerichtshof sprach einem Mann, der keine Amalgam-Füllungen vertrug, für die Anfertigung von Keramik-Inlays, für deren Kosten die Krankenkasse im Regelfall nicht aufkommt, Kostenersatz zu.
Einer Frau, die an Asthma bronchiale litt, das sich auf eine Hausstaubmilbenallergie zurückführen ließ, sprach das Höchstgericht ein grundsätzlich nicht auf Kosten der Krankenkasse erhältliches Desinfektionsmittel zu.

pflichtig sind, bedeutet dies, dass vom Chefarzt geprüft wird, ob die Mehrkosten, die bei dieser Therapie anfallen würden, medizinisch notwendig und daher gerechtfertigt sind.

Die Kontrollärzte der Versicherungsträger sind bei der Erteilung von Bewilligungen an die Richtlinien der Versicherungsträger gebunden. Die **Richtlinie** über die ökonomische Verschreibweise von Heilmitteln und Heilbehelfen untersagt Kontrollärzten beispielsweise die Genehmigung von ärztlich verordneten Mineralwässern, Badezusätzen ohne therapeutische Wirkung, von Kosmetika und Reinigungsmitteln für die Haut-, Haar- und Zahnpflege sowie von Mitteln zur Nikotinentwöhnung. Nicht im Verzeichnis aufscheinende Homöopathika – ursprünglich ebenfalls vollständig von der Kostenerstattung ausgenommen – dürfen nun mit kontrollärztlicher Bewilligung für Rechnung der Krankenversicherung abgegeben werden.

Chefarzt prüft ökonomische Verschreibweise

Die chefärztliche Bewilligungspflicht wurde von den Krankenkassen eingeführt, um unnötige Kosten zu vermeiden. Im Allgemeinen läuft das Verfahren wie folgt: Ihr behandelnder Arzt möchte eine bestimmte Frage z.B. mittels CT oder MR beantwortet haben und schreibt Ihnen einen Überweisungsschein. Sie leiten den Überweisungsschein persönlich oder mit der Post dem Chefarzt weiter, der seine Bewilligung durch Stempel und Unterschrift ausdrückt („bewilligt", „befürwortet"). Selbstverständlich kann die Bewilligung auch per Fax eingeholt werden. Eine chefärztliche Bewilligung bei der Gebietskrankenkasse und den Betriebskrankenkassen ist nicht nötig, wenn die angeordneten Untersuchungen von einem Facharzt oder einem Krankenhaus zugewiesen wurden.

Bereits Usus ist es, chefarztpflichte Medikamente via e-card zu beantragen. Wird Ihnen für ein Medikament die chefärztliche Bewilligung versagt, können Sie bei der zuständigen Krankenkasse die Ausstellung eines Bescheides beantragen. Gegen diesen Bescheid kann dann Klage beim zuständigen Arbeits- und Sozialgericht erhoben werden. Bei diesem Verfahren fallen keine Gebühren an, auch eine Rechtsvertretung ist nicht vorgeschrieben. Wie in jedem Prozess kann auch hier der Ausgang nicht vorhergesagt werden. Tatsache ist, dass es dazu nur wenige höchstgerichtliche Entscheidungen gibt.

Rechte im Krankenhausalltag

Jeder, der es braucht, hat Anspruch auf ein Spitalsbett. Und darauf, dass auch bei Platz- und Personalknappheit seine Privat- und Intimsphäre gewahrt und auf sein Schamgefühl Rücksicht genommen wird.

Mobile Gesundheits- und Krankenpflege

Mobile (extramurale) Pflegedienste bieten professionelle Gesundheits- und Krankenpflege daheim an. Die Durchführung der Leistungen erfolgt durch diplomiertes Personal und Pflegehelfer. Extramurale Pflegedienste erfordern eine enge Zusammenarbeit mit Ärzten. Im Regelfall benötigen die Pflegedienste auch den Einsatz von Heimhilfen, Essen auf Rädern oder anderer sozialer Dienste sowie die Unterstützung von Angehörigen und Freunden.

Die **medizinische Hauskrankenpflege** ist im ASVG geregelt. Sie ist anstelle von Krankenhauspflege zu gewähren. Das heißt, der Teil der Hauskrankenpflege, der von der Krankenversicherung bezahlt wird, muss medizinisch und krankenhausersetzend sein. Diese Pflegeform ist auf vier Wochen begrenzt und für diesen Zeitraum bewilligungsfrei. Eine Verlängerung ist nur nach Vorliegen einer chef- oder kontrollärztlichen Bewilligung möglich. Die medizinische Hauskrankenpflege wird ausschließlich durch diplomiertes Gesundheits- und Krankenpflegepersonal erbracht. Die Tätigkeiten dürfen nur auf ärztliche Anordnung erfolgen und umfassen medizinische Leistungen wie z.B. die Verabreichung von Injektionen, Sondenernährung, Wundversorgung und Verbandwechsel.

Hauskrankenpflege statt Krankenhaus: Bis zu 4 Wochen

Behandlung nur bei Aussicht auf Besserung

Die Krankheit muss behandelbar sein, das heißt, es muss zumindest wahrscheinlich sein, dass eine **Besserung** des Patientenbefindens durch eine Behandlung erreicht werden kann. Körperliche **Gebrechen** sind nicht mehr verbesserbare Teilausfälle der Körperfunktionen und fallen daher nicht unter den Begriff der Krankheit.

Hauskrankenpflege ist die fachliche Pflege von Menschen in deren Wohnbereich durch diplomiertes Gesundheits- und Krankenpflegepersonal und Pflegehelfer. Sie umfasst die Pflege bei Erkrankungen aller Art und in jedem Lebensalter unter Berücksichtigung des individuellen Wohn- und Sozialbereichs. Hauskrankenpflege basiert auf einem ganzheitlich orientierten Pflegekonzept, der Anwendung adäquater fachlicher

Methoden sowie der interdisziplinären Zusammenarbeit von allen in die Pflege und Betreuung involvierten Personen.

Anspruch auf ein Spitalsbett

Anstaltspflege: Durch die Art der Krankheit erforderte, durch die Notwendigkeit ärztlicher Behandlung bedingte „einheitliche und unteilbare" Gesamtleistung der stationären Pflege in einer Krankenanstalt

Wenn eine ambulante Behandlung allein nicht mehr geeignet ist, das Krankheitsbild des Patienten zu bekämpfen, hat der krankenversicherte Patient einen Anspruch auf Anstaltspflege in einer Fondskrankenanstalt, sofern nicht die Möglichkeit zur medizinischen Hauskrankenpflege besteht. Fondskrankenanstalten werden über Landesfonds, in die die Sozialversicherungsträger für ihre Versicherten einzahlen, finanziert.

Ist das Vertragsspital zur vollen Behandlung des verletzten Patienten verpflichtet, kann es aber wegen fehlender apparativer, personeller oder organisatorischer Ressourcen diese Behandlung nicht selbst erbringen, besteht die Verpflichtung zur Überstellung in ein anderes Spital. Durch diese Überstellung wird der Behandlungsvertrag nicht beendet, vielmehr ist die weitere Behandlung vom Behandlungsvertrag umfasst.

Unabweisbarkeit von Patienten

Nach dem Gesetz müssen Krankenanstalten Personen aufnehmen, „deren geistiger oder körperlicher Zustand wegen Lebensgefahr oder wegen Gefahr einer sonst nicht vermeidbaren schweren Gesundheitsschädigung sofortige Anstaltspflege erfordert". Ferner sind Frauen vor der Entbindung unabweisbar; bei psychisch Kranken kann ebenfalls eine Aufnahmepflicht bestehen. Überdies darf „unbedingt notwendige erste ärztliche Hilfe" in öffentlichen Krankenanstalten niemandem verweigert werden.

Der Patient hat sich grundsätzlich einer stationären Behandlung in dem Krankenhaus zu unterziehen, in das er eingewiesen wird. Obwohl ein Anspruch auf **freie Anstaltswahl** de jure nicht besteht, werden Ihre Wünsche jedoch de facto meist so weit berücksichtigt, als dadurch dem Versicherungsträger kein Mehraufwand entsteht.

Bevor sich der versicherte Patient in ein Krankenhaus begibt, hat er von der Krankenkasse eine **„Kostenübernahmeerklärung"** anzufordern, die er bei seiner Aufnahme in die Krankenanstalt vorlegen muss. Ist die Aufnahme des Patienten aber notwendig und unaufschiebbar, weil sein Zustand sofortige Behandlung erfordert, entfällt die Vorlagepflicht.

Kostenübernahme durch Versicherung vor Krankenhausbesuch klären

Liegen alle genannten Voraussetzungen vor, so sind die Krankenanstalten nach Maßgabe der Bettenkapazitäten und medizinischen Ausstattung zur Aufnahme in die **allgemeine Gebührenklasse** verpflichtet. Ist das wegen Platzmangel nicht möglich, so hat die Anstalt den Kranken – ohne Verrechnung von Mehrkosten – in die **Sonderklasse** aufzunehmen.

Privat- und Intimsphäre

Die Achtung der Intimsphäre, die Wahrung der Menschenwürde und die Beachtung des Diskriminierungsverbots sind Teil der fundamentalen Persönlichkeitsrechte des Patienten. Dennoch kollidieren diese Schutzinteressen im stationären Bereich häufig mit organisatorischen Sachzwängen und begrenzten Mitteln. Patientenrechten muss aber bei gegenläufigen Interessen grundsätzlich der **Vorrang** eingeräumt werden.

Zwar sehen die üblichen Abläufe auf den meisten Krankenhausstationen so aus, dass bei einer Visite Befunde vor den Ohren der Mitbewohner erläutert werden und vor ihren Augen auch einmal ein Blick auf den Zustand der OP-Narbe am entblößten Körper vorgenommen wird. Doch auch in einem Krankenhaus-Mehrbettzimmer haben Sie als Patient ein Recht auf die Wahrung Ihrer Intimsphäre. Es ist also legitim, den Schutz Ihrer Daten und die Beachtung Ihres Schamgefühls einzufordern. Auf jeder Station gibt es **Untersuchungszimmer,** in die sich der Arzt in diesem Fall mit Ihnen zurückziehen kann. Stellen Sie Ärzten, aber auch Krankenschwestern gegenüber rechtzeitig klar, wie Sie behandelt werden möchten.

Befunde sind Privatsache

Bei Langzeit-Patienten muss sich das Krankenhaus darum bemühen, dass die bisherigen **Lebensgewohnheiten** nach Möglichkeit beibehalten werden können. Sachlich nicht gerechtfertigte Weckzeiten, fehlende Einrichtungen für die begleitende Betreuung durch Aufnahme eines

Sterben in Würde

Krankenanstalten haben ein würdevolles Sterben sicherzustellen und vorzusorgen, dass Vertrauenspersonen Kontakt mit dem Sterbenden pflegen können. Zudem ist auf Wunsch des Patienten eine seelsorgerische Betreuung zu ermöglichen. Die Leitung des Krankenhauses hat sicherzustellen, dass eine seelsorgerische Betreuung von Kranken jeder Konfession durch zuständige Organe möglich ist.

Angehörigen etc. beeinträchtigen die Privatsphäre des Patienten oftmals ungebührlich.

Recht auf religiöse und psychische Betreuung

Neben der medizinischen Behandlung kommt während eines Spitalsaufenthaltes auch der psychischen Unterstützung große Bedeutung zu. Falls Sie als Patient eine religiöse Betreuung wünschen, ist dies entsprechend sicherzustellen. Zumeist nehmen die von den einzelnen Religionsgemeinschaften ernannten **Krankenhaus-Seelsorger** diese Aufgabe wahr, doch steht es Ihnen frei, einen Seelsorger Ihres Vertrauens hinzuzuziehen. Die Religionsausübung im Krankenhaus darf Angehörige anderer Religionsgemeinschaften und Konfessionslose nicht diskriminieren oder stören.

Besuchs- und Kontaktmöglichkeiten

Besuchszeiten zunehmend flexibel gestaltet

Als Patient sind Sie berechtigt, Ihre sozialen Kontakte möglichst unbeeinträchtigt auch im Spitalsbetrieb aufrechtzuerhalten. Bezugspersonen sollen, sofern der Patient dies wünscht, ungehindert Zugang haben, damit der Einschnitt in die bisherigen Lebensgewohnheiten des Kranken geringgehalten, einer Isolation vorgebeugt und der einförmige Tagesablauf des Patienten bereichert wird. Dieser Forderung kommen heutzutage die meisten Krankenanstalten durch **flexible Besuchszeitregelungen** und eine bedarfsgerechte Ausstattung mit **Telefon** nach. Im Fall einer nachhaltigen Verschlechterung des Gesundheitszustandes des Patienten dürfen nahestehende Personen ihn sogar außerhalb der Besuchszeiten besuchen.

Wenn der Heilungs- bzw. Genesungsprozess gefährdet ist, kann der Arzt im Einzelfall die Besuchs- und Kontaktmöglichkeiten **einschränken.** Auch Angehörige haben kein absolutes Besuchsrecht, das jederzeit durchsetzbar wäre. Primär zählt nur, was dem Patienten im Augenblick mehr nützt: die durch die Abschirmung mögliche Ruhe oder der Kontakt mit seinen Angehörigen.

Besuchsverbote und -beschränkungen sind zulässig

Da der Großteil der Patienten nicht über ein Einzelzimmer verfügt, kann es vorkommen, dass Mitpatienten durch zahlreiche Besucher gestört werden. Gerade bei **Frischoperierten** ist dies – selbst wenn die Besucher sich an die Hausordnung halten – nicht immer zumutbar. Es steht dem Krankenhaus zu, die Zahl der (gleichzeitig anwesenden) Besucher pro Patient zahlenmäßig zu beschränken, da das Recht der jeweils schützenswerteren Patienten vorgeht. Die Entscheidung darüber erfolgt nach medizinischen, hygienischen und sozialen Kriterien.

Handyverbot ist zulässig

Mobiltelefone können elektrische Anlagen stören. Vor derartigen Zwischenfällen sind auch Krankenhäuser nicht gefeit. Es gibt deshalb Krankenanstalten, in denen zum Schutz der elektronischen Patientenüberwachungseinrichtung die Verwendung von Handys – auch wegen des Haftungsrisikos – grundsätzlich verboten ist.

Besuch, nein danke

Wollen Sie keine Besuche bzw. bestimmte Personen nicht empfangen, empfiehlt es sich, dies dem Krankenhauspersonal rechtzeitig zu sagen.

Begleitrecht bei Kindern

Manchmal lässt es sich nicht vermeiden, dass man mit dem Kind ins Krankenhaus muss. Sowohl ein ungeplanter Aufenthalt als auch ein geplanter Eingriff in einer klinischen Einrichtung belasten Eltern und Kind gleichermaßen. Kinder sollten daher nur dann im Krankenhaus aufgenommen werden, wenn die medizinische Behandlung, die sie benötigen, nicht ebenso gut zu Hause oder in einer Tagesklinik erfolgen kann.

Für **Säuglinge** und deren Mütter sieht das Gesetz eine gemeinsame Anstaltsaufnahme vor. Hierbei ist egal, wer von beiden einer Behandlung bedarf; auch dürfen nur für eine Person Pflegegebühren verrechnet werden. Bei **Kleinkindern** ist der Kreis der zulässigen Begleitpersonen in den Bundesländern unterschiedlich weit. Für deren Unterbringung in der Krankenanstalt müssen jedoch meist eigene **Pflegegebühren** (Nächtigung, Verköstigung) entrichtet werden. Die Krankenanstalten sind zur Aufnahme von Begleitpersonen allerdings nur insoweit verpflichtet, als es die räumlichen Gegebenheiten zulassen.

Aufnahme von Kind und Eltern

Krankenkasse übernimmt Aufenthaltskosten von Begleitpersonen meist nicht

In den meisten Kliniken mit Kinderstationen ist die Aufnahme eines Elternteils zusammen mit dem Kind möglich. Zwar erfolgt die Unterbringung nicht immer beim Kind im Zimmer, aber zumindest in unmittelbarer Nähe. Meist entstehen Aufenthaltskosten, welche die Krankenkasse nicht übernimmt – fragen Sie bei Ihrer Versicherung nach der Kostenübernahme.

Selbstversorger

Auch wenn Vater oder Mutter mit im Krankenhaus aufgenommen werden, ist deren Verköstigung meist nicht beinhaltet. Fragen Sie, wann und wo Sie etwas zu essen bekommen können (z.B. Cafeteria) bzw. nach der Karte eines Bringservice. Ist eine Elternküche vorhanden, können Sie Vorräte mitbringen und sich zeitlich unabhängig selbst versorgen.

Ärztliche Entscheidungsfreiheit versus Patientenverfügung

Das **Patientenverfügungs-Gesetz** definiert die Patientenverfügung als Willenserklärung, mit der ein Patient eine medizinische Behandlung ablehnt und die dann wirksam werden soll, wenn er zum Zeitpunkt der Behandlung nicht mehr einsichts-, urteils- oder äußerungsfähig ist. Solange der Patient willensbildungsfähig ist und Willenserklärungen abgibt, gelten diese aktuellen Willensäußerungen. Personen, für die ein Erwachsenenvertreter bestellt wurde, können, solange sie entscheidungsfähig sind, selbst eine Patientenverfügung errichten.

Patient ist jede Person, die eine Patientenverfügung errichtet, gleichgültig, ob sie zum Zeitpunkt der Errichtung bereits erkrankt ist oder nicht. Der Inhalt muss strafrechtlich zulässig sein und die Errichtung muss freiwillig und ernsthaft erklärt werden, ohne Irrtum, List, Zwang oder Täuschung.

Inhalt

Formfreiheit nur bei unverbindlicher Patientenverfügung

Eine Patientenverfügung ist eine **mündliche** oder **schriftliche** Erklärung (Handschrift, Computer, ausgefüllte Formblätter), mit der eine zukünftige medizinische Behandlung (z.B. Medikamente und Infusionen) abgelehnt wird.

Die Errichtung einer Patientenverfügung ist ein **höchstpersönliches Recht**. Die Patientenverfügung kann daher nur durch Sie selbst errichtet werden, aber nicht durch andere, selbst wenn diese beispielsweise im Rahmen einer Vorsorgevollmacht bevollmächtigt sind. Selbstverständlich kann jemand beim Erstellen der Patientenverfügung behilflich sein. So kann z.B. Ihre Vertrauensperson die Patientenverfügung nach Ihren Angaben verfassen.

Die **Grundversorgung** mit Nahrung und Flüssigkeit ist Teil der **Pflege** und kann nicht mittels einer Patientenverfügung abgelehnt werden. Es können aber alle **medizinischen** Maßnahmen (die das Zu-

Selbstbestimmt bis zuletzt

Das Wirksamwerden der Patientenverfügung hängt vom Eintreten zweier Bedingungen ab: Erstens vom aussichtslosen Verlauf einer Krankheit oder einer anderen Körperschädigung, die unmittelbar den Sterbeprozess einleitet. Zweitens muss die eigene Urteilsfähigkeit stark beeinträchtigt oder nicht mehr vorhanden sein. Mit einem Patiententestament wird im Voraus die Zustimmung zu medizinischen Maßnahmen verweigert, die bloß der Verlängerung des Sterbevorgangs oder des Leidens dienen.

führen von Nahrung und Flüssigkeit bezwecken) abgelehnt werden, wie etwa das Legen von Ernährungssonden und deren Verwendung z.B. einer **PEG-Sonde**.

Behandlungswünsche (etwa eine bestimmte Art der Schmerzlinderung) können Inhalt einer Patientenverfügung sein, wenn folgende Voraussetzungen erfüllt sind:

- medizinische Notwendigkeit,
- tatsächliche Durchführbarkeit und
- rechtliche Erlaubtheit.

Weitere Inhalte sind ebenfalls möglich, etwa die Bestimmung einer **Vertrauensperson** (z.B. Angehörige, Freunde, Bekannte, Kollegen, Ihr Hausarzt, ein Seelsorger) oder die Bestimmung bestimmter Personen, denen keine Auskunft über den Gesundheitszustand gegeben werden darf.

Voraussetzungen

Formzwang bei verbindlicher Patientenverfügung

Für **verbindliche** Patientenverfügungen bestehen **strenge formale Voraussetzungen**. Das ist notwendig, weil mit der verbindlichen Patientenverfügung auch lebenserhaltende Maßnahmen unterbleiben müssen, wenn das in der Patientenverfügung festgehalten wurde. Es muss

- die Errichtung schriftlich erfolgen;
- die medizinische Behandlung konkret beschrieben sein:
  - in welcher/en Situation/en;

Setzen Sie sich mit folgenden Fragen auseinander, bevor Sie eine Patientenverfügung verfassen

- Welche Rolle spielt meine Vertrauensperson?
- Warum möchte ich eine Patientenverfügung errichten?
- Aus welchen Beweggründen möchte ich vorsorgen?
- Was ist mir wichtig, damit ich gesundheitlichen Situationen, in denen ich mich nicht mitteilen kann, beruhigter entgegenblicken kann?
- Was bedeutet (meine) Krankheit für mich?
- Leide ich an einer schwerwiegenden Erkrankung und kann ich deren Verlauf abschätzen?
- Was bedeuten starke Schmerzen für mich?
- Was bedeutet es für mich, lange leiden zu müssen?
- Was bedeutet Lebensqualität für mich?
- Was bedeutet für mich Sterben?
- Was bedeuten für mich lebensverlängernde medizinische Maßnahmen, die meine Lebensqualität nicht mehr verbessern?
- Was bedeutet es für mich, auf Gesundheitspersonal angewiesen zu sein?
- Was ist mir in meinem Leben wichtig?
- Was ist meine religiöse Einstellung?
- Was sollen meine Ärzte bei ihren medizinischen Entscheidungen über meine Behandlung wissen und bedenken?

  – welche konkrete/n medizinische Maßnahme/n abgelehnt wird/werden;
- der Wille der betroffenen Person entweder klar beschrieben sein oder aus dem Gesamtzusammenhang hervorgehen;
- aus der Patientenverfügung hervorgehen, dass die betroffene Person die Folgen der Patientenverfügung zutreffend einschätzt – es ist auch ärztlich zu bestätigen, dass eine umfassende ärztliche Aufklärung mit medizinischen Informationen über Wesen und Folgen der Patientenverfügung stattgefunden hat und dokumentiert wurde.

Weitere Voraussetzungen für eine verbindliche Patientenverfügung sind eine rechtliche Belehrung und die Errichtung (**Unterschriftsleistung**) vor einem

- rechtskundigen Mitarbeitenden einer Patientenanwaltschaft oder
- rechtskundigen Mitarbeitenden eines Erwachsenenschutzvereins oder
- Notar oder
- Rechtsanwalt.

Blinde Personen müssen ihre Patientenverfügung in Form eines **Notariatsaktes** errichten. Sie können allerdings auf die Einhaltung der Formvorschrift des Notariatsaktes verzichten und ihre Patientenverfügung auch vor rechtskundigen Mitarbeitenden einer Patientenvertretung errichten.

Patientenverfügung mit Handzeichen möglich

Auch wenn Sie zwar nicht mehr schreiben, aber noch ein **Handzeichen** setzen können, ist es für Sie möglich, eine Patientenverfügung zu errichten. Unter einem Handzeichen versteht man eine abgekürzte Form der Unterschrift. Sie müssen in Gegenwart von zwei Zeugen (oder gerichtlich oder notariell beglaubigt) dieses Handzeichen setzen, das die Unterschrift ersetzt. Einer der Zeugen muss Ihren Namen unter dieses Handzeichen schreiben. Beide Zeugen unterschreiben dann mit ihren eigenen Namen und bezeugen damit diesen Vorgang. Wenn Sie hingegen auch kein Handzeichen mehr setzen können, muss die Errichtung der Patientenverfügung von einem Notar oder bei Gericht beurkundet werden.

Zeitpunkt und Wirksamkeit

Eine Patientenverfügung wird wirksam, wenn man nicht mehr entscheidungsfähig ist. Solange man jedoch selbstständig entscheiden kann, gelten die aktuellen Willensäußerungen.

Andere Patientenverfügungen

Eine Patientenverfügung, die nicht alle Inhalts- oder Formerfordernisse erfüllt, ist zwar nicht verbindlich, aber dennoch für die Ermittlung des Willens der betroffenen Person von Bedeutung. Die Inhalte einer solchen Patientenverfügung müssen trotzdem in die ärztliche Entscheidung einfließen. Eine **einfache Willenserklärung** kann auch formlos und mündlich erfolgen. Eine mündliche Willenserklärung muss vom Gesundheitspersonal in der Krankengeschichte dokumentiert werden.

In jedem Fall ist eine vorangehende ärztliche Beratung ratsam. Jede Patientenverfügung sollte schriftlich errichtet und alle **8 Jahre** erneuert werden. Wenn Sie die Erneuerung einer verbindlichen Patientenverfügung nicht innerhalb von 8 Jahren durchführen, liegt keine verbindliche Patientenverfügung mehr vor, jedoch ist diese bei der Ermittlung des Patientenwillens zu berücksichtigen („andere Patientenverfügung").

Verbindliche Patientenverfügung ist auf 8 Jahre befristet

Grundsätzlich gilt: Je mehr Formerfordernisse der verbindlichen Patientenverfügung erfüllt werden, desto mehr ist diese zu berücksichtigen. Dabei ist insbesondere zu berücksichtigen,

- inwieweit Sie die Krankheitssituation, auf die sich die Patientenverfügung bezieht, sowie deren Folgen im Errichtungszeitpunkt einschätzen konnten,
- wie konkret die medizinischen Behandlungen, die Gegenstand der Ablehnung sind, beschrieben sind,
- wie umfassend eine der Errichtung vorangegangene ärztliche Aufklärung war,
- inwieweit die Verfügung von den Formvorschriften für eine verbindliche Patientenverfügung abweicht,
- wie lange die letzte Erneuerung zurückliegt und
- wie häufig die Patientenverfügung erneuert wurde.

Das gilt auch für Patientenverfügungen, die vormals als „beachtliche Patientenverfügungen" errichtet wurden.

Sonderfall: Krankenhaus oder Pflegeheim

Sollten Sie keine Patientenverfügung haben und im **Krankenhaus** oder **Pflegeheim** aufgenommen werden, gibt es die Möglichkeit vor Ort Ihren Willen zu äußern. Ihre mündliche Willensäußerung ist vom Gesundheitspersonal zu dokumentieren. Im Pflegeheim kann dies in Form eines VSD Vorsorgedialoges® erfolgen.

VSD Vorsorgedialog®

Der VSD Vorsorgedialog® ist ein Gesprächsprozess zwischen der zu betreuenden Person, ärztlichem und pflegefachlichem Personal, und falls von der betroffenen Person gewünscht, auch den Vertrauenspersonen. Das Ziel dabei ist es, einen Raum zu schaffen, in dem die Betroffenen über ihre Wünsche und Bedürfnisse zu einem guten Leben und für ein **würdevolles Sterben** sprechen können. Das Ergebnis des Gesprächs wird dokumentiert und kann unter bestimmten Voraussetzungen einer Patientenverfügung entsprechen. Der VSD Vorsorgedialog® für Alten- und Pflegeheime wird in mehreren Heimen in Österreich angeboten. Dieser wurde im Jahr 2018 adaptiert für Menschen, die zu Hause betreut werden (VSD Vorsorgedialog® **Mobil**). Bei Interesse wenden Sie sich an Hospiz Österreich.

Wenn Sie eine Patientenverfügung erstellt haben, darf Ihnen der Zugang zu Einrichtungen der Behandlung, Pflege oder Betreuung nicht verwehrt werden. Mit einer Patientenverfügung verlieren Sie nicht den Anspruch auf diese Leistungen.

Widerruf

Der Widerruf einer Patientenverfügung kann vollkommen **formlos** erfolgen (schriftlich oder mündlich). Auch eine Handlung, aus der zweifelsfrei erschlossen werden kann, dass ein Widerruf beabsichtigt ist (etwa das Nicken mit dem Kopf aufgrund einer diesbezüglichen Frage), bewirkt den Widerruf einer Patientenverfügung.

Kosten

Beim Errichten einer Patientenverfügung können sowohl für die ärztliche als auch für die juristische Beratung Kosten für Sie entstehen. Die ärztlichen Leistungen, wie etwa die Beratungen und Informationen, sind **Privatleistungen**. Wir empfehlen Ihnen daher, das Honorar im Vorhinein zu besprechen und zu vereinbaren. Auch für die Errichtung einer verbindlichen Patientenverfügung können Kosten entstehen, wenn Sie diese nicht bei einer Patientenvertretung errichten können oder wollen. Sie sollten sich vorher über diese Kosten informieren.

Notfall

Im Notfall soll die dringende medizinische Versorgung nicht dadurch verzögert werden, dass das Notfallteam erst nach einer Patientenverfügung suchen oder sich mit dem Inhalt der Patientenverfügung vertraut machen muss. Daher bleibt die akute Notfallversorgung (Rettung, notärztliche Versorgung) von der Patientenverfügung **unberührt**. Ausgenommen sind aber jene Fälle, in denen dem Notfallteam bereits der Inhalt der Patientenverfügung bekannt ist.

Wie erfährt mein Arzt von meiner Patientenverfügung?

Mit einer Hinweiskarte können Sie das Gesundheitspersonal informieren, dass Sie eine Patientenverfügung errichtet haben bzw. wo diese hinterlegt ist (etwa bei einer Vertrauensperson). Der **Vertrauensperson** kommt hier eine besondere Bedeutung zu, da sie auf die Patientenverfügung hinweist und eine Kopie der Patientenverfügung für die Behandlungsstelle abrufbereit hat. Sollten Sie einen geplanten Krankenhausaufenthalt vor sich haben, nehmen Sie Ihre Patientenverfügung mit und weisen Sie Ihr Betreuungspersonal darauf hin. Die Aufnahme der Patientenverfügung in die elektronische Gesundheitsakte (**ELGA**) ist gesetzlich vorgesehen. Nähere Informationen erhalten Sie bei Ihrer ELGA-Ombudsstelle.

Tipp

Fertigen Sie vom Original für jede Vertrauensperson, die Sie angeführt haben, eine Kopie an. Es sollte gewährleistet sein, dass die Vertrauensperson Zugang zum Original hat.

Vertrauenspersonen

Eine Vertrauensperson ist ein Mensch Ihrer persönlichen Wahl (das kann ein Angehöriger, Freund, Bekannter, Kollege, Ihr Hausarzt oder Seelsorger sein), der im gleichen Umfang wie Sie selbst vom Arzt informiert werden muss. Ihre Vertrauensperson, die Sie in der Patientenverfügung benennen, hat das Recht, über Ihren **Gesundheitszustand informiert** zu werden. Sie können auch mehrere Vertrauenspersonen anführen. Bedenken Sie jedoch, dass das Einbeziehen von mehreren Personen auch zu mehr Unklarheit führen kann.

Die Patientenverfügung bietet nicht die Möglichkeit, einen „Stellvertreter" in medizinischen Behandlungsfragen zu bestellen. Sollte dies dennoch Ihr Wunsch sein, so ist es ratsam, einen **Vorsorgebevollmächtigten** als Stellvertreter zu bestellen. Im Unterschied zur Patientenverfügung entscheidet bei einer Vorsorgevollmacht dieser an Ihrer Stelle.

Transplantation menschlicher Organe

Lebendspenden nicht gegen Entgelt

Das Organtransplantationsgesetz 2012 bringt erstmals Regelungen für die **Lebendspende** in Österreich. Geregelt sind Spende, Testung, Transport und Transplantation von Organen, die zur Transplantation in den menschlichen Körper bestimmt sind. Die Regelungen für die Organentnahme bei **Verstorbenen** und zum Widerspruchsregister wurden unverändert in das Organtransplantationsgesetz übernommen.

Der wichtigste Grundsatz lautet, dass Organe nur **freiwillig** und unentgeltlich gespendet werden dürfen. Rechtsgeschäfte, die gegen dieses Verbot verstoßen, sind nichtig. Daher dürfen sich Lebendspender nicht gegen Zahlung eines Entgelts zur Entnahme eines Organs bereit erklären. Die Abgeltung von mit der Lebendspende in Zusammenhang stehenden Aufwendungen stellt jedoch kein Entgelt dar. Abgesichert wird dieses Verbot durch ein **Werbeverbot** im Hinblick auf den Bedarf an Organen oder deren Verfügbarkeit, sofern ein finanzieller Gewinn oder vergleichbarer Vorteil in Aussicht gestellt oder erzielt wird.

Organentnahme

In Österreich ist es per Gesetz erlaubt, einem Menschen, dessen Hirntod unwiderruflich festgestellt wurde, Organe zum Zweck der Transplantation zu entnehmen. Zwei voneinander unabhängige Ärzteteams müssen zuvor die Hirntod-Diagnose stellen. Um tatsächlich Organe entnehmen zu dürfen, muss außerdem sichergestellt sein, dass der mögliche Spender oder sein gesetzlicher Vertreter einer Organentnahme nicht widersprochen hat. Dazu wird in das österreichische Widerspruchsregister (geführt vom ÖBIG, dem Österreichischen Bundesinstitut für Gesundheit) Einsicht genommen, um zu prüfen, ob dort ein Widerspruch dokumentiert ist. Ebenso ausreichend wäre es, den Widerspruch schriftlich mit Unterschrift bei sich zu tragen (z.B. bei den Ausweispapieren). Liegt kein Widerspruch vor, werden in der Regel die Angehörigen gefragt, ob sie einer Organentnahme zustimmen, obwohl dies in Österreich per Gesetz nicht erforderlich wäre.

Die Frage, ob man bei einem diagnostizierten Hirntod auch wirklich tot sei, taucht immer wieder auf. Mediziner erklären dazu: Das Gehirn steuert die gesamten Lebensfunktionen des Körpers (Temperaturregulierung, Puls, Atmung usw.); sind die Gehirnfunktionen nun unwiderruflich ausgefallen, bedeutet dies das absolute, unwiederbringliche Ende des Lebens. Würde man die Maschinen abstellen, so würde der Körper unmittelbar abkühlen und sämtliche künstlich erhaltenen Aktivitäten einstellen. Allerdings wären damit auch die wertvollen Organe verloren.

Keine Lebendspenden bei Minderjährigen

Die neuen Bestimmungen zur Lebendspende legen fest, dass eine Organspende von **Minderjährigen** nicht zulässig ist. Die Beurteilung und die Auswahl der Spender haben nach dem Stand der medizinischen Wissenschaft zu erfolgen. Im Hinblick darauf, dass es sich bei der Lebendspende um einen ausschließlich fremdnützigen Eingriff handelt, werden besondere Anforderungen an die ärztliche **Aufklärung** festgelegt. Potenzielle Spender müssen in einer für sie verständlichen Weise über die geplante Entnahme, deren Zweck, die damit verbundenen Risiken und Folgen, insbesondere über eventuell notwendige weitere Untersuchungen nach der Entnahme, die durchzuführenden analytischen Tests und Folgen anomaler Befunde, den therapeutischen Zweck des entnommenen Organs, den potenziellen Nutzen für den Empfänger, die zu erwartenden Erfolgsaussichten und über Maßnahmen zum Spenderschutz aufgeklärt werden. Bei der Aufklärung ist auch auf die Notwendigkeit regelmäßiger medizinischer Nachkontrollen zum Spenderschutz hinzuweisen. Im Hinblick auf den Sonderfall eines doch gravierenden ausschließlich fremdnützigen Eingriffs muss die Aufklärung sowohl in Form von schriftlichem Aufklärungsmaterial als auch mündlich gegeben werden und ein Verzicht hierauf ist unzulässig.

Die Entnahme setzt **Geschäftsfähigkeit** und die Einwilligung nach der Aufklärung zu Entnahme und Testung sowie zur weiteren Verwendung des Organs voraus. Die Einwilligung muss in **schriftlicher** Form festgehalten und vom Spender datiert und unterschrieben werden. Sofern der Spender zur Unterschriftsleistung nicht in der Lage ist, muss die Einwilligung vor **drei Zeugen** abgegeben werden, die weder am Eingriff selbst beteiligt sind noch ein persönliches Interesse an der Organspende haben und die Einwilligung durch ihre Unterschrift bestätigen müssen. Die Einwilligung kann bis zum Zeitpunkt der Entnahme jederzeit schriftlich oder mündlich widerrufen werden.

Eine Lebendspende darf nicht durchgeführt werden, wenn ein ernstes Risiko für das Leben oder die Gesundheit des Spenders besteht. Dem **Spenderschutz** dient auch die Verpflichtung, Lebendspender zumindest einmal innerhalb von drei Monaten nach der Spende einer Nachkontrolle in der jeweiligen Entnahmeeinheit zu unterziehen. Danach sollen Lebendspender durch die Entnahmeeinheit in regelmäßigen Abständen – die Frequenz wird sich nach dem Stand der medizinischen Wissenschaft bestimmen – im Sinn eines Recall-Systems schriftlich daran erinnert werden, dass eine fachärztliche Nachkontrolle zum Spenderschutz angezeigt ist.

Verfügung über Leichnam ist höchstpersönliches Recht

Jeder Mensch darf selbst darüber entscheiden, was einmal mit seinem Leichnam geschehen soll. (Nur soweit ein erkennbarer Wille des Verstorbenen nicht vorliegt oder undurchführbar ist, haben die nächsten Angehörigen des Verstorbenen ohne Rücksicht auf ihre Erbenstellung das Recht, über den Leichnam zu bestimmen.) Insbesondere die **letztwillige Verfügung** über den eigenen Leichnam oder die Überlassung des Leichnams durch den Verstorbenen selbst zu seinen Lebzeiten an ein anatomisches Institut **(Forschung)** ist zulässig und wirksam. Beim „Vermächtnis zur Körperspende" handelt es sich um die Ausübung eines mit der letztwilligen Verfügung vergleichbaren höchstpersönlichen Rechts.

Für die Verfügung vor dem Tod der betreffenden Person ist allein deren rechtsgeschäftlicher Wille maßgebend, bei dessen Erklärung eine Vertretung nicht in Betracht kommt. Der OGH verneint daher die Möglichkeit der vertretungsweisen Verfügung über den Leichnam durch einen Erwachsenenvertreter.

Eingriffe untersagen

Wenn man Organentnahmen und andere Eingriffe an seinem Leichnam untersagen möchte, ist es in Österreich notwendig, dies ausdrücklich schriftlich festzuhalten. Solch eine Erklärung kann beim Österreichischen Bundesinstitut für Gesundheitswesen (ÖBIG) abgegeben werden. Das ÖBIG führt ein Register, in das Sie sich gegen geringe Kosten eintragen können. Bevor ein Organ entnommen wird, muss der verantwortliche Arzt beim ÖBIG anfragen, ob dort eine solche Erklärung abgegeben wurde.

Spezielle Patientenrechte

Auch im Krankenhaus sind Sie als Patient Vertragspartner und nicht unmündiger Schutzbefohlener. Neben damit aus dem Behandlungsvertrag erwachsenden Pflichten (wie z.B. Bekanntgabe von Vorerkrankungen im Rahmen der Anamnese) haben Sie zahlreiche Rechte. Diese reichen von der rücksichtsvollen Behandlung über Diskretion und Aufklärung bis zur Einsicht in die Krankengeschichte.

Ein Patient im Krankenhaus befindet sich in einer Ausnahmesituation. Der Gesetzgeber hat diese besonders schützenswerte Position des Patienten gestärkt, indem er dem Rechtsträger einer Krankenanstalt die Pflicht auferlegt, auf seine Mitarbeiter einzuwirken, dass der Kranke möglichst **schonungsvoll** behandelt wird. Dabei ist aber nicht nur die rücksichtsvolle medizinische Behandlung gemeint, sondern schlichtweg jede Begegnung mit dem Patienten, sei es durch den Portier, den Aufnahme- und Entlassungsdienst oder durch Ärzte und Pflegepersonen.

Kein zwangsweiser Aufenthalt

Herr Peter S., 87 Jahre, kommt mit nicht sofort definierbaren Beschwerden in eine Krankenhausambulanz. Da die Ärzte sich über seinen Zustand Klarheit verschaffen wollen, empfehlen sie eine stationäre Aufnahme. Herr S. verweigert dies ohne nähere Begründung und unterschreibt eine entsprechende Dokumentation. Auf dem Weg nach Hause verstirbt er an einem Herzinfarkt. Da die Ärzte keine rechtliche Möglichkeit hatten, den Patienten zwangsweise anzuhalten, haben sie korrekt gehandelt.

Vorzeitige Entlassung auf eigene Gefahr

Unstimmigkeiten gibt es immer wieder, was die Dauer eines stationären Aufenthaltes anlangt. Häufig sind sich Arzt und Patient über den Zeitpunkt der Krankenhausentlassung uneinig. Der Patient ist – abgesehen von Ausnahmefällen wie Unterbringung (► Seite 219ff) oder Quarantäne – berechtigt, seine **vorzeitige Entlassung** aus dem Krankenhaus zu verlangen. Dieses Recht steht ihm selbst dann zu, wenn dies unsinnig oder schädlich erscheint – vorausgesetzt, er ist im Vollbesitz seiner geistigen Kräfte. Die Ärzte haben ihn zwar über die nachteiligen Folgen und Risiken der vorzeitigen Entlassung adäquat aufzuklären, daran hindern können sie ihn aber nicht.

Wollen Sie früher nach Hause, als es Ihnen Ihr Arzt rät, müssen Sie meist auf einem Formular **(Revers)** unterschreiben, dass Sie auf eigene Gefahr und gegen ärztlichen Rat das Krankenhaus verlassen. Bevor Sie unterschreiben, sollten Sie aber darauf bestehen, dass der Arzt dort festhält, weshalb er Ihre Entlassung noch nicht befürwortet. Lassen Sie sich anschließend eine Kopie dieses Formulars aushändigen. Kommt es nach Ihrer frühzeitigen Entlassung zu Problemen, darf das Spital Sie

Entscheidungsfreiheit

Bei der Entlassung eines Patienten ist neben dem Entlassungsschein unverzüglich ein Arztbrief auszufertigen. Dieser hat die für eine allfällige weitere medizinische Betreuung maßgebenden Angaben und Empfehlungen zu enthalten. Nur der Patient und sonst niemand hat darüber zu entscheiden, ob der Arztbrief ihm, dem einweisenden oder dem weiterbehandelnden Arzt zu übermitteln ist.

trotzdem nicht abweisen. Es haftet dann allerdings auch nicht für die in der Zwischenzeit möglicherweise entstandenen Schäden.

Übrigens: Der verschlossene Arztbrief, den man Ihnen bei der Krankenhausentlassung in die Hand drückt, sollte eigentlich der Vergangenheit angehören. Mancherorts wird immer noch so verfahren. Ihr Patientenrecht auf **Dokumenteneinsicht** erstreckt sich aber auch auf diese Mitteilung an den Weiterbehandler.

Recht auf Beschwerde

Beschwerde nicht gleichbedeutend mit Rufschädigung

Jeder Patient kann sich über Ereignisse oder Verhaltensweisen von Spitalsangestellten beschweren. Beispielsweise ist das Du-Wort keinesfalls akzeptabel. Allerdings sind auch dem Beschwerderecht Grenzen gesetzt. Selbst bei einer evidenten Fehlbehandlung darf der Patient nicht einen Arzt oder gar das ganze Krankenhaus rufschädigend verfolgen.

Zu unterscheiden sind Konflikte bzw. Beschwerden aus dem **zwischenmenschlichen** Bereich und solche aus dem fachlich-medizinischen Bereich. Insbesondere bei Problemen im zwischenmenschlichen Kontakt ist zu empfehlen, Beschwerden zuerst **direkt** an den behandelnden Arzt zu richten. Wenn dies keine befriedigende Lösung ergibt, stehen vorgesetzte Stellen, Patientenanwaltschaften, Ärztekammern, Arbeiterkammern etc. zur Verfügung.

Bei **medizinisch-fachlichen** Fehlern bedarf es der Hilfe von Spezialisten, um etwaige Fehler zu erkennen und auch nachweisen zu können, dass ein medizinischer Behandlungsfehler vorliegt. Als betroffener Patient können Sie die Hilfe von Rechtsanwälten (eventuell auch über Verfahrenshilfe) und Gerichten in Anspruch nehmen bzw. auf dem Wege der außergerichtlichen Prüfung die Hilfe der Patientenanwaltschaft oder der Schiedsstellen der Ärztekammern.

Recht auf Einsicht in die Krankengeschichte

Die Krankengeschichte enthält alle wesentlichen (und daher auch viele **sensible**) Daten eines Patienten. Generell unterliegen alle diese Daten der **Verschwiegenheitspflicht,** sofern nicht aufgrund besonderer Umstände eine Weitergabe (an die Polizei oder den Sozialversicherungsträger) gesetzlich erlaubt ist. Eine Verwendung von Gesundheitsdaten für die Verwaltung von Gesundheitsdiensten ist zulässig, wenn die Verwendung solcher Daten durch ärztliches Personal oder sonstige Personen erfolgt, die einer entsprechenden Geheimhaltungspflicht unterliegen.

Krankengeschichte enthält sensible Daten

Das Recht auf Einsichtnahme und – gegen Entgelt – Ausfolgung der Krankengeschichte hat insbesondere der Patient selbst, sofern dadurch sein **Wohl** während des stationären Aufenthaltes nicht gefährdet wird. Bereits abgeschlossene Krankengeschichten stehen Ihnen als Patient uneingeschränkt zur Einsichtnahme offen. Grundsätzlich kein Recht auf Information haben dagegen **Angehörige.**

Sterbehilfe und Sterbebegleitung

Der Tod ist und bleibt ein Tabu. Zumindest in der westlichen Zivilisation. Er trennt das Vertraute vom Unbekannten, das Leben vom Nichts. Wenn das Leiden übermächtig wird – haben dann Ärzte, die engsten Verwandten, der Leidende selbst das Recht, über das Lebensende zu entscheiden? Die Diskussion über Euthanasie gestaltet sich deswegen so schwierig, weil unweigerlich Assoziationen zur grausamen Praxis der Nationalsozialisten entstehen. In den Niederlanden wird aktive Sterbehilfe seit Beginn der 1980er-Jahre praktiziert. Viele Kritiker halten die Praxis der Holländer für ein missglücktes und gefährliches Experiment. In Belgien wurde im Jahr 2014 Sterbehilfe für Kinder (unter bestimmten Bedingungen) legalisiert.

Aktive Sterbehilfe

Unter aktiver Sterbehilfe versteht man das Beenden des Lebens eines anderen Menschen, etwa durch eine Überdosis Medikamente. Demgegenüber versteht man unter Beihilfe zum Suizid die Selbsttötung mit

Hilfe einer Person, die ein Mittel dazu bereitstellt. Das Mittel muss aber von der erkrankten Person selbst eingenommen werden, da ansonsten eine aktive Sterbehilfe vorliegt. Das Abschalten einer lebenserhaltenden Maschine fällt nicht unter die aktive Sterbehilfe, da eine Versorgungsmaßnahme nur unterlassen wird. Die aktive Sterbehilfe ist in Österreich in jeglicher Form verboten, selbst wenn eine Willenserklärung der betreffenden Person vorliegt. Sie kann mit einer Haftstrafe von sechs Monaten bis zu fünf Jahren belegt werden.

Aktive Sterbehilfe in Österreich verboten

Assistierter Suizid

Mit seinem Erkenntnis vom 11. Dezember 2020 hat der Verfassungsgerichtshof (VfGH) die bisherige Strafbarkeit der Beihilfe zum Suizid für verfassungswidrig erklärt. Seit 2022 gilt das Sterbeverfügungsgesetz, welches die rechtlichen Voraussetzungen für den assistieren Suizid regelt.

Sterbeverfügungsgesetz

Das Sterbeverfügungsgesetz regelt, unter welchen Voraussetzungen **assistierter Suizid** möglich sein soll. Zentral ist, ein selbstbestimmtes **Sterben in Würde** zu ermöglichen, den Betroffenen – sowohl der sterbewilligen Person als auch Hilfe leistenden Personen – Rechtssicherheit zu bieten und den notwendigen Schutz vor Missbrauch sicherzustellen. Um das zu erreichen wurde das Instrument der Sterbeverfügung geschaffen.

Assistierter Suizid per Sterbeverfügung für Schwerkranke zulässig

Die Sterbeverfügung ist dem in der Praxis bewährten Instrument der Patientenverfügung nachgebildet. Sie ist **höchstpersönlich**, kann also nur selbst errichtet werden (keine Vertretung durch andere Personen möglich). Die Sterbeverfügung gilt als Nachweis darüber, dass sich jemand aus eigenem, dauerhaften Entschluss für die Möglichkeit des assistierten Suizids entschieden hat.

Eine Sterbeverfügung kann jede dauerhaft schwerkranke oder unheilbar kranke Person errichten, die **volljährig** und **entscheidungsfähig** ist (also die Bedeutung und die Folgen ihrer Entscheidung versteht und dementsprechend handeln kann), wenn dieser Zustand für die Person als nicht anders abwendbares Leiden empfunden wird. Minderjährige hingegen können keine Sterbeverfügung errichten.

Um einen dauerhaften, freien und selbstbestimmten Willensentschluss sicherzustellen, sieht das Gesetz einen klaren Prozess vor, der einerseits notwendige Schutzmechanismen und andererseits keine ungerechtfertigten Erschwernisse beinhaltet. Im Mittelpunkt steht dabei die ärztliche Aufklärung:

Verschärfte ärztliche Aufklärungspflicht

- Aufklärung durch **zwei Ärzte.** Davon kann einer z.B. der Hausarzt oder behandelnde Arzt sein sowie ein weiterer Arzt, der eine palliative Qualifikation haben muss.
- Bestätigung der **Krankheit** und Entscheidungsfähigkeit: Ein Arzt bestätigt das Vorliegen der Krankheit, beide bestätigen unabhängig voneinander die Entscheidungsfähigkeit der sterbewilligen Person.
- **Sicherheitsnetz.** Wenn ein Arzt an der Entscheidungsfähigkeit zweifelt, wird die Entscheidungsfähigkeit durch Psychiater oder Psychologen nochmals beurteilt.
- **Dauerhafter Entschluss.** Um die Dauerhaftigkeit des Entschlusses sicher zu stellen, muss eine Frist von 12 Wochen eingehalten werden, bevor eine Sterbeverfügung errichtet werden kann. Dieser Zeitraum wird in der Suizidforschung als notwendig zur Überwindung von Krisenphasen gesehen.
- **Kurze Frist** bei terminaler Phase: Für Personen in der terminalen Phase, die also nur mehr eine sehr geringe Zeit (z.B. wenige Wochen) zu leben haben, gilt eine stark verkürzte Frist von zwei Wochen. Somit steht auch diesen die Möglichkeit zum assistierten Suizid offen.
- Errichtung der **Sterbeverfügung.** Nach Ablauf der Frist kann die Sterbeverfügung bei Notaren oder Patientenanwälten errichtet werden. Die Sterbeverfügung wird in einem eigens geschaffenen Register eingetragen.

Die Sterbeverfügung ermöglicht es sterbewilligen Personen, ein **letales Präparat** bei einer **Apotheke** abzuholen und dieses dann – in einem von ihr gewählten, privaten Rahmen – zu sich zu nehmen. Wenn die

Sterbeverfügungsregister

Zur Dokumentation und Nachvollziehbarkeit hat das Gesundheitsressort ein elektronisches Sterbeverfügungsregister (StVReg) unter Zuhilfenahme von bereichsspezifischen Personenkennzeichen zu führen. Sämtliche angeführten Handlungsabläufe sind in diesem Register gespeichert. Die Zugriffe werden durchgängig protokolliert und mittels jährlich stattfindendem externen Audit überprüft. Sämtliche Daten sind verschlüsselt abgespeichert.

sterbewillige Person etwa bettlägerig ist, kann auch eine beauftragte Person das Präparat für sie abholen. Diese Person muss in der Sterbeverfügung genannt werden. Ebenso ist eine Zustellung durch die Apotheke möglich. Niemand ist verpflichtet, eine Hilfeleistung zu erbringen und niemand darf deshalb benachteiligt werden. Dies gilt auch für Apotheker.

Es besteht ein Werbeverbot und ein Verbot wirtschaftlicher Vorteile. So darf weder mit einer Hilfeleistung zur Selbsttötung geworben werden noch ein wirtschaftlicher Vorteil erlangt werden. Die Hilfeleistung gemäß § 78 Strafgesetzbuch (StGB) unter der Überschrift „Mitwirkung an der Selbsttötung“ ist aus vier Gründen strafbar:

Missbrauch der Hilfeleistung ist strafbar

- bei Minderjährigen;
- aus verwerflichen Beweggründen (z.B. Habgier);
- bei Personen, die nicht an einer schweren, dauerhaften Krankheit leiden;
- wenn keine ärztliche Aufklärung erfolgt ist (Schutz des freien und selbstbestimmten Willens).

Indirekte Sterbehilfe

Bei der indirekten Sterbehilfe handelt es sich vornehmlich um die Gabe von Medikamenten, um Schmerzen und Todeskampf in den letzten Lebensstunden zu vermeiden oder abzumildern. Man spricht im medizinischen Bereich auch von einer palliativen Behandlung. Das heißt, das Sterben würde sich auch ohne die Medikamente im zeitlichen Rahmen ereignen. Bei den Medikamenten handelt es sich beispielsweise um Mittel wie Morphin, das zwar in entsprechender Dosierung auch tödlich wirken könnte, aber von Ärzten nicht mit der Intention der „Tötung" verabreicht wird. In der sogenannten palliativen Versorgung, wird die Dosis nur soweit gesteigert, wie sie Schmerzen und Ängste lindert. Es erfolgt keine Gabe tödlicher Dosen, weswegen diese Art der Versorgung als „indirekte Sterbehilfe" bezeichnet wird. Sie ist in entsprechendem Rahmen zulässig, wenn sie von befugten Ärzten durchgeführt wird.

Passive Sterbehilfe

Was in Österreich zulässig ist, das ist die **Sterbebegleitung**. Als passive Sterbehilfe und damit **straffrei** wird das Sterbenlassen eines todkranken oder dahinsiechenden Patienten durch Verzicht auf lebensverlängernde Maßnahmen (z.B. Abschalten von Maschinen) angesehen. Der Patient wird außerdem schmerzfrei gehalten (z.B. Morphium).

Pathologie

Lehre vom Leiden und Erdulden

Pathologie bedeutet übersetzt „Die Lehre von den Krankheiten". Eigentlich eine Aufgabe, die der gesamten Medizin zufällt – doch beginnend mit dem 18. Jahrhundert wurden krankhafte Veränderungen der Organe von Toten mit klinischen Symptomen der Lebenden verglichen. So entstand eine pathologische Anatomie, deren Ergebnisse nach dem Tod durch eine Obduktion gewonnen wurden. Die Erkenntnisse kamen erst dann den Ärzten für die Behandlung ihrer Patienten zu Gute. Heute sind Pathologen in erster Linie (ca. 80 Prozent) **Diagnostiker** am lebenden Menschen. Diese medizinische Fachrichtung nennt sich daher nunmehr „klinische Pathologie".

Die drei Hauptsäulen stellen die **Obduktionen**, die feingewebliche **Diagnostik** (Histologie) und die Zelluntersuchung (**Zytologie**) dar. Mehrheitlich werden ferner in den Instituten für Pathologie auch bakteriologische und einzelne serologische Untersuchungen durchgeführt.

In der **Prosektur** werden rund 30 – 40 Prozent der im Krankenhaus Verstorbenen obduziert, um den Grund des Ablebens zu ermitteln. In den übrigen Fällen – und damit im überwiegenden Ausmaß – ist eine Autopsie gar nicht notwendig, da die klinische Diagnostik bereits eindeutig eine Todesursache feststellen konnte.

Die feingewebliche oder **histologische Untersuchung** von menschlichem Gewebe, die zwecks Heilung oder Diagnostik bei Lebenden entfernt wurden, ist der größte Arbeitsbereich. Die Pathologie steht hierbei in enger Zusammenarbeit mit allen Fächern, um therapierelevante Diagnosen zu ermitteln. Als Beispiel sei hier das **Magengeschwür** angeführt, das einerseits durch eine schwere Gastritis aber andererseits auch durch einen bösartigen Tumor entstanden sein kann – eine histologische Untersuchung klärt die Situation.

Eine weitere, sehr wesentliche, Aufgabe besteht in der **intraoperativen Schnellschnittuntersuchung**. Diese wird durchgeführt, wenn während einer Operation der Bedarf einer raschen Diagnose besteht, z.B. ob ein Tumor gut- oder bösartig ist.

Ein bedeutsamer Eckpfeiler der täglichen Routinearbeit ist ebenso die Zytologie. Hauptsächlich werden die **gynäkologischen Krebsabstriche** von Patientinnen der Krankenhäuser und vieler niedergelassener Frauenärzte analysiert, um Krebsvorstufen rechtzeitig zu diagnostizieren. Ebenso werden Flüssigkeiten aus Schilddrüsenzysten oder Bauchwasser untersucht.

Obduktion

Eine Obduktion bedeutet die Öffnung eines Leichnams. Sie ist die letzte ärztliche Untersuchung am Menschen und dient in erster Linie zur Feststellung der **Todesursache.** Sie wird je nach Obduktionsart von Pathologen oder von Gerichtsmedizinern durchgeführt. Die Obduktion gleicht im Wesentlichen einem chirurgischen Eingriff. Die Anordnung zur Obduktion wird unterschiedlich häufig erteilt, je nachdem, ob die Person in einer öffentlichen Krankenanstalt oder zu Hause verstorben ist.

In der Praxis werden im Krankenhaus Verstorbene meist dann obduziert, wenn eine diagnostische oder therapeutische **Unklarheit** besteht und durch die Obduktion eine Aufklärung über Grunderkrankung, Todesursache, Therapieerfolg oder -versagen erwartet wird. In diesem Sinne dienen Obduktionen auch der Qualitätssicherung der medizinischen Diagnostik und Therapie. Es gibt drei unterschiedliche Obduktionsformen:

Obduktion zur Feststellung der Todesursache und zur Rekonstruktion des Sterbevorgangs

- klinische Obduktion (in Krankenanstalten),
- sanitätspolizeiliche/-behördliche Obduktion,
- gerichtliche Obduktion.

Die klinische Obduktion liegt beispielsweise vor, wenn bei der Totenbeschau keine Todesursache ermittelt werden konnte. Liegt eine natürliche, eindeutige Todesursache vor (z.B. Herzinfarkt), ist meist keine Obduktion notwendig. Sie kann aber auch zulässig sein, wenn man von einer Obduktion neue Erkenntnisse über bestimmte Krankheiten erwartet.

Die Behörde trifft eine derartige Anordnung, wenn die Feststellung der Todesursache oder der Krankheit des Verstorbenen aus Gründen der öffentlichen Gesundheitsvorsorge erforderlich ist. Dies kann etwa der Fall sein, wenn der Verdacht besteht, dass der Verstorbene an einer ansteckenden und gefährlichen Krankheit gelitten hat und die Behörde für diesen Fall weitere Vorkehrungen treffen muss.

Das Gericht trifft eine derartige Anordnung etwa, wenn die Obduktion für die Aufklärung eines Verbrechens notwendig ist bzw. wenn Verdacht auf Fremdverschulden besteht.

Pflicht zur Obduktion

Obduktionspflicht hängt von Todesumständen ab

In allgemeinen **öffentlichen Krankenanstalten** besteht zur Wahrung öffentlicher oder wissenschaftlicher Interessen – im Speziellen bei diagnostischer Unklarheit des Falles oder wegen eines vorgenommenen operativen Eingriffes – **Obduktionspflicht.** Es gibt dabei keine Verpflichtung, eine Erlaubnis der Angehörigen einzuholen. Liegt keiner der angeführten Gründe vor und wurde einer Obduktion nicht schon zu Lebzeiten zugestimmt, so muss die Zustimmung der Angehörigen eingeholt werden.

Obduktion abgelehnt

Kann eine Obduktion verweigert werden? Das hängt von den Todesumständen und vom Ort des Todes ab. Eine behördlich angeordnete Obduktion kann grundsätzlich nicht verweigert werden. Im Bereich der allgemeinen öffentlichen Krankenanstalten wird aber oft von einer Obduktion Abstand genommen, wenn die Todesursache relativ klar ist und ein ausdrücklicher Wunsch der Angehörigen besteht. In privaten Krankenanstalten müssen die Angehörigen im Falle einer Obduktion um Erlaubnis gefragt werden – außer, der Verstorbene hat zu Lebzeiten einer Obduktion zugestimmt bzw. die Obduktion wurde behördlich verfügt.

Kann ich das Ergebnis der Obduktion erfahren?

Hier ist zu prüfen, ob einer Einsicht durch Sie als Angehöriger das fortwirkende Persönlichkeitsrecht des Verstorbenen entgegensteht. Erben oder Angehörige haben jedenfalls dann ein Einsichtsrecht, wenn der Patient zu Lebzeiten dem ausdrücklich zugestimmt hat (z.B. wenn die betreffenden Personen als Vertrauenspersonen im Krankenhaus angegeben worden sind). Auch wenn man von der mutmaßlichen Einwilligung des Verstorbenen ausgehen kann, ist die Einsichtnahme zulässig.

In privaten Krankenanstalten muss generell die Zustimmung der Angehörigen eingeholt werden, außer wenn die Obduktion sanitätsbehördlich oder gerichtlich angeordnet wurde. Bei sanitätsbehördlichen und gerichtlichen Obduktionen ist grundsätzlich keine Zustimmung der Angehörigen vorgesehen.

Körperspende an ein Anatomisches Institut

Wenn Sie Ihren Körper nach dem Tod einem wissenschaftlichen Zentrum überlassen möchten, empfiehlt es sich, mit der jeweiligen Einrichtung Kontakt aufzunehmen, um genaue Bedingungen und Formalitäten abzuklären.

Beispiel: Das Zentrum für Anatomie und Zellbiologie der Medizinischen Universität Wien würde Ihnen etwa zwei Formulare zusenden sowie einen Beitrag von etwa 450 Euro verlangen. Damit sind die Kosten der Beisetzung sowie die Transportkosten innerhalb Österreichs abgegolten.

Entnahme von Körpermaterial bei Verstorbenen

Es dürfen Verstorbenen **Organe** oder Organteile entnommen werden, damit diese anderen Personen implantiert werden können, um damit deren Leben zu erhalten oder zu verlängern. Weiters ist die Entnahme von **Zellen** oder **Gewebe** zulässig, um durch andere medizinische Anwendungen als Transplantationen das Leben anderer Menschen zu retten oder deren Gesundheit wiederherzustellen. Das von Verstorbenen entnommene Körpermaterial darf nicht Gegenstand von Rechtsgeschäften sein, die auf Gewinn gerichtet sind.

Im Jahr 2021 wurden in Österreich insgesamt 662 Organe transplantiert, in der Reihenfolge der Häufigkeit handelte es sich dabei um die Organe Niere (306), Leber (159), Lunge (123), Herz (59), Bauchspeicheldrüse (14) und Dünndarm (1). Bei bestimmen Organen, z.B. Nieren oder Leber ist auch eine Lebendspende möglich.

Eine Organspende ist **ausgeschlossen**, wenn der Spender an einem **metastasierenden Krebsleiden**, an einer aktiven **Infektion**, der Creutzfeldt-Jakob-Krankheit oder anderen **Prionen-Erkrankungen** oder einer chronischen Organfunktionsstörung leidet. Einige Kontraindikationen (z.B. Hepatitis B oder C) sind organspezifisch.

Voraussetzungen

Ohne Widerspruch dürfen jedem Hirntoten Organe entnommen werden

Zellen, Gewebe bzw. Organe dürfen dann entnommen werden, wenn der **Hirntod** zweifelsfrei festgestellt worden ist – bestimmte Körperfunktionen (z.B. Atmung, Herzschlag) werden aber noch künstlich aufrechterhalten. Hirntod ist der irreversible Funktionsausfall des gesamten

Gehirns (Groß-, Kleinhirn und Hirnstamm). Der Tod ist von einem unbeteiligten, unabhängigen Arzt festzustellen. Diese Person darf weder an der Entnahme noch an der weiteren Verwendung des Körpermaterials beteiligt oder sonst davon betroffen sein. Außerdem darf kein Widerspruch gegen die Entnahme vorliegen, den der Betroffene bzw. ein gesetzlicher Vertreter zu Lebzeiten der betroffenen Person abgegeben hat. Umgekehrt heißt das, dass **jedem Menschen** nach dem Hirntod Zellen, Gewebe oder Organe entnommen werden dürfen, **außer** es liegt ein **Widerspruch** vor; die Gesetzeslage in Deutschland ist genau umgekehrt. Die Entnahme darf außerdem zu keiner pietätsverletzenden Verunstaltung des bzw. der Verstorbenen führen.

Widerspruchsregister

Widerspruchsrecht bei Organspende ist höchstpersönliches Recht

Das Österreichische Bundesinstitut für Gesundheitswesen (ÖBIG) führt eine Liste jener Personen, die sich gegen eine Organspende aussprechen. Eintragungen können mittels **Antragsformular** zu Lebzeiten erfolgen. Die Formulare können entweder beim ÖBIG angefordert oder von der Webseite heruntergeladen werden.

Grundsätzlich werden auch ein den Ausweispapieren beigelegtes **Schriftstück**, das den Widerspruch zur Organspende dokumentiert (z.B. „Ich will kein Organspender sein"), oder auch die vorangegangene mündliche Mitteilung in Frage kommen. Durch diese Form des Widerspruchs ist allerdings nicht in allen Fällen sichergestellt, dass der Widerspruch im Krankenhaus auch wirklich berücksichtigt werden kann. In dem Krankenhaus, in dem die Entnahme durchzuführen wäre, muss jedenfalls das Widerspruchsregister befragt werden bzw. Einsicht in die Krankengeschichte genommen werden. Wenn aus diesen beiden Quellen nichts über einen Widerspruch hervorgeht, trifft den Arzt grundsätzlich keine weitere Nachforschungspflicht.

Den **Angehörigen** selbst steht **kein** Widerspruchsrecht zu. Sie können aber bereits vorhandene Willenserklärungen übermitteln, aus denen hervorgeht, dass sich der Betroffene zu Lebzeiten gegen eine Organentnahme ausgesprochen hat.

Widerspruch ist auch für **Kinder** oder nicht geschäftsfähige Personen durch ihre **gesetzliche Vertretung** möglich. Widersprüche für unmündige Minderjährige (unter 14 Jahren), die von einer oder einem Erziehungsberechtigten beantragt werden, werden mit vollendetem **14. Lebensjahr** des Minderjährigen automatisch gelöscht. Die Personen erhalten einen Monat vor deren 14. Geburtstag eine Benachrichtigung über die anstehende Löschung inklusive einem Eintragungsformular. Dieses kann ab dem 14. Lebensjahr neu ausgefüllt werden und erhält mit der eigenen Unterschrift die Gültigkeit.

Die Pflichten des Arztes

Vor einer Therapie muss der Patient aufgeklärt werden – je weniger dringlich eine Behandlung ist, desto ausführlicher. Bei Kindern entscheiden die Eltern, ob sie einem ärztlichen Eingriff zustimmen.

Sorgfaltspflichten, Beachtung des medizinischen Qualitätsstandards

Ihr Arzt ist verpflichtet, Sie nach dem aktuellen Stand des medizinischen Wissens – und zwar dem der Schulmedizin – zu behandeln. Auch müssen seine technischen Geräte tadellos funktionieren und regelmäßig gewartet werden. Er muss auch in der Lage sein, diese richtig zu bedienen. Es wird angedacht, zumindest die Ärzte in Krankenhäusern regelmäßig einer entsprechenden Prüfung zu unterziehen, ob sie auf dem letzten Stand der Wissenschaft sind und adäquat behandeln.

Grundrecht auf Behandlung

Das **Recht auf Gesundheitsfürsorge** und **gleichen Zugang** zu **Behandlung und Pflege** ist vom jeweiligen Gesundheitssystem und von der Verteilung der Gesundheitsdienstleistungen abhängig. Das **Grundrecht auf Behandlung** auf Basis des höchsten erreichbaren Standards, wie es die WHO vorschreibt, scheint vor dem Hintergrund der gut funktionierenden medizinischen Versorgung in unserem Land kein wesentliches Konfliktthema zu sein. Schwierigkeiten ergeben sich in der Praxis beispielsweise bei überlangen Wartezeiten auf Operationen oder Transplantationen.

Gesundheitsfürsorge rund um die Uhr

Eine **gemeinnützige Krankenanstalt** hat jeden Patienten nach Maßgabe der Anstaltseinrichtungen aufzunehmen, die Patienten so lange in der Krankenanstalt unterzubringen, ärztlich zu behandeln, zu pflegen und zu verköstigen, wie es ihr Gesundheitszustand nach dem **Ermessen** des behandelnden Arztes erfordert. Für die ärztliche Behandlung und Pflege ist ausschließlich der Gesundheitszustand des Patienten maßgebend. In Krankenanstalten hat die ärztliche Betreuung grundsätzlich auf **fachärztlichem Niveau** zu erfolgen. Der ärztliche Dienst muss so eingerichtet sein, dass **ärztliche Hilfe** in der Anstalt **jederzeit** sofort erreichbar ist.

Qualitätssicherung vorgeschrieben

Patienten dürfen nur nach den **Grundsätzen und anerkannten Methoden der medizinischen Wissenschaft** ärztlich behandelt werden. Zudem besteht die Verpflichtung der Krankenanstalt, eine **dauernde qualifizierte Pflege** für stationär aufgenommene Patienten sicherzustellen. Krankenanstalten sind zur Durchführung von Maßnahmen der (medizinischen) **Qualitätssicherung** verpflichtet. Jeder Patient hat auch das Recht auf eine bestmögliche **Schmerzbehandlung.** Die moderne Medizin hat die Möglichkeit, Schmerzen ausreichend zu lindern bzw. zu verhindern. Das setzt allerdings voraus, dass Patienten ihren Schmerz auch deutlich ausdrücken, damit die Ärzte darauf reagieren können.

Dokumentationspflicht

Ärzte müssen Krankengeschichte 30 Jahre aufbewahren

Aufgrund der Dokumentationspflicht sind die wichtigsten diagnostischen und therapeutischen Maßnahmen, Verlaufsdaten, Zwischenfälle – insbesondere Änderungen der Diagnose und der Behandlung – aufzuzeichnen. All diese Unterlagen muss der Arzt Ihnen zur Verfügung stellen. Er ist auch dazu verpflichtet, die Dokumente sorgsam aufzubewahren **(30 Jahre).** In diesem Fall spricht man von der Pflicht zur Befundsicherung.

Dokumentationspflicht und Einsichtsrecht

Ein entsprechendes Dokumentationsversäumnis oder ein Verlust der entsprechenden Unterlagen führt in einem möglichen Prozess zur **Beweislastumkehr.** Insbesondere der Verlust von EKGs oder Röntgenaufnahmen kann dazu führen, dass ein vom Patienten behaupteter Behandlungsfehler vom Gericht angenommen werden muss. Das Gericht kann nämlich in einem solchen Fall nicht mehr durch Gutachten eines Sachverständigen, dem dann das EKG oder die Röntgenaufnahmen vorgelegt würden, die gegenteilige Tatsache (Nicht-Vorliegen eines Behandlungsfehlers) feststellen. Es muss daher zugunsten des Patienten den von

Pflicht zur Aufbewahrung

Röntgenbilder und dergleichen sind mindestens 10 Jahre aufzubewahren; Obduktionsniederschriften 30 Jahre. Auch in Ambulanzen sind für ambulante Patienten Krankengeschichten (Ambulanzaufzeichnungen) anzulegen und mindestens 10 Jahre aufzubewahren.

ihm behaupteten Behandlungsfehler als wahr annehmen. Das mit der Dokumentationspflicht einhergehende **Einsichtsrecht** des Patienten in seine Krankengeschichte bezieht sich auf alle Aufzeichnungen. Lediglich im Bereich der Psychiatrie und Psychotherapie kann es sein, dass der behandelnde Arzt Unterlagen zurückhalten darf, die den Patienten bei einer möglichen Einsicht psychisch neben seiner Krankheit derart belasten, dass mit einer Verschlechterung des Gesundheitsbildes zu rechnen ist.

Einsichtsrecht des Patienten in seine Krankengeschichte

Recht auf Wahrheit

Eine Patientin leidet an einem Gehirntumor, der durch seine Lage operativ nicht entfernt werden kann. Der Tumor wird mit an Sicherheit grenzender Wahrscheinlichkeit zum Tod führen. Hier hat die Patientin ein Recht auf Einsicht in ihre Unterlagen und Kenntnis ihres Gesundheitszustandes. Der Arzt ist nicht berechtigt, zu entscheiden, dass der Patientin zur Schonung die Wahrheit über ihren Gesundheitszustand verschwiegen wird.

Anders liegt der Fall bei einem stark depressiven, erheblich suizidgefährdeten jungen Mann, der sich in einer akuten Lebenskrise befindet. Bittet er um Einsicht in seine Krankenunterlagen, darf der behandelnde Arzt selektieren, welche Unterlagen er dem Patienten zumuten kann und in Kopie überlässt. Jene Aufzeichnungen, die analytisch minutiös die akute Selbstmordgefährdung dokumentieren, wird der Arzt zurückhalten dürfen, um den Todestrieb des Patienten nicht zu manifestieren oder sogar noch zu fördern.

Dokumentation nicht normiert

Die Aufzeichnung von Erkenntnissen, Handlungen und Entscheidungen während einer Behandlung hat im Wesentlichen zwei Hauptziele:

Beispiel

Bestand zum Zeitpunkt der Erstuntersuchung kein Grund dafür, ein entzündliches Geschehen im Bereich des Blinddarms zu vermuten, so stellte es auch keine Dokumentationspflichtverletzung dar, wenn die bei der gynäkologischen Ultraschalluntersuchung gewonnenen Ergebnisse (Vorliegen einer Eierstockzyste) durch Ausdrucke von Ultraschallbildern mit dem Ziel dokumentiert wurden, um daraus allenfalls später Erkenntnisse über mögliche andere Schmerzursachen zu gewinnen.

- die Bereitstellung aller **Informationen,** die für eine bestmögliche, umfassende medizinische und pflegerische Betreuung erforderlich sind;
- die Dokumentation dient auch als **Beweismittel** in einem allfälligen Zivil- oder Strafprozess, um einen Sachverhalt richtig beurteilen zu können.

Umfang der Dokumentation liegt im ärztlichen Ermessen

Der Gesetzgeber misst der Dokumentation im Rahmen der eigenverantwortlichen Tätigkeit von Ärzten und Pflegepersonen eine zentrale Rolle zu. Die Tiefe der Dokumentation ist gesetzlich allerdings nicht geregelt. Sowohl der ärztliche als auch der pflegerische Tätigkeitsbereich ist derart **differenziert,** dass es völlig unmöglich erscheint, alles im Vorhinein zu normieren. Eine Intensivstation unterscheidet sich grundlegend von einer psychiatrischen Abteilung; klarerweise ist aber in beiden Bereichen eine adäquate Dokumentation sicherzustellen.

Verschwiegenheitspflicht

Historisch betrachtet stellt die Verschwiegenheitspflicht der in Gesundheitsberufen Tätigen wohl das älteste Patientenrecht dar. So verlangte bereits vor weit mehr als 2.000 Jahren der letzte Absatz des Hippokratischen Eides von jedem diesen Eid schwörenden Arzt, Schweigen zu bewahren und alles, was dieser bei der Behandlung, aber auch außerhalb

Keine Schweigepflicht

Ein **AIDS-Kranker** und dessen Freundin sind beim selben Arzt in Behandlung. Der Arzt erfährt, dass der AIDS-Kranke seiner Freundin nicht von seiner Krankheit berichtet hat. Hier muss der Arzt die Freundin aufklären.

dieser erfahren hat, als heiliges Geheimnis zu betrachten. Dies aus damals wie heute gutem Grund, ist doch die Wahrung des Berufsgeheimnisses ein Grundpfeiler für das Vertrauensverhältnis zwischen Patient und Arzt bzw. auch zwischen Patient und den Angehörigen der anderen Gesundheitsberufe.

Die Verschwiegenheit ist einerseits eine der wichtigsten Arztpflichten, andererseits steht sie in einem Spannungsverhältnis zur Informationspflicht. Zu den geschützten Geheimnissen zählt mehr, als gemeinhin bekannt ist:

Verschwiegenheitspflicht versus Informationspflicht

- ob Sie überhaupt krank sind;
- ob Sie ärztliche Hilfe in Anspruch genommen haben;
- Ihr Name;
- Ihre persönlichen, wirtschaftlichen und sonstigen Verhältnisse;
- die Untersuchungsergebnisse.

Das alles unterliegt der ärztlichen Schweigepflicht. Sie können sogar verlangen, dass niemand – vor allem nicht Ihr Arbeitgeber – über einen allfälligen Krankenhausaufenthalt unterrichtet wird.

Schweigepflicht über den Tod hinaus

Kurzum: Von der ärztlichen Geheimhaltepflicht ist alles umfasst, was **Rückschlüsse** auf die dem Arzt in Ausübung seines Berufes anvertrauten oder bekannt gewordenen Geheimnisse zulässt. Das gilt auch für Belege wie z.B. Honorarnoten-Durchschriften. Die Schweigepflicht des Arztes geht zudem über den Tod des Patienten hinaus.

Ihr Arzt darf Informationen über Ihre Erkrankung nicht ohne Ihre Einwilligung an Ihren Arbeitgeber, Angehörige und Freunde etc. weitergeben. Eine Pflicht zur Weitergabe besteht aber dann, wenn Sie eine

Grenzen der Verschwiegenheit

Ein Arzt überschritt mit seinem Fahrzeug die zulässige Höchstgeschwindigkeit und verantwortete sich gegenüber der Polizei damit, er habe sich auf dem Weg zu einer dringenden Arztvisite befunden. Unter Hinweis auf seine Geheimhaltungspflichten verweigerte er jegliche Angaben zur Person des Erkrankten. Der Verwaltungsgerichtshof war anderer Ansicht: Im Interesse der Rechtspflege dürfen berufliche Geheimnisse offengelegt werden. Zum Nachweis eines akuten Notfalls hätte der Arzt die Identität des Patienten bekannt geben müssen. Gleiches galt für einen Arzt, der wegen Falschparkens ein Mandat kassierte.

ansteckende Erkrankung haben und der Arzt weiß, dass Sie für andere eine Gefährdung darstellen. Mit anderen Worten hat der Arzt die Schweigepflicht zu brechen, wenn Leben und Gesundheit anderer unmittelbar und ernsthaft bedroht sind (z.B. bei Seuchen).

Die Schweigepflicht des Arztes ist auch der Grund, warum Sie in Arzthaftungsfällen den Arzt von seiner ärztlichen Schweigepflicht entbinden müssen, damit er Ihrem Anwalt, aber auch dem Sachverständigen und dem Gericht überhaupt Auskunft geben darf. Besteht im Rahmen der Verteidigung gegen den Vorwurf eines „Kunstfehlers" die Notwendigkeit, ein allenfalls eine Fehldiagnose rechtfertigendes Gesamtbild der Krankengeschichte zu gewinnen, so kann die Vorlage der gesamten Krankengeschichte – sofern sie keine „peinlichen Eintragungen oder dergleichen" enthält – zulässig sein.

Arzt muss im Strafprozess als Zeuge aussagen

Geht es um berechtigte **öffentliche Interessen,** kann der Arzt allerdings vertrauliche Informationen (z.B. Abstammung oder Geschlechtskrankheit) preisgeben, auch wenn ihn der Patient nicht eigens von der Verschwiegenheitspflicht entbunden hat. In einem **Strafprozess** muss der Arzt Zeugnis ablegen. In anderen Verfahren darf er sich der Aussage entschlagen, sofern er nicht Sachverständiger ist.

Das Strafrecht schützt den Anspruch eines jeden auf Geheimhaltung von Fakten, die seinen Gesundheitszustand betreffen, sofern der Geheimnisträger bestimmten Personengruppen auf dem Gebiet des Gesundheitswesens angehört oder bei einschlägigen Versicherungen tätig ist. Der Arzt darf sich aber über das **strafrechtliche Verbot** hinwegsetzen, wenn die Offenbarung des Berufsgeheimnisses „nach Inhalt und Form durch ein berechtigtes privates Interesse gerechtfertigt ist". Ein solches Interesse liegt etwa vor, wenn Werksärzte bei Einstellungsuntersuchungen dem Dienstgeber von gesundheitlichen Umständen des Stellenbewerbers Mitteilung machen. Bemerkenswert ist auch, dass zwar Fachärzte für Psychiatrie, Psychotherapeuten und Psychologen zur Verweigerung der Aussage berechtigt sind, nicht aber andere Ärzte.

Anzeigepflicht des Arztes bei Straftaten

Ein Arzt, für den sich im Rahmen seiner beruflichen Tätigkeit der **Verdacht** ergibt, dass durch eine **gerichtlich strafbare Handlung** jemandes Tod oder eine schwere Körperverletzung (das heißt, eine mehr als 24-tägige Gesundheitsschädigung) herbeigeführt wurde, hat der Sicherheitsbehörde unverzüglich **Anzeige** zu erstatten. Ebenso hat er bei **sexuellem Missbrauch** von Minderjährigen vorzugehen. Wenn sich aber dabei der Verdacht gegen einen nahen Angehörigen richtet, so kann die Anzeige unterbleiben (und bloß eine Meldung an den Jugendwohlfahrtsträger erfolgen), falls das Wohl des Kindes dies erfordert. In Fällen einer vorsätzlich begangenen schweren Körperverletzung hat der Arzt seinen Patienten außerdem auf bestehende Opferschutzeinrichtungen hinzuweisen.

Aufklärungspflicht

Aufgabe der ärztlichen Aufklärung ist es, dem Patienten die für seine Entscheidung maßgebenden Fakten zu liefern und ihn in die Lage zu versetzen, die **Tragweite** seiner Zustimmung zu einem Eingriff zu überblicken. Denn Sie selbst sollen entscheiden, ob Sie sich nach gründlicher Abwägung aller Faktoren einer Heilbehandlung bzw. einem operativen Eingriff unterziehen wollen. So hat beispielsweise die Aufklärung über die Gefahren einer Narkose grundsätzlich bereits stattzufinden, bevor alle Vorbereitungen für die Narkose getroffen sind und der Narkosearzt bereitsteht.

Der Arzt hat auch besondere Aufklärungs- oder Warnpflichten betreffend die **Kosten** des Behandlungsvertrags: Im Rahmen der Auskunfts-

Aufklärung: wie und worüber?

Grundsätzlich hat jeder Patient das Recht, über seinen Gesundheitszustand Auskunft zu erhalten. Ihr Arzt ist verpflichtet, Ihnen die Ergebnisse eines Befundes wahrheitsgetreu mitzuteilen (**Diagnoseaufklärung**). Ebenso muss Ihr Arzt Ihnen in groben Zügen die Art der Behandlung und ihre Durchführung (**Verlaufsaufklärung**) samt Risiken und Nebenwirkungen, wie z.B. eingeschränkte Fahrtauglichkeit (**Risikoaufklärung**), in einer für den medizinischen Laien **verständlichen** Form beschreiben. Die tatsächlich bestehenden Risiken dürfen nicht verharmlost werden. Auch wenn sich der Patient in einer Ausnahmesituation befindet, ist eine ärztliche Aufklärung nicht zwecklos.

Kostentransparenz durch Aufklärung

pflicht hat der Arzt der zur Beratung oder Behandlung übernommenen oder zur ihrer gesetzlichen Vertretung befugten Person insbesondere eine klare Preisinformation über die von ihm zu erbringende ärztliche Leistung zur Verfügung zu stellen, sofern nicht eine direkte Abrechnung mit einem inländischen Träger der Sozialversicherung oder der Krankenfürsorge erfolgt. Nach erbrachter ärztlicher Leistung hat der Arzt eine Rechnung auszustellen. Ebenso sind die Träger von Krankenanstalten verpflichtet, Pfleglingen klare Preisinformationen zur Verfügung zu stellen, soweit sie im Zeitpunkt der Aufnahme vorhersehbar sind und die Leistungen nicht über den Landesgesundheitsfonds abgerechnet oder durch einen inländischen Träger der Sozialversicherung oder der Krankenfürsorge übernommen werden (siehe ► Seite 167).

Ohne Aufklärung keine Selbstbestimmung

Durch die Aufklärungsverpflichtung des Arztes sollen Sie vor den mit der Behandlung verbundenen Risiken **gewarnt** werden, um beurteilen zu können, ob Sie sich behandeln lassen wollen. Wenn sich dieses Risiko dann tatsächlich verwirklicht, obwohl bei der Behandlung selbst kein Fehler unterlaufen ist, haftet Ihr Arzt nicht.

Der Arzt muss den Patienten, um ihm eine selbstbestimmte Entscheidung zu ermöglichen, über mehrere zur Wahl stehende adäquate diagnostische oder therapeutische Verfahren informieren und das Für und Wider mit ihm abwägen, wenn jeweils unterschiedliche Risiken entstehen können und der Patient eine **echte Wahlmöglichkeit** hat. Eine solche Verpflichtung besteht gerade bei einem Unterschied im Risiko, den Folgen, vor allem aber in der Erfolgssicherheit und der Schmerzbelastung. Gleiches gilt, wenn bei einer alternativen Operationsmethode ein kosmetisch besseres Ergebnis in einem für den Patienten erkennbar nicht unwichtigen Teilbereich erwartet werden kann. Ist eine Spezialbehandlung angezeigt, die in der betreffenden Klinik nicht durchgeführt werden kann, ist eine Weiterverweisung des Patienten oder jedenfalls der Hinweis im Aufklärungsgespräch auf entsprechende Kliniken erforderlich.

Über gleichwertige Alternativen hat der Arzt seinen Patienten aufzuklären

Wer sich beispielsweise vor einer Operation nicht zusätzlich beunruhigen möchte, kann auf eine Aufklärung auch **verzichten.** (Dann können Sie allerdings bei einem etwaigen Haftungsprozess nicht geltend machen, Sie seien nicht aufgeklärt worden.) Genauso steht es Ihnen frei, ohne Begründung eine Ihnen vom Arzt dringend ans Herz gelegte Behandlung zu verweigern. Nur kann dies unter Umständen **finanzielle Folgen** nach sich ziehen: Bricht ein Patient eine mit guten Erfolgsaussichten bereits begonnene Behandlung unbegründet vorzeitig ab, kann die Krankenkasse die Krankengeldzahlung nach vorheriger schriftlicher Androhung einstellen. Löst ein Privatpatient vorzeitig das Vertragsverhältnis, kann der Arzt dennoch sein gesamtes Honorar – abzüglich dessen, was er sich durch das Unterbleiben der Behandlung an Aufwand gespart hat oder durch andere zwischenzeitlich vorgenommene Behandlungen erwirtschaften konnte – fordern.

Wie umfassend muss aufgeklärt werden?

Ausdrückliche **Fragen** hat der Arzt stets wahrheitsgetreu zu beantworten. Auf die Frage „Was habe ich denn?" genügt nicht die zeitsparende Antwort „Arthrose" und das Zücken des Rezeptblocks. Wie viel an Aufklärung der Patient für seine Entscheidungsfindung benötigt, muss der Arzt in jedem Fall gesondert beurteilen.

Gab es im Zeitpunkt der Implantation keine Hinweise auf eine besondere Bruchanfälligkeit der eingesetzten **Hüftprothese** und wurde eine entsprechende Studie erst vier Jahre später publiziert, reicht der allgemeine Hinweis auf die „sehr seltene" Gefahr einer Materialermüdung. In diesem Fall ist nicht über eine mögliche Alternative zur gewählten Prothese aufzuklären, deren Verwendung aus damaliger Sicht eindeutige medizinische Nachteile gehabt hätte.

Eine Aufklärung des Patienten über die Anzahl der vom Arzt bisher nach einer bestimmten Methode ausgeführten **Operationen** (z.B. laparoskopische Dickdarmresektion, die für sich keine Neulandmedizin darstellt) ist nicht erforderlich, wenn der Arzt die vorgesehene Operation nach den Regeln der ärztlichen Ausbildung und jenen über die Ausübung der ärztlichen Kunst ausführen darf. Ebenso besteht keine Aufklärungspflicht bei überholten Operationstechniken. Fragt der Patient jedoch von sich aus konkret nach der Vorerfahrung des operierenden Arztes, erfordert dies eine wahrheitsgemäße Antwort.

Je weniger dringend die Operation, desto eingehender die Aufklärung

Die ärztliche Aufklärungspflicht reicht umso weiter, je weniger der Eingriff aus der Sicht eines vernünftigen Patienten **vordringlich** oder gar **geboten** ist. Hier ist die ärztliche Aufklärungspflicht im Einzelfall selbst dann zu bejahen, wenn erhebliche nachteilige Folgen wenig wahrscheinlich sind. Selbst auf die Möglichkeit äußerst seltener Zwischenfälle ist dann hinzuweisen, auch auf das allgemeine mit dem Eingriff verbundene Risiko wie die Gefahr von Thrombosen, Embolien und dergleichen.

Klärt der Arzt über die Konsequenzen (z.B.) bei Nichtbefolgung einer Krankenhaus-Einweisung auf, so ist dies aus der Sicht eines **durchschnittlich sorgfältigen Patienten** ausreichend, um die Notwendigkeit einer raschen Spitalsbehandlung zu erkennen. So ist beispielsweise der konkrete Hinweis auf drohende Schäden, insbesondere auch für das ungeborene Kind („Blutungen, Krämpfe, Auswirkungen auf das Kind") ausreichend eindringlich, um einer werdenden Mutter vor Augen zu führen, welche ernsten Folgen es hat, wenn sie es unterlässt, unverzüglich ein Krankenhaus aufzusuchen. Ein ausdrücklicher Hinweis auf eine „lebensbedrohende Situation" ist nicht erforderlich.

Eine (Mit-)Haftung des Arztes wegen mangelhafter Aufklärung wurde im folgenden Fall bejaht: Der beklagte Gynäkologe erkannte bei einer Ultraschalluntersuchung der schwangeren Klägerin eine auffällige Menge an Fruchtwasser sowie ein auffälliges Größen-(Miss-)verhältnis zwischen Thorax und Bauchraum. Er reagierte auf diese Auffälligkeiten derart, dass er der Klägerin eine Überweisung in die **Risikoambulanz** der Landes-

Aufklärungszeitpunkt

Die Entscheidung für oder gegen eine Heilbehandlung muss in Ruhe und ohne Druck möglich sein. Eine Aufklärung erst im Rahmen der Operationsvorbereitungen oder gar auf dem Weg in den Operationssaal gilt als zu spät. Ausreichend Zeit befanden die Richter in folgendem Fall: Der Kläger erteilte seine Einwilligung am Vortag der Operation unmittelbar nach einem ärztlichen Aufklärungsgespräch. Dabei wurde er über die Gefahren einer Beibehaltung der (bis zu diesem Zeitpunkt fehlgeschlagenen) medikamentösen Behandlung im Vergleich zu jenen eines operativen Eingriffs belehrt. Ihm stand somit bis zur Durchführung der Operation die Möglichkeit offen, seine durch Unterfertigung des Aufklärungsbogens abgegebene Erklärung zu revidieren.

klinik schrieb, ihr übergab und ihr beim Hinausgehen aus dem Ordinationsraum in das Sekretariat noch wörtlich sagte: „Sie gehen mir jetzt in die Risikoambulanz!" Der Beklagte wies dabei die Klägerin weder auf die Möglichkeit einer chromosomalen Fehlentwicklung des Fötus noch darauf hin, dass die von ihm angeordnete Untersuchung dazu diente, festzustellen, ob die Gefahr besteht, dass sie ein geistig und körperlich behindertes Kind zur Welt bringen wird. Diese Gefahr realisierte sich in der Folge.

Wird einem Patienten eine Operation (z.B. Entfernung von **Neuromen**) als **Chance,** aber zugleich auch als Notwendigkeit dargestellt, um eine Besserung seines Zustands (z.B. Schmerzlinderung) zu erzielen, so kann eine Verletzung der Aufklärungspflicht darin bestehen, dass **nur** darauf hingewiesen wird, dass es „allenfalls auch zu einer Verschlechterung" kommen könne. Birgt das Entfernen von Neuromen „immer" das **Risiko bleibender Schmerzen** in sich, stellt das Fehlen jeglicher Information über konkrete mögliche Folgen eines Scheiterns der Operation sowie über die Größenordnung eines solchen Risikos eine Verletzung der Aufklärungspflicht dar. Wäre die Aufklärung des Patienten über die Folgen eines Eingriffes aus besonderen Gründen – etwa wegen dessen **psychischer Verfassung** – kontraindiziert, hat der Arzt vor der Vornahme des Eingriffes auch noch zu erwägen, ob dieser zu unterlassen ist. Und zwar besonders dann, wenn der Eingriff nicht dringend geboten ist.

Es ist medizinischer Standard, dass ein Arzt einen Patienten bei der Verabreichung oder Verordnung von **Penicillin** über eine allfällige Allergie oder bekannte Unverträglichkeit befragt und auch über die möglichen (schweren) **Nebenwirkungen** aufklärt. Der Klägerin wurde zur Behandlung ihrer Erkältung vom Beklagten ein penicillinhältiges Antibiotikum verordnet und – mit der Anordnung, es drei Mal täglich einzunehmen – in der Ordination ausgehändigt. Ungeklärt blieb, ob im Zuge des Arzt-Patienten-Gesprächs zwischen dem Beklagten und der Klägerin darüber gesprochen wurde, dass es sich bei dem Medikament um ein (synthetisches) Penicillin handelt, und ob der Beklagte die Klägerin über die Nebenwirkungen dieses Medikaments aufklärte. Die Klägerin, die unter einer ihr seit Jahren bekannten **Allergie** gegen Penicillin leidet und in der Vergangenheit nach der Verschreibung (auch) von (synthetischem) Penicillin bereits massive Beschwerden erlitten hatte, nahm das Medikament ein, weil ihr nicht bekannt gewesen war, dass es sich bei dessen Wirkstoff um ein synthetisches Penicillin handelte. Angesichts des fehlenden Nachweises der Erfüllung seiner Aufklärungspflicht für die durch das Penicillin verursachten schweren Nebenwirkungen haftete der Arzt.

Auch die spontane **Ablehnung** einer Behandlung – hier: der stationären Aufnahme der Mutter zur Einstellung ihres Blutzuckerspiegels – setzt die Aufklärung über mögliche Gefahren oder schädliche Folgen ihrer **Unterlassung**.

Typische Risiken

Über typische Risiken ist immer aufzuklären

Die ärztliche Aufklärungspflicht ist aber beim Vorliegen sogenannter typischer Gefahren verschärft. Auf **typische Risiken** einer Operation ist jedenfalls unabhängig von der prozentmäßigen statistischen Wahrscheinlichkeit hinzuweisen, also auch bei einer allfälligen Seltenheit ihres Eintrittes (selbst bei einer Wahrscheinlichkeit unter einem Promille!).

So verlangt der Oberste Gerichtshof die Aufklärung über typische Operationsrisiken, deren Wahrscheinlichkeit nur bei 0,05 Prozent bis 0,1 Prozent liegt. Es ist aber nicht auch auf typische Komplikationen bei Verwirklichung solcher Risiken hinzuweisen. Dies würde die Aufklärungspflicht überspannen: Den Patienten müsste oftmals eine derartige Fülle

Verhältnismäßigkeit

Zu einem lebensrettenden Eingriff, der auffällige **Operationsnarben** hinterlässt, bedarf es keiner ausführlichen Aufkläung. Hingegen müssen dem Patienten die bleibenden Spuren einer Operation bei einer leichten Sportverletzung oder einer kosmetischen Korrektur ganz genau erläutert werden. Bei Verabreichung eines **Medikaments**, das unter Umständen den Menstruationszyklus beeinflusst, muss die Patientin dagegen nur aufgeklärt werden, wenn sie darauf hinweist, dass sie „natürliche Empfängnisverhütung" praktiziert.

von Informationen gegeben werden, dass ihnen eine Einschätzung der Lage nicht ermöglicht, sondern erschwert würde. Ebenso würde nach Aufklärung, dass eine Verletzung benachbarter Organe vorkommen könne und dass stärkere Blutungen auftreten können, ein Hinweis auch auf die – verschwindend geringe – Möglichkeit einer Blutung (ausgerechnet) der Milz die Aufklärungspflicht überspannen.

Kein Aufklärungsfehler liegt darin, dass der Zahnarzt die Patientin nicht (auch) darüber informierte, dass bei Setzen eines **Implantats** die Wahrscheinlichkeit von Komplikationen allgemein bei 3 – 6 Prozent liegt, wobei er ihr aber zugleich die möglichen Komplikationen im Einzelnen erläuterte. Eine verpflichtende Angabe von genauen Prozentzahlen über die Eintrittswahrscheinlichkeit der einzelnen mit dem Eingriff verbundenen Risiken würde eine Überspannung der ärztlichen Aufklärungspflicht darstellen.

Ausreichend ist, wenn der Patient darüber aufgeklärt wurde, dass es bei der in Aussicht genommenen Operation zu einer **Milzverletzung**, allenfalls auch zu einem **Totalverlust** der Milz kommen könne. Eine weitere Aufklärungspflicht darüber, welche **Folgen** die Entfernung der Milz nach sich ziehen könne, besteht hier **nicht**.

Wahrscheinlichkeit ist ein Gradmesser bei der Beurteilung typischer Risiken

Dabei werden von der Judikatur positive und negative Definitionsmerkmale verwendet. Demnach ergibt sich die Charakteristik des Risikos (Typizität) nicht aus der Komplikationshäufigkeit, sondern daraus, dass das Risiko speziell dem geplanten Eingriff anhaftet und auch bei Anwendung allergrößter Sorgfalt und fehlerfreier Durchführung nicht sicher zu vermeiden ist und den nicht informierten Patienten überrascht, weil er nicht damit rechnet.

Risiko der Querschnittlähmung – keine Überspannung der Aufklärungspflicht

Die Vorinstanzen bejahten die von der Klägerin gegen die beklagte Spitalserhalterin geltend gemachten Schadenersatzansprüche infolge Querschnittlähmung nach Infektion als (schicksalhaftes) Ergebnis der Setzung eines Epiduralkatheters (**„Kreuzstich"**) wegen Verletzung der ärztlichen Aufklärungspflicht. Das Berufungsgericht vermisste den Hinweis auf das bei der Klägerin wegen **Diabetes** erhöhte Infektionsrisiko sowie eine mangels Dringlichkeit der Behandlung zu gewährende ausreichende Überlegungszeit für die Patientin (tatsächlich nur wenige Minuten), um die Erfolgsaussicht der vorgeschlagenen Behandlung (Beschleunigung der Remobilisierung nach Kniegelenksprothese) gegen die Risken (hier: Querschnittlähmung) abzuwägen und sich allenfalls auch mit Angehörigen zu beraten. Der Oberste Gerichtshof teilte diese Auffassung:
Da die der Klägerin vorgeschlagene Schmerztherapie mittels Epiduralkatheter nicht dringend war – sie sollte nur der Beschleunigung der Verbesserung der Kniegelenksbeweglichkeit und damit der früheren Beendigung des Spitalsaufenthalts dienen – sind an die ärztliche Aufklärung höhere Anforderungen zu stellen und ist auch über sehr seltene, aber gravierende Risken aufzuklären. Es kann auch nicht davon ausgegangen werden, dass die an sich sehr seltenen Fälle von Querschnittlähmung für einen verständigen Patienten bei seiner Abwägungsentscheidung von vornherein unmaßgeblich sind, ging es doch in diesem Fall keinesfalls um die dringende Abwehr drohender schwerer Gefahren oder die Erzielung besonders wichtiger und dringender Verbesserungen für die Gesundheit der Klägerin.

Es ist auch auf seltene, wenig wahrscheinliche – aber gravierende – Zwischenfälle hinzuweisen. Über Risiken, die nur im Fall einer **körperlichen Anomalie** eintreten (wobei diese Anomalie weder präoperativ noch während der Operation rechtzeitig erkannt werden kann), ist aufzuklären, wenn die Operation nicht dringend geboten ist.

Wenn die **Somatisierungsstörung** eine Anomalie darstellt, wäre eine Aufklärungspflicht nur dann zu bejahen, wenn diese Störung bei einer größeren Anzahl von Menschen auftritt und damit beim Aufklärungsgespräch ins Kalkül zu ziehen wäre oder der Arzt sonst – in der Regel durch den Patienten – Informationen über das Bestehen einer solchen Störung erhalten hat. Unter diesen Umständen trifft dem Arzt kein

Vorwurf, wenn er nicht darüber aufklärte, dass es auch bei fachgerechter Behandlung zu unvorhersehbaren und auch wiederkehrenden (massiven) Schmerzzuständen kommen kann.

Stellt eine **Implantatlockerung** ein typisches Risiko einer Bandscheibenoperation dar, das bei Bestehen einer **Osteoporose** erhöht ist, reicht der bloß allgemeine Hinweis auf ein typisches Operationsrisiko nicht aus. Vielmehr ist der Patient ausgehend von seiner **konkreten** Situation über das für ihn typische Risiko der Operation aufzuklären.

Die ärztliche Aufklärungspflicht umfasst auch einen Hinweis auf adäquate prophylaktische Behandlungsschritte (z.B. Zahnfixation mittels Spange) zur Vermeidung oder zumindest größtmöglichen Hintanhaltung an sich typischer Operationsrisiken (z.B. **Zahnverlustrisiko**).

Typische Risiken von Operationen umfassen auch Komplikationen

Tritt während einer medizinisch indizierten Operation (z.B. **Rektopexie-Operation**) eine typische Komplikation (z.B. **Gefäßverletzung,** deren Wahrscheinlichkeit nur bei 0,05 Prozent bis 0,1 Prozent liegt) auf, die einen **Reparatureingriff** (z.B. Gefäßoperation) im Rahmen desselben Eingriffs notwendig macht, und verwirklicht sich im Zuge dessen ein typisches Risiko (z.B. **Nervverletzung,** die die Zeugungsunfähigkeit zur Folge hat), so stellt dies **kein typisches Risiko** der (Rektopexie-) Operation dar, über das der Patient aufzuklären gewesen wäre. Wollte man nicht nur die Aufklärung über typische Risiken einer Operation verlangen, sondern jeweils auch Hinweise auf **typische Komplikationen** bei Verwirklichung solcher Risiken fordern, würde dies die Aufklärungspflicht in unvertretbarer Weise ausdehnen.

Die Risiken einer im Zusammenhang mit einer Operation notwendig gewordenen Bluttransfusion zählen zu den Operationsrisiken insgesamt. Über das typische Risiko einer **Bluttransfusion** ist daher aufzuklären; ebenso besteht die Aufklärungspflicht (auch) bei **Blutplasmaspenden.** Die Ärztehaftung bei Fehlen jeglicher Aufklärung ist auch dann zu bejahen, wenn nach dem Wissensstand zur fraglichen Zeit dem Eingriff in die körperliche Integrität auch nur irgendein typisches Risiko (etwa das einer **Hepatitis-B-Infektion**) angehaftet hat, selbst wenn damals noch nicht über dieses Risiko (im genannten Beispiel: das **Hepatitis-Risiko**) hätte aufgeklärt werden müssen.

Über Risiken, die nach dem ärztlichen Stand der Wissenschaft nicht vorhersehbar sind, also **atypische,** außergewöhnliche Heilungsverläufe und mögliche schicksalhafte Krankheitsfolgen, muss nicht aufgeklärt werden. War etwa das geringe Risiko (1 Prozent) einer langfristig anhaltenden Inkontinenz als Folge einer Operation im Jahr 2002 in der ärztlichen Fachliteratur noch nicht bekannt, so musste auch der Patient über die Möglichkeit einer dauernden Inkontinenz (z.B. langfristig anhaltende Inkontinenz nach einer Hämorrhoidenoperation) nicht aufgeklärt werden.

Ist das typische Risiko einer **Prostatabestrahlung** die Vernarbung der Harnblase und ein damit allenfalls verbundenes Operationserfordernis, so besteht in der Unterlassung der Aufklärung über eine dadurch mögliche irreparable Schädigung der Harnblase keine Pflichtverletzung, wenn es sich hierbei um eine **ganz außergewöhnliche** und nicht typische Folge der Strahlentherapie handelt.

Aufklärung durch Skizze nicht ausreichend

Hier ein konkreter Fall: Einem Senior wurde vor seiner Prostataoperation im Rahmen eines Aufklärungsgespräches die Art der Operation anhand einer Skizze erklärt. Auf die Frage, welche Risiken bei dieser Operation bestünden, wurde er darauf hingewiesen, dass es 1:100.000 stehe, dass man zu nahe an die Blasenwand komme und dann die Operation abgebrochen werde. Dabei wurde ihm vermittelt, dass es sich um eine alltägliche, mit geringem Risiko verbundene Operation handle. Der Patient las sich daraufhin das Formular betreffend die ärztliche Aufklärung nicht mehr durch.

Bei der Operation kam es unter anderem zu einer Schädigung des Schließmuskels, wodurch er inkontinent wurde, sowie zu verschiedenen anderen Komplikationen. Die Häufigkeit der Verletzung des Schließmuskelapparates liegt bei 2 bis 5 Prozent. Wäre der Patient über die Folgen insbesondere einer Schließmuskelverletzung aufgeklärt worden, hätte er dem Eingriff nicht zugestimmt. Eine absolute Dringlichkeit für die Operation bestand nicht.

Alle drei Instanzen bejahten die Haftung des Operateurs wegen Verletzung der ärztlichen Aufklärungspflicht: Wird die vom Patienten klar gestellte Frage nach den Risiken vom Arzt **verharmlosend** beantwortet, so ist nicht ersichtlich, warum ihm trotz dieser Antwort des Arztes, aus einer Skizze zur „Art" der Operation, dieses Risiko hätte bewusst sein müssen. Wird im Aufklärungsgespräch nicht nur auf das wesentliche Risiko der **Verletzung des Schließmuskels** bei der Prostataoperation nicht hingewiesen, sondern der Eindruck der völligen Ungefährlichkeit des Eingriffes bei ihm erweckt, obwohl eine absolute Dringlichkeit der Operation nicht bestand, so ist eine Haftung zu bejahen.

Wenn die dargelegte Operationsmethode mit **intraoperativer Schnellschnittuntersuchung** – mag sie auch das beste derzeit zur Verfügung stehende Verfahren sein – von vornherein nicht mit Sicherheit zwischen bös- und gutartigen Tumoren unterscheiden kann und man „oft falsche (falschpositive, falschnegative) histologische Erstbefunde erhält" und erst „die endgültige Aufarbeitung des Präparates die Diagnose eines Hodentumors zulässt", dann ist eine Aufklärung darüber erforderlich, dass das Ergebnis des Schnellschnittverfahrens falsch sein kann. Dem Eingriff haftet schon seiner Art nach ein auch bei Anwendung allergrößter Sorgfalt und fehlerfreier Durchführung **nicht sicher zu vermeidendes Risiko** an (Typizität der Gefahr), nämlich die unter Umständen überflüssige Totalentfernung eines Hodens selbst bei gutartigem Tumor wie umgekehrt das mit dem Streurisiko verbundene Belassen eines Hodens selbst bei bösartigem Tumor. Dieses Risiko aus einem möglicherweise falschen Testergebnis wurde dem Kläger nicht vermittelt. Er erhielt die Information, dass bei der durchzuführenden Operation zunächst der Hoden angesehen werde, dann ein Schnellschnittverfahren angewandt und eine Biopsie gemacht werde und für den Fall, dass der Tumor gutartig sei, der Tumor herausgekratzt und falls er bösartig sein, der Hoden entfernt werde. Damit wurde dem Kläger die Sicherheit **suggeriert**, dass der Hoden nur dann entfernt wird, wenn der Tumor tatsächlich bösartig ist. Der Kläger hat seine Einwilligung zum geplanten Eingriff damit auf der Grundlage einer Information erteilt, die nicht dem typischen Risiko des Eingriffs entsprach.

Um Schwangeren eine sachgerechte Entscheidung über die Art der Abklärung bzw. Feststellung einer **Trisomie 21** (Down Syndrom) und einen allfälligen, gesetzlich zulässigen Schwangerschaftsabbruch zu ermöglichen, schuldet ein Arzt eine umfassende, neutrale Beratung über hierfür geeignete Untersuchungsmethoden samt Vor- und Nachteilen. Eine Beratung ist **tendenziös** und **suggestiv,** wenn ein Arzt trotz besonderer Ängste der Eltern, ein behindertes Kind zu bekommen, auf die Frage der Frau nach einer **Fruchtwasseruntersuchung** mit der Versicherung reagiert, dass alles in bester Ordnung sei, ohne sie zu informieren, dass bei den von ihm bisher durchgeführten Untersuchungen eine Unsicherheit von 25 Prozent verbleibt, und die Frau ohne Hinweis auf das Fehlgeburtsrisiko von 1 Prozent fragt, ob sie Gefahr laufen wolle, durch eine Fruchtwasseruntersuchung ein gesundes Kind zu verlieren (was diese verneinte).

Mangelnde Aufklärung durch (unterlassene) Diagnostik

Konkret zur Diagnostik ist anerkannt, dass der Arzt Diagnostik, Aufklärung und Beratung nach den aktuell anerkannten Regeln der ärztlichen Kunst schuldet. So kann beispielsweise eine Haftung entstehen, wenn eine **weitere Diagnostik** unterlassen wird, obwohl diese indiziert gewesen wäre. Zum Beispiel begründet ein heftiger, bisher nicht bekannter Kopfschmerz und/oder ein verzögert einsetzender Nackenschmerz begleitet von Übelkeit, Erbrechen und Bewusstseinsstörungen das **Leitsymptom** einer Subarachnoidalblutung und ist diagnostisch abzuklären. Folglich ist eine klinische Untersuchung mit der (Fehl-)Diagnose „Migräne" ohne zusätzliche bildgebende Diagnostik mit Computertomographie sowie allenfalls auch eine Lumbalpunktion nicht lege artis. [Anmerkung: Die Mutter der Klägerin verstarb an einer subarachnoidalen Blutung, ausgehend von einem Aneurysma der Arteria cerebri media dextra.]

Auch bei der Erstellung einer Diagnose ist daher entscheidend, wie ein verantwortlicher Arzt in der konkreten Situation vorgegangen wäre; weitergehende Untersuchungen können dort nicht verlangt werden, wo nach den Umständen des konkreten Falls keine Anhaltspunkte oder konkrete Verdachtsmomente für eine durch eine solche Untersuchung feststellbare Erkrankung oder Verletzung vorliegen. Wenn beispielsweise über den diagnostizierten **Knöchelbruch** hinaus keine Hinweise auf weitere Verletzungen vorliegen, gibt es für die behandelnden Ärzte keine Indikation in Richtung eines **Achillessehnenrisses** und damit für weitergehende Untersuchungen durch ein bildgebendes Verfahren.

Die **pränatale Diagnostik** dient nicht zuletzt der Ermittlung von **Entwicklungsstörungen** und **Fehlbildungen** des ungeborenen Kindes. Sie soll damit auch der Mutter (den Eltern) im Falle, dass dabei drohende schwerwiegende Behinderungen des Kindes erkannt werden, die sachgerechte Entscheidung über einen gesetzlich zulässigen Schwangerschaftsabbruch ermöglichen. Dass in einem solchen Fall die Entscheidung für einen Schwangerschaftsabbruch auch wegen der erheblichen finanziellen Aufwendungen für ein behindertes Kind erfolgen kann, ist

Ausnahmen

Bei medizinischen Behandlungen oder Eingriffen (z.B. **Mumps-, Masern- und Rötel-Impfung**), die zwar nicht im engsten Sinn des Worts dringlich sind, aber doch im Regelfall zu deutlichen gesundheitlichen Vorteilen (z.B. Impfschutz) gegenüber einer Unterlassung der Maßnahme führen, ist nicht auf jede nur denkbare nachteilige Konsequenz (z.B. **Erkrankungsrisiko** akute Immunthrombozytopenie Purpura von 0,000075 und 0,000135 Prozent bei 2. MMR-Impfung) hinzuweisen.

objektiv voraussehbar, weshalb auch die **finanziellen Interessen** der Mutter (der Eltern) noch vom Schutzzweck des ärztlichen Behandlungsvertrags umfasst sind.

Wird beim **Organscreening** im Rahmen pränataler Diagnostik ein Hinweis auf einen beginnenden Wasserkopf als Folge einer Meningomyelozele nicht entdeckt und unterbleibt eine Wiederbestellung der Schwangeren, obwohl diagnoserelevante Strukturen nicht einsehbar waren, dann liegt ein ärztlicher Kunstfehler vor. Hätten sich die Eltern bei fachgerechter Aufklärung über die zu erwartende schwere Behinderung des Kindes und einen deshalb gesetzlich zulässigen Schwangerschaftsabbruch zu Letzterem entschlossen, haftet der Arzt (der Rechtsträger) für den **gesamten Unterhaltsaufwand** für das behinderte Kind. In einem solchen Fall stünden sowohl die Ablehnung eines Schadenersatzanspruchs mit der Behauptung, es liege kein Schaden im Rechtssinn vor, als auch der bloße Zuspruch nur des behinderungsbedingten Unterhaltsmehraufwands mit den Grundsätzen des österreichischen Schadenersatzrechts nicht im Einklang.

Beispiel

Nach der Operation einer Patientin (Sigmaresektion) in **Lloyd-Davies-Lagerung** trat bei der Patientin ein **Kompartmentsyndrom** in beiden Beinen auf. Der OGH bejahte die Typizität und führte dazu aus, dass die Typizität nicht etwa deshalb ausgeschlossen wäre, weil diese Art der Lagerung auch bei anderen Operationen verwendet wird. Die Typizität ist auch nicht deshalb ausgeschlossen, weil die Komplikation an einem anderen Körperteil (Beine) auftrat als an jenem, an dem die Operation durchgeführt wurde (Bauch).

Beispiele: So entscheiden Gerichte

Klärt der Arzt über ein **anderes Risiko** als das eingetretene auf, so ist dies nicht ausreichend. Etwa wenn es nicht zu einem vom **Anästhesisten** erklärten Kompressionssyndrom gekommen ist, sondern zu einer mechanischen Irritation im Operationsgebiet. Über dieses Risiko ist der Patient aber nicht aufgeklärt worden.

Stellt eine Körperverletzung bei einer von Ärzten praktizierten Übung (**„Heimlich-Handgriff"** bei Notärzteausbildungsseminar) ein geradezu typisches Risiko dar, weil es sich bei ordnungsgemäß angewendeter Technik **nicht vermeiden** lässt, dann hat der Geschädigte keinen Schadenersatzanspruch.

Eine Nicht-Beiziehung eines **Neurologen** anlässlich einer aufgrund von massiven Beschwerden eines Patienten vorgenommenen vorzeitigen orthopädischen Kontrolluntersuchung ist einem behandelnden Arzt vorwerfbar, wenn bei einer **orthopädischen Operation** ein ernstzunehmendes Risiko (hier: zu 3,7 Prozent) besteht, dass aufgrund der Positionierung einer Schraube der **Ischias-Nerv** irritiert wird und bei Auftreten von Irritationen eine rasche Entfernung der Schraube notwendig ist, um irreversible Schäden zu verhindern.

Wird bei einem **Punktionsversuch** zwecks Anästhesie ein sehr kleiner Nerv verletzt und kommt es dadurch zur Ausbildung eines Kontinuitätsneuroms (Neurinoms), was eine **absolute Rarität** ist, reicht es für die Aufklärung des Patienten aus, wenn er im Zuge des Aufklärungsgesprächs über die Anästhesie zwar auf eine Reihe sonstiger Risiken der Anästhesie, allerdings nicht ausdrücklich auch die Möglichkeit der Schädigung von Nerven hingewiesen wurde, jedoch auf dem ihm im Zuge des Gesprächs übergebenen Informationsblatt ausdrücklich und sogar in Fettdruck auf die Möglichkeit auch dauerhafter Nervenverletzungen oder Schädigungen sowie chronischer Schmerzen hingewiesen wurde.

Eine Revisionsoperation ist **nicht zumutbar**, wenn eine **30%-ige** Wahrscheinlichkeit besteht, dass bei der geplanten Operation des Hüftgelenks neuerlich eine – potenziell lebensbedrohliche – **Infektion** mit einem multiresistenten Keim auftritt.

Über ein **Infektionsrisiko** von **3,5 bis 5 Prozent** ist eine Aufklärung erforderlich.

Die **Verletzung des Ellennervs**, der 5 bis 15 mm vom Knochen verläuft und während der Operation nicht zu sehen ist, weil er auf der anderen Seite des Operationszuganges liegt und das Vordringen des Bohrers um 5 bis 15 mm über den Knochen hinaus bei aller Sorgfalt nicht vermieden werden kann, stellt ein typisches **Operationsrisiko** dar, obwohl die statistische **Wahrscheinlichkeit** dieser Nevenverletzung bei gleich **Null** liegt.

Wusste der Patient über die beabsichtigte Intubation in Narkose Bescheid, äußerte er aber keine Einwände und bestand nicht auf einer **Wachintubation**, obwohl dem für ihn besonderen Narkoserisiko hätte begegnet werden können, wenn er auf den ihm bekannten Umstand hingewiesen hätte, dass aufgrund seiner Vorgeschichte eine Wachintubation erfolgen sollte, und beantwortete er die Frage nach Komplikationen bei früheren Narkosen mit **„nein"**, musste er nicht darüber aufgeklärt werden, dass keine Wachintubation erfolgt.

Unzureichend ist eine zahnärztliche Risikoaufklärung ohne Hinweis auf bei einer **Wurzelbehandlung** typische Risiken, wie z.B. über das Risiko eines Gewebeschadens bei Spülungen des Wurzelkanals samt daraus resultierender Lähmungserscheinungen im Gesicht, des möglichen Absterbens des Wangengewebes etc.

Der Patient ist über die **konservativen Behandlungsmöglichkeiten** aufzuklären, wenn primär diese Behandlung (Physiotherapie und Infiltrationen) üblich ist, und dabei die Möglichkeit bestand, dass er bereits ab der ersten Infiltration schmerzfrei hätte sein können, und das mit einer Infiltration bestehende **Risiko einer Nervenschädigung unter** dem allgemeinen **Operationsrisiko** lag.

Erfolgte die (indizierte) operative Versorgung eines **Schienbeinbruchs** lege artis, trat jedoch eine operationstypische (keinen Behandlungsfehler bildende) **Komplikation** insofern ein, als der vom Operateur gewählte **Marknagel** etwa 0,5 bis 1 cm oberhalb des Eintrittspunkts am knöchernen, körpernahen Ende des Schienbeins zu liegen kommt, haftet der Arzt nicht, wenn er den Beweis erbringen kann, dass sich der Patient auch hätte operieren lassen, wenn ihm ausdrücklich gesagt worden wäre, dass der eingebrachte Nagel überstehen und Schmerzen verursachen könne.

Kein Aufklärungsfehler ist es, wenn ein **Unfallchirurg** nicht darüber aufklärt, dass er keine Spezialisierung im Bereich der **Handchirurgie** hat.

Die Sorgfaltspflicht eines Arztes geht bei einer nicht dringenden Behandlung besonders weit: Die Aufklärung über mögliche **Allergien** bei **Kronen** auf Nichtedelmetallbasis etwa umfasst auch die Aufklärung über ein in der **Zahnmedizin** ebenfalls „durchaus bekanntes" – wenngleich noch selteneres – Risiko einer Allergie bei Kronen auf Edelmetallbasis samt Folgen einer „Goldallergie" und die Möglichkeit eines Allergietests.

Vor der nicht dringend notwendigen Extraktion eines bloß „entfernungswürdigen" **Weisheitszahns,** muss auch über das äußerst seltene Risiko einer Stammneuritis (Entzündung des Nervs der Unterkieferzahnfächer) aufgeklärt werden. Nur wenn Schäden in äußerst seltenen Fällen eintreten und anzunehmen ist, dass der Hinweis auf eine äußerst unwahrscheinliche Schädigung für den Entschluss des Patienten, in die Operation einzuwilligen, nicht ernsthaft ins Gewicht fällt, ist eine Aufklärung über solche möglichen schädlichen Folgen nicht erforderlich. Gleiches gilt, wenn etwa eine **Nierenverletzung** als Folge eines bestimmten operativen Eingriffs extrem selten ist und diese kein dieser Operation speziell anhaftendes Risiko darstellt – es handelt sich somit um keine typische Komplikation und der Patient muss daher auch nicht darüber aufgeklärt werden.

Aufklärungspflichten von Zahnärzten

Ein Oberarzt diagnostizierte beim Kläger am rechten Auge eine Choriorethinopathia Centralis Serosa (CCS). Diese war nach konservativer Behandlung bei der Kontrolle **abgeheilt** und die Sehkraft des Klägers betrug wieder 100 Prozent. Dennoch kann darin eine Verletzung der ärztlichen Aufklärungspflicht liegen. Dann nämlich, wenn es dem aktuell anerkannten Stand der medizinischen Wissenschaft entspricht, dass nach einer solchen abgeheilten Erkrankung eine Aufklärung des Patienten dahin, es sei bei jeder Art von Sehverschlechterung zur ehesten Klärung eines (neuerlichen) Behandlungsbedarfs eine (regelmäßige) Kontrolle erforderlich, geboten ist.

Je weniger dringend, umso mehr Aufklärung

Ist ein Eingriff zwar medizinisch empfohlen, aber nicht eilig, so ist grundsätzlich eine umfangreiche Aufklärung notwendig. Zur Erfüllung der ärztlichen Aufklärungspflicht genügt es nicht, im bürokratischen Weg (z.B. Merkblätter) eine Zustimmungserklärung zum operativen Eingriff einzuholen. Vielmehr kann das unmittelbare persönliche ärztliche Aufklärungsgespräch durch nichts ersetzt werden. Eine vom Kranken aufgrund

unrichtiger oder **unvollständiger Belehrung** durch den Arzt erteilte Einwilligung ist übrigens unwirksam.

Unwirksam ist eine Aufklärung, wenn der Arzt zwar über Vermittlung der Tochter der Patientin deren schriftliche **Zustimmungserklärung** für den operativen Eingriff (Vertebroplastie) einholt. Der von der Patientin zu diesem Zweck unterfertigte **Aufklärungsbogen** enthielt auch detaillierte Informationen, insbesondere einen Hinweis auf die „seltene" Komplikation des Eingriffs (unerwünschter Zementaustritt), die sich in der Folge verwirklicht hat. Dies konnte aber nach der Rechtsprechung des Obersten Gerichtshofs ein unmittelbares persönliches ärztliches Aufklärungsgespräch nicht ersetzen.

Richtig ist, dass bei Eingriffen, die nicht der Heilung oder der Rettung des Patienten, sondern „nur" der **Diagnose** dienen, strenge Anforderungen an das Ausmaß der Aufklärung zu stellen sind. Der Aufklärungsumfang richtet sich also nach **Dringlichkeit** bzw. **Lebensnotwendigkeit** des Eingriffs. Die sichere Diagnose vor einem vermuteten dringlichen Eingriff ist nicht weniger dringlich als der Eingriff selbst. Der konkrete Umfang der Aufklärungspflicht ist – gleichgültig ob Diagnose oder Operation – stets abhängig von den Umständen des Einzelfalls.

Folgekomplikationen: Grenzen der Aufklärungspflicht

Laut Obersten Gerichtshof ist eine Ausweitung der Risikoaufklärung auf typische Risiken eines dringend erforderlichen (nachträglichen) Sanierungseingriffs bei Verwirklichung einer der Operation typischerweise anhaftenden Komplikation abzulehnen. Grundsätzlich besteht auch keine Informationspflicht über jene Komplikationen, die Folgen einer aufklärungsbedürftigen Komplikation sein können. Die Pflicht zur Aufklärung über eine allenfalls notwendige Folgebehandlung im Fall eines typischen Operationsrisikos (Wundinfektion) wurde auch verneint.

Besonders strenge Anforderungen an die Aufklärung werden wie bereits erwähnt bei medizinisch nicht zwingend notwendigen Eingriffen (z.B. **Augenoperation** mittels Laser zur Korrektur der Weitsichtigkeit) gestellt. Die Information, dass dieser Eingriff (z.B. LASIK-Methode) nach dem maßgeblichen Meinungsstand nur bis zu einem Höchstwert von +4 Dioptrien der Weitsichtigkeit sinnvoll ist, kann entscheidend sein. Dann nämlich, wenn ansonsten die Komplikationsraten zu hoch sind und der Patient z.B. eine Weitsichtigkeit von über +6 Dioptrien hat. In diesem Fall ist diese Information eine wesentliche Grundlage für die Entscheidung, ob der Patient weiterhin mit Brille oder Kontaktlinsen leben möchte oder sich auf eine Operation mit dem Risiko der Verschlechterung der Sehkraft einlässt.

Ohne Aufklärung immer Haftung

Bei Fehlen eines Aufklärungsgespräches tritt (daher) eine **umfassende Haftung** für die negativen Behandlungsfolgen ein – auch wenn im Nachhinein weiter Zweifel bestehen, ob über das besonders seltene Risiko, das sich im konkreten Fall verwirklicht hatte, überhaupt Aufklärung erforderlich gewesen wäre.

Selbst auf die Möglichkeit äußerst **seltener Zwischenfälle** ist dann im Aufklärungsgespräch hinzuweisen, auch auf das allgemeine mit dem Eingriff verbundene Risiko. Es kommt nicht darauf an, wie häufig die möglichen Komplikationen auftreten, sondern darauf, wie schwer sie sind. Denn das ist für den Patienten ein wesentliches Entscheidungskriterium.

Nur bei einer dringenden Operation, die für den Patienten vitale Bedeutung hat, ist die Aufklärungspflicht des Arztes nicht zu überspannen. So darf der Arzt etwa von einer **„mutmaßlichen Einwilligung"** ausgehen, wenn er die Zustimmung des Patienten nicht ohne Gefahr für dessen Leben oder das Risiko einer schweren Gesundheitsbeeinträchtigung rechtzeitig einholen kann (z.B. bewusstloser, schwer verletzter Patient).

Hypothetischer Patientenwille bei Bewusstlosen

Ergibt sich beispielsweise im Verlauf einer Operation am voll narkotisierten Patienten eine nicht vorhersehbare Änderung der Operation, kann der Eingriff ausnahmsweise auf der Grundlage einer mutmaßlichen Einwilligung des Patienten durchgeführt werden, die darauf beruht, wie sich ein Patient bei objektiver Bewertung der Situation entschieden hätte. Die freie Selbstbestimmung des Patienten wiegt umso schwerer, je größer die zusätzlichen Risiken des eigenmächtig erweiterten Eingriffs und je gravierender die Auswirkungen auf den Patienten sind. Der Arzt hat zwischen Selbstbestimmung und Dringlichkeit der Eingriffsindikation sowie Bedeutung der Folgen einer Unterlassung des weiteren Eingriffs einschließlich der Zumutbarkeit einer Unterbrechung der Anästhesie abzuwägen. Im Zweifel wiegt das Selbstbestimmungsrecht des Patienten höher: Bringen sowohl Abbruch als auch Fortsetzung der Operation Gefahren mit sich, die gleich schwer wiegen, muss die Einwilligung **nachgeholt** werden. Gleiches gilt, wenn zur Operationserweiterung alternativ die Möglichkeit besteht, den Therapieerfolg auf andere Weise zu erreichen.

Ausnahmen von der Aufklärungspflicht

Eine Aufklärung kann unterbleiben, wenn der Arzt aufgrund der Vorgeschichte und der beruflichen Ausbildung des Patienten annehmen darf, dass dieser bereits über die nötigen Kenntnisse betreffend sein Leiden, die Behandlungsmöglichkeiten und deren Folgen verfügt. Wesentlich ist, dass der Patient diese Kenntnisse wirklich besitzt. Der Behandler ist verpflichtet, sich im Gespräch mit dem Patienten ein Bild über dessen konkrete Aufklärungsbedürfnisse zu verschaffen. Eine Verletzung seiner diesbezüglichen Kontroll- oder Erkundigungspflicht macht den Arzt aber nur bei einem faktischen **Informationsdefizit** des Patienten und bei Verwirklichung des eingetretenen, aufklärungsbedürftigen Risikos haftbar.

Die ärztliche Aufklärung hat so **rechtzeitig** zu erfolgen, dass dem Patienten eine angemessene **Überlegungsfrist** bleibt, deren Dauer von den Umständen des Einzelfalls abhängt. Wird ein Patient einen Monat vor der Operation über die Therapiemöglichkeiten bei Hüftgelenksbeschwerden aufgeklärt, entscheidet sich dieser zwei Tage später für die Operation und erfolgt am Vortag der Operation eine mündliche Aufklärung, unterstützt durch einen ausgehändigten Aufklärungsbogen, wo unter anderem auch auf sehr seltene Nervenverletzungen hingewiesen wird, so ist die dem Patienten zugestandene Zeit zwischen Aufklärung und Operation als ausreichend anzusehen, zumal er die Möglichkeit hat, „eine Nacht darüber zu schlafen".

Rechtzeitige Aufklärung/ Überlegungsfrist

Ebenso ausreichend ist das ausführliche Aufklärungsgespräch **einen Tag** vor einer **Schönheitsoperation**. Es stand nämlich fest, dass die Klägerin auch dann in die Operation wie sie tatsächlich lege artis durchgeführt wurde eingewilligt hätte, wenn sie früher (und/oder umfangreicher) als tatsächlich geschehen aufgeklärt worden wäre. Damit gelang den Beklagten der Einwand des rechtmäßigen Alternativverhaltens.

Wie sehr auch die Dauer einer dem Patienten nach Aufklärung durch den Arzt einzuräumenden Überlegungsfrist von den Umständen des Einzelfalls abhängt, zeigen die beiden folgenden Fälle:

Einerseits wurde die einem Kläger bis zur Operation eingeräumte Überlegungsfrist angesichts der am **Vortag** erfolgten Aufklärung und der Schwere des Eingriffs (einer **radikalen Prostataektomie**) als ausreichend angesehen. Auch wenn der Kläger sich nicht wegen der Krebsdiagnose ins Krankenhaus begeben hat und erst um 16:00 Uhr über die am nächsten Morgen geplante Operation aufgeklärt worden ist. Denn der Kläger wurde nach seiner stationären Aufnahme mehrfach intensiv fachlich und objektiv in jede Richtung beraten, und ihm wurde für den Fall, dass er den eigentlich zur Vornahme eines anderen Eingriffs geplanten Termin nicht für die wegen des kurz davor befundeten Karzinoms erforderliche Operation nutzen wollte, ein **Ersatztermin** rund einen Monat später angeboten.

Andererseits wurde unter Hinweis auf die mangelnde Dringlichkeit der Operation und die Schwere des Eingriffs entschieden, dass bei einer Aufklärung am Nachmittag des **Vortags** der Operation dem dortigen Patienten keine ausreichende Überlegungsfrist verblieb. Es handelte sich aber um einen Eingriff an der **Hüfte**, der mit einer Prostataoperation nicht gleichgesetzt werden kann, bei deren Unterbleiben einige Jahre später der **Tod** eingetreten wäre.

Ist ein Patient bei einer unabdingbaren **OP-Vorbereitung** nicht anwesend (z.B. für fünf Stunden am Aufnahmetag, wobei die OP für den nächsten Tag geplant ist) und für das Krankenhauspersonal trotz intensiver Versuche nicht erreichbar, kann dem Krankenhausträger nicht vorgeworfen werden, wenn die OP ohne vorhergehende Visite, ohne ausführliche Aufklärung und ohne erforderliche Anzeichnung des OP-Bereichs vorgenommen wird. Der im abgeschlossenen Behandlungsvertrag enthaltene Hinweis, dass die Pflicht besteht, den Patienten über die möglichen Gefahren und schädlichen Folgen der Behandlung zu unterrichten, reicht aus.

Wird ein auf die Operation „intern vorbereiteter", wenn auch noch nicht sedierter Patient **zwei Stunden vor dem Eingriff erstmals** über die konkrete Operationsmethode im Vergleich zu alternativen Behandlungsmethoden sowie über bestimmte Risiken des weder als extrem dringlich noch als „minimal invasiv" zu wertenden Eingriffs aufgeklärt, so ist dies als **zu spät** einzustufen.

Der Zeitpunkt eines ersten Informationsgesprächs ca. **7 Monate** vor der Operation steht einer wirksamen Aufklärung nicht entgegen, wenn noch vor der Operation im Krankenhaus eine **neuerliche** Aufklärung – wenn auch nicht durch den Operateur selbst – erfolgt, die die Grundlagen für die Einwilligung „auffrischt". Gerade bei nicht dringlichen Eingriffen muss die Aufklärung grundsätzlich ja so **zeitgerecht** erfolgen, dass der Patient seine Entscheidung in Ruhe und ohne Druck treffen kann. Immer muss eine adäquate Überlegungsfrist eingeräumt werden, damit er die für und die gegen eine Operation sprechenden Argumente ausreichend abwägen und sich gegebenenfalls mit Angehörigen beraten oder einen Vertrauensarzt konsultieren kann. Die (erste) Aufklärung des Patienten ist also grundsätzlich dann vorzunehmen, wenn der Arzt zum operativen Eingriff rät und einen festen Operationstermin vereinbart.

Aufklärung muss zeitnah zur Operation erfolgen

Bei nicht unmittelbar medizinisch indizierten „Wahleingriffen" (z.B. **Eileiterunterbindung**) hat die ärztliche Aufklärung so frühzeitig zu erfolgen, dass dem Patienten eine angemessene Überlegungsfrist bleibt, um das Für und Wider der Operation abzuwägen und sich mit den Angehörigen zu besprechen. Dies gilt umso mehr bei schwerwiegenden Eingriffen. Erhält etwa die Patientin vier Wochen vor dem oben als Beispiel erwähnten Eingriff die Information, dass dieser zu einer nicht leicht oder gar nicht mehr behebbaren **Sterilität** führt, und beharrt sie in der Folge im Rahmen des Aufklärungsgesprächs unmittelbar vor der Operation – trotz ausdrücklichen nochmaligen Hinweises – auf ihrem Wunsch, die Operation gemeinsam mit einem **Kaiserschnitt** durchzuführen, so besteht noch keine Verletzung der Aufklärungspflicht.

Kriterien der Grundaufklärung

Insbesondere ein **ängstlicher Patient** soll nicht durch die Aufklärung über selten verwirklichte Operationsrisiken beunruhigt und dazu veranlasst werden, eine dringliche Operation nicht vornehmen zu lassen. Doch auch für ängstliche, aber keineswegs der Vernunft beraubte Personen gilt bei nicht dringlichen Operationen, dass sie selbst die Abwägung vornehmen sollen, ob sie trotz des statistisch unwahrscheinlichen Risikos nachteiliger Folgen die geplante Operation vornehmen lassen oder aber mit den bisherigen Beschwerden weiterleben möchten.

Ängstliche Patienten sollten nicht unnötig beunruhigt werden

Ist der Eingriff nicht dringlich, muss der Patient auch auf allenfalls bestehende **alternative Behandlungsmethoden** hingewiesen werden. Dabei sind Vorteile und Nachteile, verschiedene Risiken, eine unterschiedliche Intensität des Eingriffes, differierende Folgen, Schmerzbelastungen und Erfolgsaussichten vom Arzt gegeneinander abzuwägen. Im „Großen und Ganzen" gilt als gebotene Grundaufklärung:

- Je leichter die Krankheit, aber je schwerwiegender die Behandlungsfolgen bzw. je unsicherer der Erfolg, umso eingehender müssen Sie informiert werden.
- Je dringlicher jedoch die Behandlung in akuten Fällen, umso knapper kann die Aufklärung gehalten werden.
- Je häufiger unerwünschte Folgen auftreten oder je gefährlicher sie selbst bei seltenem Auftreten sind, umso ausführlicher müssen Sie darüber unterrichtet werden.
- Routinemäßige, nach dem Stand der Wissenschaft risikolose Behandlungen erfordern kaum Aufklärung. Auf die typischen Risiken einer Behandlung, mögen sie auch noch so selten sein, ist auf alle Fälle hinzuweisen.
- Besonders vor Operationen verteilen Ärzte gerne Merkblätter mit Hinweisen auf mögliche Komplikationen. Diese ersetzen keinesfalls ein persönliches und ausführliches Gespräch mit Ihrem Arzt.

Wie definiert sich eine alternative Behandlungsmethode?

Nur über die üblichen Alternativen ist aufzuklären

Von einer aufklärungspflichtigen „Alternative" kann nur dann gesprochen werden, wenn diese im Großen und Ganzen gleichwertig ist und es sich daher um „mehrere zur Wahl stehende diagnostisch oder therapeutisch adäquate Verfahren" handelt. Der Arzt ist hingegen nicht verpflichtet, dem Patienten stets alle theoretisch in Betracht kommenden Behandlungsmöglichkeiten darzulegen, z.B. wenn diese nur **geringe Erfolgsaussichten** haben (Blutegel) oder im konkreten Fall gar **nicht indiziert** sind (Kaiserschnittentbindung).

Der OGH verneint eine Aufklärungspflicht über **veraltete,** nicht mehr den anerkannten Regeln der medizinischen Wissenschaft entsprechende Methoden. Ebenso wenig gibt es ein Recht auf die Anwendung einer vom Patienten in Erfahrung gebrachten alternativen Behandlungsmethode, die von den behandelnden Ärzten als nicht zielführend erachtet wird. Ist jedoch eine Operationsmethode keine voll ausgereifte und nicht durch **Langzeitbeobachtungen** überprüfte und damit **abgesicherte** Methode, so ist darüber aufzuklären.

Bestehen für einen konkreten Behandlungsfall **mehrere** medizinisch gleichermaßen indizierte und übliche Behandlungsmethoden, die **gleichwertig** sind, aber **unterschiedliche Risiken** und Erfolgschancen haben, ist eine Aufklärung über Behandlungsalternativen erforderlich. Entspricht eine Behandlungsmethode (z.B. Verwendung einer **Iris-Print-Kontaktlinse**) zum Beratungszeitpunkt nicht mehr den anerkannten Regeln der ärztlichen Kunst, sondern gelangt diese nur mehr als Außenseitermethode zur Anwendung, ist diese Behandlungsalternative zur angewandten Methode (z.B. operatives Einsetzen einer **Implantat-Linse**) nicht gleichwertig, sodass diesbezüglich auch keine Aufklärungspflicht vorliegt.

Die Konkretisierung und Bestimmung der Behandlungsmöglichkeiten erfolgt im Rahmen eines mit einem **Krankenhausträger** abgeschlossenen (Krankenhausaufnahme- und) Behandlungsvertrags durch die aktuell beratenden und behandelnden Spitalsärzte. Die Spezialisten eines bestimmten Gebiets können nach ihrem Wissen und ihrer Erfahrung die Durchführung einer bestimmten Behandlungsmethode als nicht erfolgversprechend ablehnen. Liegt darin innerhalb des Rahmens des medizinischen Kalküls keine Verkennung der Sachlage, ergibt sich daraus keine weitere Pflicht des Krankenhausträgers. Insbesondere muss dieser nicht entgegen dieser Expertise so lange weitere – gegebenenfalls externe – Ärzte hinzuzuziehen, bis die Durchführung einer vom Patienten in Erfahrung gebrachten alternativen Behandlungsmethode befürwortet wird. Die Pflicht des Krankenhausträgers geht nicht so weit, dass er eine vom Patienten gewünschte Behandlungsmethode auch entgegen der im Rahmen des medizinischen Kalküls liegenden hauseigenen ärztlichen Einschätzung anzuwenden hätte.

Keinen Erfolg versprechende Behandlungsmethoden kann der Arzt ablehnen

Selbstverständlich gibt es aber auch Fragen, auf welche der Arzt mitunter nicht sofort eine oder gar **keine Antwort** geben kann. Das kann etwa sein, wenn er Untersuchungsergebnisse oder die Wirkung eines Medikaments abwarten muss. Letztlich gibt es nicht auf alle medizinischen Fragen eine Antwort, die der Arzt verantworten kann. In solchen Fällen spricht es nur für seine Aufrichtigkeit und Gewissenhaftigkeit, wenn er sagt, dass er eine Frage nicht zu beantworten vermag. Jeder Arzt ist dazu verpflichtet, seinen Patienten reinen Wein einzuschenken – sprich: sie nach bestem Wissen und Gewissen zu beraten und zu behandeln.

Wen trifft die Pflicht, aufzuklären?

Aufklärung durch Krankenschwester statt Arzt unzulässig

Jener Arzt, der die konkrete Behandlung eigenverantwortlich durchführt, ist aufklärungspflichtig. Die gesetzliche Aufklärungspflicht gilt (vornehmlich) als ärztliche Aufgabe. Die Delegierung an nichtärztliches medizinisches Personal (Krankenschwester) wird grundsätzlich abgelehnt; die Delegierung an ärztliches Personal ist aber möglich. Ärzte dürfen sich nicht auf „medizinische Grundkenntnisse der Bevölkerung" stützen.

Wirken **mehrere Ärzte** im Rahmen der Untersuchung bzw. Behandlung eigenverantwortlich mit, so schuldet nicht jeder Arzt eine umfassende Aufklärung über die gesamten Risiken, sondern ihn trifft lediglich die Verpflichtung, über die mit seiner Behandlung verbundenen Risiken aufzuklären; das heißt, es erfolgt eine **stufenweise** Aufklärung durch die jeweiligen Spezialisten.

Bei mangelnder Aufklärung haftet der Arzt

Ist der Arzt seiner Aufklärungspflicht nicht genügend nachgekommen und hat sich beim Patienten ein Risiko verwirklicht, über das er hätte aufgeklärt werden müssen, wird der Arzt dafür haftbar, ohne dass es dazu noch des Nachweises des Vorliegens eines Behandlungsfehlers und von dessen Kausalität für die beim Patienten eingetretenen Körperschäden bedürfte.

Für den Fall der Verletzung der Aufklärungspflicht trifft den Arzt bzw. den für das Fehlverhalten seiner Ärzte haftenden Krankenanstaltsträger die **Beweislast** dafür, ob der Patient, die Eltern eines minderjährigen Patienten oder das Pflegschaftsgericht auch bei ausreichender Aufklärung die Zustimmung zur Operation erteilt hätten.

Um die Rechtswidrigkeit eines Eingriffes zu widerlegen, hat der Arzt sein Verhalten zu rechtfertigen. Rechtfertigen heißt, er muss beweisen, dass sein Verhalten rechtmäßig war. Wenn der Mediziner gegen die Auf-

Keine Frage der Komplikationsdichte

Der Oberste Gerichtshof hat etwa die Verletzung der ärztlichen Aufklärungspflicht bei einer nicht zwingend notwendigen Operation über ein dreiprozentiges Risiko von **Lähmungserscheinungen** bejaht. Auch über ein Infektionsrisiko von 3,5 bis 5 Prozent ist eine Aufklärung erforderlich. Aber: Grundsätzlich entscheidet über die Aufklärungsbedürftigkeit weniger der Grad der Komplikationsdichte. Entscheidend ist vielmehr die Frage, ob diese seltene Möglichkeit für den **Willensentschluss** des Patienten ernsthaft ins Gewicht fällt.

klärungspflicht verstoßen hat, wird es für ihn schwierig. Schließlich ist im Nachhinein ungewiss, ob bzw. wie der Patient reagiert hätte, wäre er entsprechend aufgeklärt worden. Dieser heiklen Situation kann der Arzt entgehen, wenn er nachweist, dass die Verletzung der Aufklärungspflicht mit dem eingetretenen Schaden nichts zu tun hat. Mit anderen Worten: Der Arzt haftet dann nicht, wenn ihm der Nachweis gelingt, dass der Schaden sowieso – das heißt mit und ohne Aufklärung – eingetreten wäre. Dieser Beweis obliegt aber dem Arzt.

Aufklärung auch bei Arztwahl

Um Aufklärung geht es auch bei der Auswahl des Arztes. Wenn Sie erklären, Sie wollen sich nur von einem bestimmten Arzt operieren lassen, darf ein anderer Arzt ohne Ihre ausdrückliche Einwilligung **den Eingriff nicht vornehmen.** Wird Ihrem Wunsch nicht entsprochen und geht bei der Operation etwas schief, so muss der Krankenhausträger beweisen, dass der Schaden auch bei einer Operation durch den von Ihnen gewünschten Operateur eingetreten wäre.

Können Sie sich als Patient den Operateur nicht aussuchen, so müssen Sie auch nicht über die Person des Arztes aufgeklärt werden.

Einwilligung des Patienten

Ärztliche Eingriffe – egal ob simple Blutabnahme oder weitreichende Operation – dürfen nur mit **Zustimmung** des Patienten vorgenommen

Beispiele

Vom Patienten geäußerte „Präferenz" für die Verwendung biologischer Herzklappen spricht nicht gegen den Abschluss des Behandlungsvertrags und die Zustimmung zur Operation mit metallischen Herzklappen.
Das Unterbleiben der Aufklärung über den Umstand, dass der Oberarzt die Operation nicht persönlich durchführe, sondern bloß überwache, bewirkt die Unwirksamkeit der Einwilligung des Klägers in die Operation und begründet damit die Haftung für nachteilige Folgen.

werden. Unter besonderen Umständen sind aber Ausnahmen von diesem Grundsatz anzuerkennen. Im Falle eines ohne Zustimmung vorgenommenen Eingriffes haftet der Arzt auch für den zufällig bei sachgemäß vorgenommenem Eingriff eingetretenen Schaden. Außer die Behandlung ist, wie bereits erwähnt, so dringend notwendig, dass der mit der Einholung der Zustimmung verbundene Aufschub das Leben des Patienten gefährden würde oder mit der Gefahr einer schweren Schädigung seiner Gesundheit verbunden wäre.

Ausnahmen von der Einwilligung durch den Patienten

Es gibt auch die Möglichkeit, dass die Einwilligung einer Person, die infolge einer **psychischen Krankheit** oder geistigen Behinderung nicht in der Lage ist, die Notwendigkeit der Vornahme einer Operation und die Bedeutung ihrer Verweigerung frei zu beurteilen, durch die Bestellung eines (einstweiligen) **Erwachsenenvertreters** substituiert werden kann.

Einen Sonderfall stellt die **Operationsausdehnung** dar. Ob über den vereinbarten Eingriff hinaus eine weitere oder überhaupt eine andere chirurgische Maßnahme zulässig ist, hängt vom Einzelfall ab. Maßgebend sind hier die Dringlichkeit des Eingriffes und die Risiken einer Operationsunterbrechung. Ist ein sofortiger Eingriff erforderlich, um die Gefahr einer schweren Schädigung der Gesundheit zu bannen, darf der Arzt von einer mutmaßlichen Zustimmung des Patienten zur Operationsausdehnung ausgehen. Andernfalls muss der Arzt die Operation unterbrechen, um erneut die Zustimmung des Patienten einzuholen. Dies freilich nur dann, wenn die Unterbrechung selbst nicht weitere gefährlichere Komplikationen hervorrufen könnte.

Mutmaßliche Einwilligung bei Operationserweiterung

Hätte ein Patient der durchgeführten Erweiterung (z.B. **Knorpelglättung**) einer Operation (z.B. Sanierung des **Meniskus**) jedenfalls zugestimmt (weil er die alternativen Behandlungsmethoden ablehnte), so darf der Arzt die Operation auf der Grundlage einer mutmaßlichen Einwilligung fortsetzen. Bei einem Patienten sind zwei **Unterleibsoperationen** – eine davon nicht dringend – indiziert. Er wollte diese wegen postoperativer Probleme bei vorangegangenen Operationen gemeinsam durchgeführt haben. Dies war aber nicht möglich, sodass nur der dringlichere der Eingriffe ins Auge gefasst wurde. In diesen hat er eingewilligt. Der Operateur kann in einem solchen Fall von der mutmaßlichen Einwilligung in den zweiten Eingriff ausgehen, wenn sich während der Operation überraschend zeigt, dass der vorgesehene Eingriff nicht notwendig ist.

Einwilligung der Eltern bei Kindern

Das Gesetz schreibt die Einholung einer von Willensmängeln **freien** Zustimmung des Patienten bzw. seines gesetzlichen Vertreters für jeden der Heilbehandlung dienenden operativen Eingriff vor. Umso mehr bedarf es der Zustimmung der gesetzlichen Vertreter, wenn an einem **Kleinkind** außergewöhnliche, nicht der Heilbehandlung, sondern der Gewinnung wissenschaftlicher Erkenntnisse zur allfälligen Verbesserung der Behandlungsmethoden dienende Untersuchungen und Eingriffe vorgenommen werden sollen.

Jugendliche zwischen 14 und 18 Jahren dürfen nur dann alleine entscheiden, wenn es sich um eine „leichte" Behandlung handelt. Darunter ist eine Maßnahme mit einer folgenden **Gesundheitsbeeinträchti-**

Zustimmung der Eltern

Ein 16 Jahre alter Patient ist nach der Rechtsprechung schon in einem urteilsfähigen Alter und kann sein Recht auf Erteilung der Einwilligung zur an ihm vorgesehenen Operation unter Umständen schon selbst ausüben. Bei einem schweren Eingriff (etwa Operation am Herz) müssen aber auch die sorgeberechtigten Eltern zustimmen.

Beispiel

Die im Operationszeitpunkt 16-jährige Klägerin wurde im Krankenhaus der Beklagten wegen einer akuten, dringlich zu operierenden Appendizitis operiert. Die Akutindikation zur Operation wurde zeitnah nach Diagnosesicherung gestellt. Die Behandlung und die postoperative Betreuung erfolgten lege artis. Die Antibiotikaprophylaxe war ausreichend. Die Klägerin war im Aufklärungsgespräch informiert worden, dass der Eingriff laparoskopisch, und wenn dies nicht möglich sei, mit einem größeren Schnitt durchgeführt werde. Darüber wurde auch ihre Mutter informiert, die in der Folge den Aufklärungsbogen unterschrieb. Eine Aufklärung über mögliche Nebenwirkungen erfolgte nicht, insbesondere auch nicht über einen möglichen späteren Schlingenabszess, der nach der Entlassung der Klägerin auftrat und in einem anderen Krankenhaus behandelt wurde. Wäre die Klägerin vollständig aufgeklärt worden, hätte sie sich mit ihrer Mutter besprochen. Wäre die Mutter darüber aufgeklärt worden, dass sich ein Schlingenabszess bilden kann, hätte sie dennoch in die Operation eingewilligt. Daraus ist zwar noch nicht auf das Einverständnis der Klägerin selbst zu schließen. Dies schadet aber nicht, weil ein **Notfall** vorlag und eine umfangreiche Aufklärung über einen möglichen Schlingenabszess entbehrlich war.

gung von weniger als 24 Tagen zu verstehen; also etwa eine risikoarme Mandeloperation. Vor einer „schweren" Behandlung (wenn also eine Gesundheitsbeeinträchtigung von mehr als 24 Tagen zu erwarten ist) ist zusätzlich die Zustimmung der Eltern oder Erziehungsberechtigten einzuholen.

Auch Jugendliche unter 14 Jahren dürfen bei „leichten" Behandlungen alleine entscheiden. Dies aber nur dann, wenn der Jugendliche die Bedeutung der medizinischen Behandlung und die Situation, vor der er steht, einschätzen kann. Die Beurteilung der Entscheidungsfähigkeit des Jugendlichen obliegt dem betreuenden Arzt und nicht den Eltern. Bei einer **Schutzimpfung** gilt Folgendes:

- Für den Bereich in Österreich empfohlener Schutzimpfungen betreffend unmündige Minderjährige ist mangels deren Einsichts- und Urteilsfähigkeit die Zustimmung zu einer Behand-

Streitfall Tattoos

Das Entfernen von **Tätowierungen** ist ein medizinischer Eingriff. Er darf nicht durchgeführt werden, wenn z.B. ein Sechzehnjähriger seine Tätowierungen behalten will, während seine Eltern sie an einer Hautklinik entfernen lassen wollen.
Bei einer Tätowierung handelt es sich um einen Eingriff in die körperliche Integrität einer Person, die ohne vorausgegangene ausreichende Erklärung der Person rechtswidrig ist und zu Schadenersatz berechtigt. Der Tätowierer ist verpflichtet, die zu tätowierende Person zu allergischen und entzündlichen Hautreaktionen aufzuklären.
Ein Tätowierer haftet als Sachverständiger für die typischen Fähigkeiten seines Berufsstands. Er muss in der Lage sein, im Einklang mit den für ihn maßgeblichen Bestimmungen über ein typisches (gesundheitliches) Risiko aufzuklären.

lung einzig und allein von den Eltern des Kindes erforderlich. Die Zustimmung/Weigerung des einsichts- und urteilsunfähigen Kindes zur Behandlung hat keine rechtliche Relevanz und ist für die Vornahme bzw. Unterlassung der jeweiligen medizinischen Maßnahme daher unbeachtlich.

Sonderfall Schutzimpfung

- Soweit der Fall vorläge, dass der gesetzliche Vertreter in Angelegenheiten der Pflege und Erziehung z.B. die Durchführung diverser Impfungen (die im Mutter-Kind-Pass vorgeschrieben sind) überzeugungsbedingt ablehnt, bestünde vonseiten des Arztes allerdings die Möglichkeit, das Pflegschaftsgericht anzurufen, sofern der Arzt der Meinung ist, dass die Vornahme der Behandlung oder Maßnahme im konkreten Fall notwendig ist.
- Einsichts- und urteilsfähige Personen – also in der Regel über 14-Jährige – können die Zustimmung bzw. Verweigerung zur Vornahme einer Schutzimpfung nur selbst erteilen. Die Weigerung der Eltern bzw. des gesetzlichen Vertreters in Angelegenheiten der Pflege und Erziehung ist damit unbeachtlich, soweit eine rechtlich wirksame Einwilligung des einsichts- und urteilsfähigen Kindes vorliegt. Ohne das Selbstbestimmungsrecht des

Minderjährigen beschränken zu wollen, könnte aber eine Information (dass der Minderjährige z.B. ohne Wissen der Eltern Impfungen hat durchführen lassen) an die Eltern sinnvoll sein.

- In **Akutfällen** kann manchmal wegen der Dringlichkeit der medizinischen Maßnahme nicht auf eine Zustimmung des gesetzlichen Vertreters gewartet werden. In solchen Fällen sind die notwendigen medizinischen Maßnahmen (zum Wohl des Kindes) ohne Zustimmung des gesetzlichen Vertreters durchzuführen. Eine Information und Verständigung der Eltern ist selbstverständlich unverzüglich vorzunehmen.

Elektronische Gesundheitsakte

Die elektronische Gesundheitsakte ELGA ist ein Informationssystem, das allen Gesundheitsdiensteanbietern (z.B. Spitälern, Ärzten) sowie den Bürgern den orts- und zeitunabhängigen Zugang zu Gesundheitsdaten ermöglicht. Die Idee hinter ELGA ist, im Fall einer medizinischen Behandlung – und nur in diesem Zusammenhang – den behandelnden Gesundheitseinrichtungen die notwendigen Vorinformationen bereitzustellen und diesen Zugriff auch den Patienten selbst zu ermöglichen. Durch ELGA erhält der behandelnde Gesundheitsdiensteanbieter **Vorbefunde, Entlassungsberichte** und die **aktuelle Medikation** seiner Patienten als unterstützende Entscheidungsgrundlage für die weitere Diagnostik und Therapie. Auf sonstige Aufzeichnungen oder Dokumentationen in der Ordinations- oder Spitalssoftware oder sonstige Daten, die nicht Inhalt eines Befundes sind, ist kein Zugriff möglich (Adresse siehe ► Seite 274).

Wie funktioniert ELGA?

Wenn sich ein Patient zu einer Behandlung oder Betreuung bei einer berechtigten Gesundheitseinrichtung (z.B. mittels e-card) anmeldet und der Verwendung von ELGA nicht widersprochen hat (wird unabhängig von der Feststellung des Versicherungsanspruchs geprüft), dann werden entsprechend den Zugriffsregelungen die mittels ELGA abrufbaren Gesundheitsdaten verfügbar. Das ELGA-Bürger-Portal (Zugangsportal), die Widerspruchsstellen und die Ombudsstelle wurden bis 31.12.2013 eingerichtet. Seit 2015 arbeiten Gesundheitsdiensteanbieter – beginnend mit den öffentlichen Krankenanstalten – verpflichtend mit ELGA. Seit 2020 wird eine neue Generation von e-cards ausgegeben, die auch mit einem Foto des Versicherten ausgestattet ist. Widersprüche gegen die Teilnahme an ELGA (generelles **Opt-out**) sind bei Widerspruchstellen schriftlich oder elektronisch auszusprechen. Sie haben auch die Möglichkeit, unerwünschte Dokumente (z.B. Befunde) einzeln **auszublenden.** Damit werden sie für die Gesundheitsdiensteanbieter unsichtbar.

Anmeldung bei ELGA via e-card

Wie lange haben Berechtigte Zugriff auf meine Daten?

Ärzte, Krankenanstalten und Pflegeeinrichtungen haben 90 Tage Zugriff auf die Daten, danach erlischt die Zugriffsberechtigung und wird erst bei erneutem Nachweis des Behandlungsverhältnisses, z.B. durch Stecken der e-card beim Arzt im Zuge eines erneuten Arztbesuches, wieder aktiv. Der Zeitraum von 90 Tagen ist für den Abruf weiterer Informationen zum konkreten Behandlungsfall gedacht, z.B. wenn nach einem Krankenhausaufenthalt noch Befunde ausständig sind. Apotheken werden nur zwei Stunden auf die Medikationsdaten Zugriff haben. Bürger können jedoch für Gesundheitsdiensteanbieter ihres Vertrauens und mit deren Zustimmung die genannten Zugriffsfristen auf bis zu ein Jahr verlängern. Einträge, die älter als 18 Monate sind, werden automatisch aus der e-Medikationsliste gelöscht.

ELGA und Datenschutz

Schutz der ELGA-Gesundheitsdaten

Da ELGA ein elektronisches organisationsübergreifendes System zum Erhalt von Gesundheitsdaten ist, kommt der Wahrung des Datenschutzes zentrale Bedeutung zu. Für ELGA gilt das Datenschutzgesetz. Nur wer ein „berechtigter" Gesundheitsdiensteanbieter ist, darf auf ELGA-Gesundheitsdaten, also z.B. Entlassungsbriefe, Labor- und Röntgenbefunde oder Medikationsdaten, zugreifen. Überdies gilt die ärztliche Schweigepflicht selbstverständlich. Der Datentransport erfolgt bei ELGA ausschließlich verschlüsselt.

Für ELGA gilt das Datenschutzgesetz. Nur wer ein „berechtigter" Gesundheitsdiensteanbieter ist, darf auf ELGA-Gesundheitsdaten, also auf z.B. Entlassungsbriefe, Labor- und Röntgenbefunde oder Medikationsdaten, zugreifen. Überdies gilt die ärztliche Schweigepflicht selbstverständlich. Der Datentransport erfolgt bei ELGA ausschließlich verschlüsselt.

Die Regelung des Opt-out, wonach grundsätzlich von einer Teilnahme an ELGA auszugehen ist, verbunden mit der jederzeitigen Möglichkeit, der Teilnahme generell, temporär bzw. im Einzelfall oder auch nur hinsichtlich einzelner Daten zu widersprechen, ist daher datenschutzrechtlich abgesichert:

- Möglichkeit des **Widerspruchs** und Betrieb einer ELGA-Ombudsstelle für die Sicherstellung der Rechte der ELGA-Teilnehmer;
- umfassende **Informationspflichten;**
- strenge **Verwendungsverbote** für bestimmte Personen und Institutionen wie Arbeitgeber, Versicherungsunternehmen, Träger der gesetzlichen Sozialversicherung, Behörden, Gerichte;
- **Ausschluss** von „staatsnahen" Ärzten wie Amtsärzten, Schulärzten, Arbeitsmedizinern;
- grundsätzlicher Ausschluss bestimmter Gesundheitsdaten.

Pflicht von Ärzten und anderen Gesundheitsdiensteanbietern zur Teilnahme

Es besteht eine **Speicherpflicht** von bestimmten ELGA-Gesundheitsdaten; das Wirksamwerden dieser Pflicht erfolgte abgestuft ab 1.1.2015. Insoweit sind Gesundheitsdiensteanbieter zur Speicherung der ELGA-Gesundheitsdaten verpflichtet. Hingegen ist eine Pflicht von Ärzten und anderen Gesundheitsdiensteanbietern, im Behandlungsfall auf allfällige in ELGA zur Verfügung stehende ELGA-Gesundheitsdaten auch zuzugreifen (zu ermitteln), nicht vorgesehen. Die **Berufspflichten** (etwa nach dem Ärzterecht) zur Wahrung des Patientenwohls oder von Teilnehmerrechten können aber die Verwendung gebieten.

Speicherpflicht für Medikationsdaten

ELGA schafft kein neues Haftungsrecht. Die unberechtigte Verwendung von ELGA-Gesundheitsdaten ist aber **strafbar.** Während ELGA-

Gesundheitsdiensteanbieter und Mitarbeiter der ELGA-Ombudsstelle einer Strafbarkeit nur bei Vorsatz unterliegen, ist bei Begehung der Tat durch Bedienstete des Gesundheitsministeriums Vorsatz keine Voraussetzung für die Strafbarkeit; Fahrlässigkeit reicht somit aus.

Das widerrechtliche Verlangen der Offenbarung (Einsichtnahme oder Verwertung) von Geheimnissen des Gesundheitszustands in der Absicht, den Erwerb oder das berufliche Fortkommen der betroffenen oder einer anderen Person für den Fall der Weigerung zu schädigen oder zu gefährden, ist strafbar. Es handelt sich nicht um ein Privatanklagedelikt.

Ärztliche Nachforschungspflichten und ELGA

Muss der Arzt in die elektronische Gesundheitsakte Einsicht nehmen?
Der Arzt muss zwar aktiv die notwendigen Informationen beschaffen, wie er das tut, ist aber grundsätzlich seine Sache. Primäre Quelle ist das Gespräch mit dem Patienten, weil ja erst dieses das ärztliche Pflichtenprogramm näher absteckt. Allerdings ist im Zusammenhang mit der Einführung von ELGA zu bedenken, dass die Beschaffung von zusätzlichen, allein durch das Gespräch nicht zu ermittelnden Informationen – Befunde, Medikationsdaten usw. – durch ELGA nun einfacher ist. Da die Pflicht zur Informationsbeschaffung auch von der **Zumutbarkeit** der Suche abhängt, führt ELGA insofern sehr wohl zu einer Qualitätssteigerung im Gesundheitssektor: Was vor ELGA vielleicht sehr aufwendig und damit nicht geschuldet war, kann mit ELGA durchaus Teil des Pflichtenprogramms sein.

ELGA erleichtert dem Arzt die Informationsbeschaffung

Kann sich der Arzt auf die Aussagen seines Patienten verlassen?
Grundsätzlich kann sich der Arzt auf die Patientenaussagen verlassen – außer, für ihn muss erkennbar sein, dass die Informationen eventuell nicht stimmen (etwa, weil der Patient nicht die nötige Sachkunde hat oder weil seine Auskünfte nicht stimmig wirken). In diesem Fall muss er ELGA konsultieren.

Es lässt sich aber auch die umgekehrte Frage stellen: **Kann sich der Arzt auf die elektronische Gesundheitsakte verlassen?** Für die Antwort ist zu differenzieren. Der Arzt kann sich selbstverständlich auf die **Richtigkeit** der Angaben in der ELGA verlassen. Anders sieht es allerdings

ELGA-Daten sind richtig, aber nicht unbedingt vollständig

mit Blick auf die **Vollständigkeit** der dort enthaltenen Daten aus. Das Ausblenden und Löschen von Daten darf den ELGA-Gesundheitsdiensteanbietern zu keiner Zeit ersichtlich sein. Der Arzt hat in einem derartigen Fall also eine unvollständige Gesundheitsakte, ohne dass er auf diesen Umstand aufmerksam gemacht wird.

Gilt die e-card beim Urlaub im Ausland?

Auf der Rückseite der e-card befindet sich Ihre **Europäische Krankenversicherungskarte** (EKVK). Die EKVK ist ein Versicherungsnachweis in den Mitgliedstaaten der Europäischen Union und anderen Staaten, mit denen Österreich ein Sozialversicherungsabkommen abgeschlossen hat. Mit der EKVK können Sie, wenn das während eines vorübergehenden Aufenthaltes notwendig wird, in den jeweiligen Staaten wie eine im jeweiligen Land sozialversicherte Person medizinische Hilfe in Anspruch nehmen. Dafür stehen Ihnen die Behandlungsstellen der gesetzlichen Krankenversicherung dieses Landes zur Verfügung (Vertragsarzt, Spital, nicht aber Wahlarzt oder Privatkrankenhaus).

Die EKVK gilt nur unter der **Bedingung**, dass alle Datenfelder ausgefüllt sind und Sie auch tatsächlich in Österreich versichert oder mitversichert sind. Wenn die Datenfelder Ihrer EKVK (ausgenommen die Kennnummer) nur mit Sternen befüllt sind und Sie in einen oben angeführten Staat reisen möchten, beantragen Sie bitte vor Reiseantritt eine Ersatzbescheinigung bei Ihrem Krankenversicherungsträger.

e-Medikation

e-Medikation: Alle Medikamente auf einen Blick

Wer mehr als ein oder zwei Medikamente gleichzeitig nehmen muss, verliert leicht die Übersicht. Doch das kann mitunter gefährlich sein: Denn manche Wirkstoffe stören einander gegenseitig in ihrer Wirkung – und das nicht nur bei rezeptpflichtigen Arzneimitteln. Wechselwirkungen können auch bei rezeptfreien Produkten auftreten, und das viel öfter als man denkt.

Die e-Medikation ist eine Funktion der elektronischen Gesundheitsakte ELGA. ELGA-Gesundheitsdiensteanbieter, also z.B. der Hausarzt, eine Ambulanz oder ein Spital, haben damit einen **aktuellen Überblick** über verordnete und in Apotheken an den Patienten abgegebene Medikamente. Von Ärzten verordnete und in der Apotheke abgegebene Medikamente werden darin als sogenannte **„e-Medikationsliste"** für 18 Monate gespeichert. In Ihrer e-Medikationsliste sehen Sie alle ärztlich verordneten Medikamente, auch wenn sie noch nicht in der Apotheke eingelöst wurden. Die gleiche Information hat auch Ihr Arzt, eine Ambulanz oder ein Spital, wenn Sie dort in Behandlung sind. Niedergelassene Vertragsärzte sind zukünftig verpflichtet, verordnete Medikamente in e-Medikation zu speichern.

Beim Ausdruck eines Rezepts wird künftig ein **Code** mit ausgedruckt. Durch Scannen des Codes auf Ihrem Rezept kann die Apotheke die Abgabe der verordneten Medikamente in e-Medikation auch ohne e-card speichern. Mit Ihrer e-card kann die Apotheke zusätzlich auch rezeptfreie Medikamente eintragen und Ihre gesamte e-Medikationsliste für eine Wechselwirkungsprüfung oder Beratung abrufen.

Was ist der Unterschied zwischen e-Medikation und e-Rezept?

e-Medikation ist eine Anwendung der elektronischen Gesundheitsakte ELGA, mit der unerwünschte Wechselwirkungen und Mehrfachverordnungen von Medikamenten verhindert werden können. Ärzte sowie Apotheker haben damit einen besseren Überblick, welche Medikamente für einen Patienten verordnet und abgegeben wurden. Mit der e-Medikation werden **medizinische Informationen** übermittelt. Von ELGA bzw. der e-Medikation können sich Patientinnen und Patienten abmelden.

Ein wichtiger Teil der **administrativen Daten**, die für die Verrechnung mit der Sozialversicherung notwendig sind (Versicherungsstatus, Rezeptgebührenbefreiung etc.), liegt über e-Medikation nicht vor und musste daher bisher von den Patienten übermittelt werden. Diese bisher fehlenden Daten stehen beim e-Rezept automatisch zur Verfügung. Mit dem e-Rezept wurde das papiergebundene Kassenrezept abgelöst. Von e-Rezept können sich Patienten nicht abmelden.

Weitere Rechte des Patienten

Jeder Patient hat das Recht auf Einsicht in seine Krankengeschichte. Aber auch darauf, dass seine medizinische Behandlung sorgfältig und umfassend dokumentiert wird. Das betrifft nicht nur ärztliche, sondern auch pflegerische Maßnahmen.

Patientencharta

Patientenrechte wurden in Österreich erstmals im Jahre 1993 im Krankenanstaltengesetz eingeführt. Patientenrechte sind weiters in zahlreichen Gesetzen verschiedener Gesundheitsberufe (Ärzte, Hebammen, Krankenpfleger etc.) als Berufspflichten sowie in den verschiedensten Verwaltungsgesetzen wie dem Krankenanstaltengesetz, Arzneimittelgesetz, Medizinproduktegesetz etc. verankert. 1999 wurden die Patientenrechte in einer **Patientencharta** zusammengefasst; das ist eine Vereinbarung zur Sicherstellung der Patientenrechte.

Patientencharta fasst Patientenrechte zusammen

Patientenrechte umfassen nicht nur zivilrechtliche Ansprüche aus dem Behandlungsvertrag, sondern schaffen auch Einflussrechte auf die Strukturen der Krankenversorgung und Gesundheitsvorsorge. Sie umfassen Organisations- und Verfahrensregelungen, die es erlauben, durch Teilnahme und Mitwirkung die Durchsetzung und Artikulation von Patienteninteressen effektiver zu gestalten. Das Patientenrecht soll Sicherheit und Qualität in der medizinischen Versorgung gewährleisten. Die Patientenrechte betreffen den Schutz von Autonomie und Patientenselbstbestimmung in der medizinischen Behandlung.

Patientenrecht: Grund- und Menschenrecht

Patientenrechte leiten sich sowohl aus verfassungsrechtlich gewährleisteten **Grund-** und **Menschenrechten** (wie z.B. dem Recht auf Leben, Schutz vor unmenschlicher oder erniedrigender Behandlung, Schutz der persönlichen Freiheit, Anspruch auf Achtung der Privatsphäre und des Familienlebens) als auch aus den privatrechtlichen Persönlichkeitsrechten (z.B. Schutz der körperlichen Unversehrtheit oder der Ehre) ab. Ihre rechtliche Kraft ist daher unterschiedlich. Auch das Recht auf Autonomie und Selbstbestimmung des Patienten in der medizinischen Behandlung leitet sich aus dem verfassungsrechtlich gewährleisteten Selbstbestimmungsrecht und Schutz der Menschenwürde ab, das auch eine persönlichkeitsrechtliche Ausformung erfahren hat.

Gleichheit

Analog zum Gleichheitsgrundsatz normieren die Spezialgesetze eine Handlungspflicht **ohne Unterschied** des Geschlechtes, Alters etc. Abgesehen davon, kann jedoch nach Diagnose bzw. Spezialisierung der Krankenanstalt etc. ein sachlich gerechtfertigter Unterschied gemacht werden.

Das **Krankenanstalten- und Kuranstaltengesetz** sieht die Aufnahme von anstaltsbedürftigen und unabweisbaren Personen vor. Unbedingt notwendige ärztliche Hilfe darf niemanden verweigert werden. Bei Platzmangel in der allgemeinen Gebührenklasse hat die Krankenanstalt unabweisbare Kranke ohne Verrechnung von Mehrkosten in die Sonderklasse aufzunehmen. Die Patientencharta verbietet eine Diskriminierung auf Grund des Verdachtes oder Vorliegens einer Krankheit und fordert die Gleichbehandlung ohne Unterschied des Alters, Geschlechts, Herkunft, Vermögens.

Gleichheit trotz Viel-Klassen-Medizin

Laut **Gesundheits- und Krankenpflegegesetz** haben Angehörige der Gesundheits- und Krankenpflegeberufe ihren Beruf gewissenhaft ohne Unterschied der Person auszuüben. Der Arzt ist verpflichtet, jeden von ihm in ärztlicher Beratung oder Behandlung übernommenen Gesunden und Kranken ohne Unterschied der Person gewissenhaft, persönlich und unmittelbar zu betreuen. Ähnliches gilt auch für Angehörige von medizinischen Assistenzberufen, Hebammen, Angehörige des kardiotechnischen Dienstes, Sanitäter und Zahnärzten.

Recht auf Selbstbestimmung

Das Recht auf Selbstbestimmung bedeutet, dass der Wille des Patienten grundsätzlich zu respektieren und zu befolgen ist. Dieses Recht schützt ganz allgemein vor Fremdbestimmung. Es kommt nicht darauf an, was von anderen Personen als richtig oder sinnvoll angesehen wird, sondern darauf, was der Patient will, den es betrifft. Das gilt auch, wenn eine Entscheidung von anderen Personen, z.B. Angehörigen oder Ärzten, als falsch oder nicht objektiv nachvollziehbar angesehen wird.

Eigenmächtige Heilbehandlung?

Die Einwilligung zu medizinischen Behandlungen ist vom Patienten grundsätzlich selbst zu erteilen, wenn er **urteils-** und **einsichtsfähig** ist. Ein Verstoß gegen die Zustimmungspflicht hat strafrechtliche und zivilrechtliche Folgen (sogenannte **eigenmächtige Heilbehandlung**). Die Einwilligungsverweigerung durch Volljährige ist auch dann zu akzeptieren, wenn eine vernünftige Person anders entschieden hätte. Wird von einer geistig gesunden Person eine Behandlung verweigert und ist ihr Leben gefährdet (z.B. Verweigerung einer Bluttransfusion aus religiösen Gründen), muss dies dennoch akzeptiert werden. Für einen gesunden Menschen kann kein Erwachsenenvertreter bestellt werden. Dies würde den Grundsätzen der Selbstbestimmung und dem Recht auf persönliche Freiheit widersprechen.

Selbstbestimmung geht vor Vernunft

Ist aber ein Patient psychisch nicht in der Lage, die Notwendigkeit einer Behandlung zu beurteilen, oder liegen irrationale Gründe für die Weigerung eines volljährigen Patienten in einer fehlenden Urteilsfähigkeit aufgrund einer **psychischen Krankheit** oder **geistigen Behinderung,** hat der behandelnde Arzt bei Gericht die Bestellung eines Erwachsenenvertreters anzuregen. Das Gericht hat dann zu prüfen, ob die Durchführung der Heilbehandlung medizinisch gerechtfertigt ist und ob die Voraussetzungen für eine Erwachsenenvertreterbestellung vorliegen.

Ist eine unter Erwachsenenvertretung stehende Person nicht in der Lage, den Grund und die Bedeutung einer ärztlichen Behandlung zu verstehen, hat der **Erwachsenenvertreter** der Behandlung zuzustimmen oder diese abzulehnen. Der Arzt hat den Erwachsenenvertreter aufzuklären, damit er rechtswirksam einwilligen kann.

Aufklärung von Einsichts- und Urteilsfähigkeit abhängig

Ganz allgemein gilt, dass die Einsichts- und Urteilsfähigkeit umso eher vorliegen wird, je geringfügiger ein Eingriff ist. Der Patient kann für relativ einfache Behandlungen einsichtsfähig sein, für komplexe Eingriffe hingegen nicht! Ist aber nicht erkennbar, ob die Zustimmung des Betroffenen von Einsichts- und Urteilsfähigkeit getragen ist, sollte der Erwachsenenvertreter im Zweifelsfall zusätzlich einwilligen, wenn der Bestellungsbeschluss des Erwachsenenvertreters diesen Wirkungskreis einschließt. Die beim Betroffenen vorhandene Einsichts- und Urteilsfähigkeit ist sowohl vom Gericht als auch vom Erwachsenenvertreter und den behandelnden Ärzten zu beachten.

Einsicht in die Krankengeschichte

Patienten haben Recht auf Einsicht und auf Herausgabe einer Kopie ihrer Krankenakte

Das Recht von Patienten auf Einsicht in ihre Krankengeschichte ist ein **vertraglicher Nebenanspruch** aus dem zwischen Krankenanstalt bzw. Arzt und Patient abgeschlossenen Behandlungsvertrag. Aus dem vertraglichen Behandlungsverhältnis ergibt sich eine **Dokumentationspflicht** hinsichtlich **patientenrelevanter Daten**. Eine sachgerechte Behandlung und Information von Patienten kann nur erfolgen, wenn Krankenunterlagen korrekt geführt werden. Ohne schriftliche Fixierung der bisherigen Behandlung wäre es für Ärzte nicht mehr überschaubar, welche weitere Therapien sie für den Patienten anordnen sollen.

Dokumentation verpflichtend

Die Dokumentationspflicht der wichtigsten Behandlungsdaten stellt eine ärztliche Berufspflicht dar. Ärzte sind verpflichtet, Aufzeichnungen über jede zur Beratung oder Behandlung übernommene Person zu führen – insbesondere über den Zustand der Person bei Übernahme der Beratung oder Behandlung, die Vorgeschichte einer Erkrankung, die Diagnose, den Krankheitsverlauf sowie über Art und Umfang der beratenden, diagnostischen oder therapeutischen Leistungen einschließlich der Anwendung von Arzneispezialitäten und der zur Identifizierung dieser Arzneispezialitäten und der jeweiligen Chargen im Sinne des Arzneimittelgesetzes erforderlichen Daten – und hierüber der beratenen oder behandelten oder der zu ihrer gesetzlichen Vertretung befugten Person alle Auskünfte zu erteilen.

Angehörige der **Gesundheits- und Krankenpflegeberufe** haben bei Ausübung ihres Berufes ebenfalls die von ihnen gesetzten gesundheits- und krankenpflegerischen Maßnahmen zu dokumentieren. Die Dokumentation hat insbesondere Folgendes zu enthalten:

- die Pflegeanamnese;
- die Pflegediagnose;
- die Pflegeplanung;
- die Pflegemaßnahmen.

Den betroffenen Patienten, Klienten oder pflegebedürftigen Menschen oder deren gesetzlichen Vertretern ist auf Verlangen Einsicht in die Pflegedokumentation zu gewähren.

Dokumentationspflicht des Pflegepersonals

Die Krankenanstalten sind verpflichtet, Krankengeschichten anzulegen, in denen Folgendes darzustellen ist:

- die Vorgeschichte der Erkrankung **(Anamnese)**;
- der Zustand des Patienten zur Zeit der Aufnahme;
- der Krankheitsverlauf,
- die **angeordneten Maßnahmen**;
- die erbrachten ärztlichen Leistungen einschließlich Medikation (Dosis und Darreichungsform);
- **Aufklärung des Patienten**;
- gegebenenfalls die Durchführung von Transplantationen.

Alle Leistungen sind aufzeichnungspflichtig

Operationsniederschriften zusätzlich zur Krankengeschichte

Darüber hinaus sind nunmehr auch sonstige angeordnete und erbrachte wesentliche Leistungen, insbesondere **pflegerische, psychologische, psychotherapeutische** und **medizinisch-technische Leistungen,** in der Krankengeschichte zu dokumentieren. Das heißt, dass Patienten einen Anspruch auf Einsicht in die wissenschaftlich konkretisierbaren physischen Befunde sowie Berichte über Behandlungsmaßnahmen (z.B. Angaben über Medikation, EKG, EEG, Blutbildwerte, Operationsberichte, Narkoseprotokolle, Pflegedokumentation etc.) haben. Gerade bezüglich dieser Dokumentationspflichten bestehen bei Ärzten wie Patienten weitverbreitete falsche Vorstellungen. Über **Operationen** müssen eigene Operationsniederschriften geführt und der Krankengeschichte beigelegt werden. Röntgenbilder oder andere abbildende Aufzeichnungen wie Fotos, MRT- und CT-Bilder etc. gelten laut Gesetz ebenfalls als Bestandteil der Krankengeschichte. Bei Ableben eines Patienten ist auch eine etwaige **Obduktionsniederschrift** beizugeben.

Wem steht das Einsichtsrecht zu?

Ein Recht auf Einsichtnahme und Ausfolgung von Kopien bzw. Abschriften haben grundsätzlich folgende Personen:

- der **Patient** selbst und sein **gesetzlicher Vertreter,** soweit der Patient selbst nicht einsichts- und urteilsfähig ist;
- der **Erwachsenenvertreter** eines Patienten im Rahmen seiner Befugnisse;

Recht auf Information

Krankenanstalten haben Patienten über ihre Rechte sowie Einsicht in die Krankengeschichte zu informieren bzw. Patienten haben Recht auf Aufklärung und Information über Behandlungsmöglichkeiten sowie Risiken einschließlich medizinische Informationen durch den Arzt (möglichst verständlich und schonungsvoll). Der **Arztbrief** ist nach Entscheidung des Patienten diesem selbst oder dem von ihm gewünschten Arzt zu übermitteln. Im Fall einer **vorzeitigen Entlassung** auf Wunsch des Patienten hat der Arzt auf nachteilige Folgen aufmerksam zu machen (Niederschrift).
Ärzte haben über jede Beratung oder Behandlung (Zustand, bei Übernahme, Vorgeschichte der Erkrankung, Diagnose, Krankheitsverlauf, Art und Umfang der therapeutischen Leistungen, Anwendung der Arzneispezialitäten) **Aufzeichnungen** zu führen und der beratenen oder behandelten oder zu ihrer gesetzlichen Vertretung befugten Person alle Auskünfte zu erteilen. Die Aufzeichnungen sowie die sonstigen der Dokumentation dienlichen Unterlagen sind mindestens zehn Jahre **aufzubewahren**. Beabsichtigt ein Arzt von einer Behandlung zurückzutreten, so hat er seinen Rücktritt dem Kranken rechtzeitig **anzuzeigen**. Wenn anlässlich einer Untersuchung eine **HIV-Infektion** nachgewiesen wird, so ist der Arzt verpflichtet, dies der betreffenden Person im Rahmen einer eingehenden persönlichen Aufklärung und Beratung mitzuteilen, sowie über die Verhaltensregeln zur Vermeidung einer Infektion zu belehren.

- **Angehörige** zu Lebzeiten, wenn der Patient mit der Einsichtnahme einverstanden ist. Nach dem Tod des Patienten haben Angehörige dann ein Recht auf Einsichtnahme, wenn ein berechtigtes Interesse daran gegeben ist (z.B. Auskunft über die Todesursache – nicht nur zur prozessualen Durchsetzung von Schadenersatzansprüchen) und der verstorbene Patient mutmaßlich der Einsicht zugestimmt hätte.

Darüber hinaus haben auch **Sozialversicherungsträger, Gerichts-** und **Verwaltungsbehörden** in Angelegenheiten, in denen die Feststellung des Gesundheitszustandes für eine Entscheidung oder Verfügung im öffentlichen Interesse von Bedeutung ist, ein Einsichtsrecht. Im Zweifel besteht **volle** Informationspflicht. Aber auch einweisende und weiterbehandelnde Ärzte haben ein Recht auf Einsichtnahme und Ausfolgung von Kopien der Krankengeschichte. **Rechtsanwälte** oder sonstige vom Patienten beauftragte Personen haben dagegen nur dann ein Einsichtsrecht, wenn der Patient mit der Einsichtnahme einverstanden ist. Auch die Patientenvertretung besitzt, vorbehaltlich Zustimmung des Patienten oder seines gesetzlichen Vertreters, Zugang zu allen medizinischen patientenbezogenen Aufzeichnungen.

Vollständigkeit der Unterlagen

Jeder Behandlungsschritt ist zu dokumentieren

Spätestens mit dem Ende eines einzelnen Behandlungsabschnittes bzw. mit dem Ende oder dem Abbruch der gesamten Behandlung ist von einer **Vollständigkeit der Unterlagen** auszugehen. Die Dokumentationspflicht entsteht somit sukzessive und parallel zu den einzelnen Behandlungsabschnitten. Ein zu langes Hinausschieben der gesetzlichen Dokumentationspflicht stellt auch eine Verletzung der ärztlichen Sorgfaltspflicht dar.

Können Sie in Ihre Krankengeschichte nicht Einsicht nehmen, weil diese fehlt, unvollständig ist oder widerrechtlich zurückgehalten wird, so hat dies **beweisrechtliche Konsequenzen** zum Nachteil des Arztes und hilft Ihnen, den Beweis eines behaupteten Behandlungsfehlers zu erbringen. Diese Beweiserleichterung bei fehlender Dokumentation hilft dem Patienten insoweit, als sie die Vermutung begründet, dass eine

Erwachsenenvertretung

Für volljährige Personen, die wegen einer psychischen Krankheit oder einer ähnlichen Beeinträchtigung nicht (mehr) alle Entscheidungen selbst treffen können, gibt es die Möglichkeit der Erwachsenenvertretung.
Es gibt, je nach Vertretungsbedarf, unterschiedliche Formen der Erwachsenenvertretung. So soll sichergestellt werden, dass die Vertretung nur in jenen Bereichen erfolgt, in denen sie auch tatsächlich unbedingt erforderlich ist.
Eine Erwachsenenvertretung soll immer die Ausnahme sein. Grundsätzlich sind alle Personen ab 18 Jahren allein entscheidungsberechtigt. Im Falle einer psychischen Erkrankung oder einer ähnlichen Beeinträchtigung sollen alle Unterstützungsmöglichkeiten ausgeschöpft werden, so dass die Person ihre Angelegenheiten so selbstbestimmt wie möglich regeln kann.
Ausreichende Unterstützung kann eine Vertretung ersetzen: Unterstützung kann durch die Familie, durch andere nahestehende Personen, durch Pflegeeinrichtungen, durch Einrichtungen der Behindertenhilfe, durch soziale Dienste, durch Beratungsstellen oder im Rahmen eines betreuten Kontos erfolgen. Seit 2018 gibt es vier verschiedene Formen der Vertretung für Erwachsene (siehe ► Seite 240):

- Die größtmögliche Form der Selbstbestimmung ist die Errichtung einer Vorsorgevollmacht.
- Die „gewählte Erwachsenenvertretung" ist eine seit 2018 gänzlich neu eingeführte Vertretungsform. Sie ist für jene Fälle gedacht, in denen nicht rechtzeitig vorgesorgt wurde. Denn: Im Unterschied zur Vorsorgevollmacht kann hier unter bestimmten Voraussetzungen auch eine nicht mehr voll handlungsfähige Person noch einen gewählten Erwachsenenvertreter für sich bestimmen.
- Die „gesetzliche Erwachsenenvertretung" löste die „Vertretungsbefugnis nächster Angehöriger" ab. Sie kommt dann in Betracht, wenn keine Vorsorgevollmacht oder gewählte Erwachsenenvertretung mehr möglich ist.
- Die bisherige Sachwalterschaft wird durch die sogenannte „gerichtliche Erwachsenenvertretung" abgelöst. Erst wenn keine der anderen Vertretungsformen möglich ist – z.B. weil keine Angehörigen für eine Vertretung zur Verfügung stehen oder weil die zu besorgenden Angelegenheiten zu komplex sind – soll die gerichtliche Erwachsenenvertretung in Betracht kommen.

nicht dokumentierte Maßnahme vom Arzt nicht getroffen wurde – sie begründet aber nicht die Vermutung objektiver Sorgfaltsverstöße.

Aufklärung über wirtschaftliche Fragen

Bei bestimmten Fallkonstellationen erstreckt sich die ärztliche Aufklärungspflicht auf wirtschaftliche Gesichtspunkte. Der Arzt muss den Patienten klar und eindeutig über die realistischen Chancen einer ins Auge gefassten Therapie aufklären. Dies gilt insbesondere dann, wenn mit der Therapie **hohe Kosten** verbunden sind. Der Arzt hat beispielsweise über geringere Kosten einer ambulanten Behandlung, falls diese eine echte **Alternative** darstellt, im Gegensatz zu einer stationären Behandlung bei nicht voller Erstattung der Pflegekosten aufzuklären. Und wer krebskranken Patienten eine teure Therapie anbietet, von der nach vorliegenden Erkenntnissen keinerlei **therapeutische Wirkung** zu erwarten ist und deren Kosten allenfalls in Einzelfällen von der Krankenkasse übernommen werden, ist verpflichtet, darauf hinzuweisen; andernfalls verliert der Arzt seinen Vergütungsanspruch.

Die wirtschaftliche Aufklärungspflicht geht aber nicht so weit, dass der Arzt einen **Kassenpatienten** auf die fehlende Erstattungsfähigkeit der Kosten der von ihm gewünschten privatärztlichen Behandlung hinweisen muss. Auch über eine **Behandlungsalternative,** die von der gesetzlichen Krankenversicherung aus ihrem Leistungskatalog ausgeklammert worden ist und daher dem Patienten nur als Selbstzahler zur Verfügung steht, ist nicht aufzuklären.

Ebenso darf die wirtschaftliche Beratungspflicht eines **Zahnarztes** nicht überspannt werden. Allenfalls lässt sich aus den Neben- und Schutzpflichten des Beratungsvertrages eine Hinweispflicht des Zahnarztes zur Aufklärung über die entstehenden Kosten und bestehenden Behandlungsalternativen ableiten. Vor einer **kosmetischen Operation** wird jedoch der Arzt den Patienten unmissverständlich darauf aufmerksam machen müssen, dass die Krankenkasse möglicherweise die Operationskosten nicht tragen wird.

Patientenrechte in Zeiten einer Epidemie (COVID-19 Pandemie)

Epidemiegesetz regelt Isolierung Kranker, Krankheitsverdächtiger bzw. Ansteckungsverdächtiger

Über viele Jahre wenig beachtet, rückte das Epidemiegesetz aus 1950 seit der COVID-19 Pandemie in den Focus und wurde zum Anknüpfungspunkt für viele zusätzliche Gesetze und Verordnungen. Es beinhaltet jene Maßnahmen, die der Staat im Falle einer Epidemie ergreifen kann. Grundsätzlich blieben die Patientenrecht bestehen, dennoch kam es unter Anwendung des Epidemiegesetzes sowie der COVID-19 Gesetze zu Änderungen, die sich auch auf die Rechte und Pflichten von Patienten und deren Angehörigen auswirkten (z.B. Besuchsrechte). In zahlreichen Spezialgesetzen sind bzw. waren diese genauer geregelt. Grundsätzlicher Tenor ist bzw. war: Eine Ansteckung ist im Epidemiefall nicht mehr „nur Privatsache", sondern kann auch **gesellschaftliche Auswirkungen** haben und kann deshalb für die Gesellschaft (durch den Gesetzgeber) gewisse Einschränkungen, Verpflichtungen und in manchen Fällen auch Ansprüche nach sich ziehen.

Epidemiegesetz

Dokumentation

Während einer Epidemie sind Behörden für die Dokumentation der aufgetretenen Krankheiten und der Kranken durch verschiedene Stellen verantwortlich (Bundesminister, Bezirksverwaltungsbehörden, etc.). Für die Erfassung von Daten ist der **Bundesminister** zuständig. Er hat ein **Register** anzulegen, welches Daten zur Identifikation von Erkrankten, einer Erkrankung Verdächtigen, Gebissenen, Verstorbenen oder Ausscheidern enthält. Dies beinhaltet Name, Geschlecht, Geburtsdatum, Sozialversicherungsnummer und bereichsspezifisches Personenkennzeichen, eventuell Sterbedaten, Daten zum Umfeld des Erkrankten, Labordaten sowie klinische Daten zur Vorgeschichte.

Akteneinsicht für „Sachverständige der AGES"

Während es bei den allermeisten Krankheiten niemanden „was angeht", was man hat, dürfen im Epidemiefall Mitarbeiter der Österreichischen Agentur für Gesundheit und Ernährungssicherheit als Sachverständige unter Wahrung der Amtsverschwiegenheit und aller Erfordernisse des Datenschutzes Einsicht in **alle Unterlagen** nehmen und mit den betroffenen Personen einschließlich Kontaktpersonen direkt Kontakt aufnehmen.

Im Zuge der COVID-19 Epidemie wurde das Epidemiegesetz geändert, um dem Bundesminister zu erlauben, **Screeningprogramme** durchzuführen. Hierfür dürften folgende Datenkategorien verarbeitet werden: Identifikationsdaten (Name, Geschlecht, Geburtsdatum), Kontaktdaten, Daten zur epidemiologischen Auswertung, Probematerialerkennung und Testergebnis. Diese Screeningprogramme waren unter größtmöglicher Schonung der Privatsphäre durchzuführen und die betroffenen Personen mussten ausdrücklich ihre Einwilligung zur Teilnahme erteilen.

Datenweitergabe an Bürgermeister

Namen und Kontaktdaten der Erkrankten durften von der Bezirksverwaltungsbehörde an die Bürgermeister weitergegeben werden. Dies galt für den Fall, dass Personen mit COVID-19 infiziert sind und dies für die Versorgung mit notwendigen Gesundheitsdienstleistungen oder mit Waren und Dienstleistungen des täglichen Bedarfs notwendig ist. Eine anderweitige Verwendung der Informationen war untersagt. Der Staat verpflichtete im Interesse des Gesundheitsschutzes gewisse Personen- und Berufsgruppen (Ärzte, Laborpersonal, u.a.) zur Erfassung von Krankheitsfällen und zu deren Meldung.

Ausgangsbeschränkungen

Kranke, Krankheitsverdächtige oder Ansteckungsverdächtige konnten im Verkehr mit der Außenwelt beschränkt werden, sofern eine ernstliche und erhebliche Gefahr für die Gesundheit anderer Personen bestand. Die angehaltene Person konnte im Bezirksgericht die Zulässigkeit prüfen lassen.

Konnte die Absonderung nicht durchgeführt werden, waren Patienten in eine Krankenanstalt zu überführen. Wenn Personen als Träger von Krankheitskeimen einer anzeigepflichtigen Krankheit anzusehen sind, konnten sie einer besonderen Beobachtung oder Überwachung unterworfen werden. Für bestimmte Krankheiten und Berufsgruppen traten hier zusätzliche Regelungen in Kraft.

Zugang für Ärzte

Für Patienten sowie Angehörige galten während der Pandemie auch besondere Regeln bezüglich dem Umgang mit Ärzten: Im Fall einer Krankheit oder einem Verdachtsfall waren Maßnahmen nach dem Epidemiegesetz zu ergreifen und hierfür war den Ärzten der Zugang zu Kranken oder zur Leiche zu ermöglichen. Der Zutritt durfte in diesem Sinn auch nicht verwehrt werden. Ergab sich der Verdacht, dass eine anzeigepflichtige Krankheit verheimlich wird, konnte eine Hausdurchsuchung vorgenommen werden.

Zahlreiche COVID-19 Gesetze

Neben dem Epidemiegesetz regelten die seit März 2020 erlassenen – zahlreichen – COVID-19 Gesetze und deren Änderungen die vom Staat ergriffenen Maßnahmen. Von Regeln in der Arbeitswelt über verschiedenste Unterstützungs- und Entschädigungsleistungen, über Einschränkungen im kulturellen Bereich bis zur Maskenpflicht und deren Lockerung wurde vom Staat in den Alltag von Menschen und damit auch in die Rechte der Patienten und Angehörigen eingegriffen. Doch nicht nur die Gesetze wurden in kurzen Abständen geändert, auch durch Verordnungen oder Erlässe des Gesundheitsministers wurden Regeln ergänzt, konkretisiert bzw. geschaffen. Dadurch entstand eine Fülle von sehr schnelllebigen Normen, die je nach Ort, Person, Berufszugehörigkeit, Gefährdungsstand und anderen Faktoren Unterschiedliches regelten, und die teilweise vom Verfassungsgerichtshof auch wieder aufgehoben wurden.

Misserfolg der Behandlung, Behandlungsfehler

Für einen Behandlungsfehler, auch Kunstfehler genannt, gibt es keine gesetzliche Definition. Sicher ist nur, dass in einem solchen Fall der Arzt gegen die vorgeschriebene Sorgfaltspflicht verstoßen hat.

Telefondiagnose nur in Ausnahmefällen

Manche Behandlungen sind langwierig und führen nicht sofort zum Erfolg bzw. führen sie sogar zeitweise zu Verschlechterungen oder Rückschlägen. Hier muss man unbedingt den Arzt auf dem Laufenden halten. Das kann auch telefonisch erfolgen, indem Sie Ihrem Arzt nach Absprache etwa telefonisch über Ihre allmorgendlich zu messende Temperatur Auskunft geben. Lediglich dann, wenn es sich um solche vom Patienten selbst feststellbare Kriterien handelt, ist ein Telefonat zwischen Patient und Arzt das richtige Kommunikationsmittel.

Ferndiagnostik problematisch

Generell sind dem Arzt **Telefondiagnosen nicht erlaubt**, zumindest dann nicht, wenn er den Patienten nicht kennt und es sich um schwerwiegende Gesundheitsbeeinträchtigungen handelt. Kleinigkeiten indes können auch telefonisch abgesprochen werden bzw. können Informationen auf diesem Weg an den Arzt weitergegeben werden.

Ausreichend klärt ein Arzt auf, der den Patienten im Rahmen des eine Woche vor der Operation geführten Telefonats, bei dem er ihn auf die Risiken der vom Patienten ausdrücklich gewünschten **Spinalanästhesie** bei der geplanten Operation, insbesondere die – dann verwirklichte – Gefahr einer Hypoxie hinwies und ihn anschließend nochmals fragte, ob er die Anwendung dieser Anästhesiemethode tatsächlich wolle, was dieser bejahte.

Fehlerquellensuche

Bei Behandlungsfehlern ist zwischen Beschwerden zu unterscheiden, die sich einzig und allein auf die medizinische Behandlung beziehen, und jenen Beschwerden, die Wartezeiten, unhöfliches Auftreten und praktische Verhältnisse (z.B. veraltete Infrastruktur) betreffen. Falls es sich um Beschwerden über die Behandlung durch einen Arzt, eine Krankenschwester, eine Hebamme, einen Psychologen im öffentlichen Gesundheitssystem, einen Ergo- und Physiotherapeuten, Apothekenpersonal oder Zahntechniker handelt, können Sie sich entweder an den Patientenanwalt, an den Krankenhausträger oder an die jeweilige Kammer bzw. Berufsvertretung wenden. Bei einem Behandlungsfehler durch den Arzt steht Ihnen in jeder Landeskammer auch eine Schiedsstelle zur Verfügung. Geben Sie in Ihrer Fallschilderung genau an, durch wen, wann und wo der Behandlungsfehler passiert ist.

Gedächtnisprotokoll anlegen

Gedächtnisprotokoll: Sachverhalt ermitteln und festhalten

Wenn Sie als Patient mit der Behandlung durch einen Arzt unzufrieden sind, sollten Sie zuerst mit dem Arzt sprechen, um Missverständnisse aus dem Weg zu räumen und die Situation aufzuklären. Falls das zu nichts führt, sollte ein **Gedächtnisprotokoll** über den Ablauf der vermuteten Fehlbehandlung erstellt und Namen sowie Anschrift etwaiger Zeugen, der nachbehandelnden Ärzte, Behandlungstermine und Untersuchungen etc. sollten notiert werden. Ferner sollten Sie die Dokumentation des behandelnden Arztes bzw. Krankenhauses beschaffen. Tipp: Hierbei ist möglicherweise auch die Krankenkasse behilflich!

Wichtig: Lassen Sie sich die Vollständigkeit und Richtigkeit der Dokumentation durch den behandelnden Arzt bzw. das Krankenhaus schriftlich bestätigen. Sämtliche Belege und **Rechnungen,** die Sie als Patient selbst gezahlt haben, sollten gesammelt und aufbewahrt werden, um so einen Nachweis eines materiellen Schadens erbringen zu können.

Wenn Sie weiterhin ein ungutes Gefühl haben, sollten Sie auch einen zweiten Arzt hinzuziehen und die Krankenkasse um ein **Gutachten** bitten, weil Sie einen Behandlungsfehler vermuten. Sie sollten den zweiten Arzt bitten, seine Beurteilung in einem Kurzattest niederzuschreiben.

Weiteren Arzt hinzuziehen

Im Zweifelsfall sollte man unbedingt einen zweiten Arzt zu Rate ziehen. Dabei sollten Sie darauf achten, dass Sie einen wirklichen **Spezialisten** kosultieren, anderenfalls kämen Sie vom Regen in die Traufe. Gegenüber den Kassen und Privatversicherungen haben Sie ein Recht auf eine weitere Begutachtung, nicht aber ohne Weiteres auf eine neue Behandlung durch einen neuen Arzt. Hier bedarf es der Zustimmung der Kasse bzw. der Versicherung.

Bei der Auswahl des zweiten Arztes können Sie sich **Tipps** (z.B. von Selbsthilfegruppen, Menschen mit gleicher Krankheit oder Ärztekammern) geben lassen, sich Krankenhäuser bzw. Arztpraxen ansehen, mit den Schwestern sprechen und sich dann für eine erste Visite entscheiden, die Sie bei dem von Ihnen auserkorenen Arzt machen. Die Behandlung dürfen Sie aber aus kassen- bzw. privatversicherungsrechtlichen Gründen nur durch einen Arzt vornehmen lassen. Daher müssen Sie auch gegenüber der Kasse schlüssig argumentieren, warum Sie eine Behandlung bei jenem Arzt abbrechen und bei einem anderen fortsetzen wollen.

Kassenärztliche Gutachter

Die Krankenkassen haben eigene Gutachter, die aus kassenärztlicher Sicht die Behandlung beurteilen. Den Kassen geht es aber nur darum, Ihnen oder dem Arzt zu belegen, dass (k)ein Fehler vorliegt, denn sie müssen keinen zweiten Behandler zulassen, sondern können Sie auch wieder zur Nachbesserung zum erstbehandelnden Arzt schicken – es sei denn, die Behandlung war völliger Pfusch, sodass eine Korrektur durch den gleichen Arzt kaum zu erwarten ist. Das Gutachten ist übrigens ein **Indiz,** aber kein Vollbeweis in einem Arzthaftungsprozess. Hierzu bedarf es eines gerichtlichen Gutachters.

Wenn die Entscheidung über den Arztwechsel getroffen worden ist und die Kasse bzw. Privatversicherung zustimmt (das muss sie bei triftigen Gründen), wird Ihnen der Nachbehandler mitteilen, ob er Ihre Vermutung des Behandlungsfehlers teilt. Sie sollten ihn auch sachlich darauf ansprechen, denn nun geht es – neben der vorrangigen Aufgabe, Ihre Gesundheit zu erhalten – um die Frage der Beweissicherung.

Behandlungsfehler ist eingetreten

Behandlungsfehler ist gesetzlich nicht definiert

Da es keine gesetzliche Definition des Behandlungsfehlers gibt, blieb es der Rechtsprechung vorbehalten, geeignete Grundsätze zu entwickeln. Ein Behandlungsfehler (umgangssprachlich auch Kunstfehler) ist nach zivilrechtlichem wie strafrechtlichem Verständnis jede ärztliche Maßnahme, die nach dem Standard der medizinischen Wissenschaft und Erfahrung die gebotene Sorgfalt vermissen lässt und darum unsachgemäß erscheint. Der Begriff des Behandlungsfehlers wird dabei als weit und umfassend verstanden. Das heißt, der Arzt muss nicht nur die Behandlung an sich sorgfältig durchführen, sondern er ist auch vor und nach der Maßnahme zur Beachtung der gebotenen Sorgfalt verpflichtet.

Einfache und schwere Behandlungsfehler

Ein **schwerer** (oder grober) Behandlungsfehler ist anzunehmen, wenn der Arzt eindeutig gegen bewährte ärztliche Behandlungsregeln oder gesicherte medizinische Erkenntnisse verstoßen und einen Fehler begangen hat, der aus objektiver Sicht nicht mehr verständlich erscheint, weil er einem Arzt schlechterdings nicht unterlaufen darf. Ein schwerer Behandlungsfehler setzt aber keine grobe Fahrlässigkeit voraus.

Beweislast hängt von der Schwere des Behandlungsfehlers ab

Die Differenzierung zwischen einem „einfachen" und einem „schweren" Behandlungsfehler ist indes für die materiell-rechtliche Seite, das heißt für die Anspruchsbegründung, nicht relevant. Der Arzt hat einem Patienten in jedem Fall den durch einen Behandlungsfehler verursachten Schaden zu ersetzen, ungeachtet der Frage, ob der Fehler einfach oder schwer war. Wesentliche Bedeutung erlangt diese Unterscheidung aber in prozessualer Sicht mit Blick auf eventuelle **Beweislasterleichterungen** und **Beweislastumkehrungen** zugunsten des Patienten. Der Patient hat dann nicht mehr den „schweren" Fehler des Arztes zu beweisen, sondern der Arzt muss den Vorwurf widerlegen. Die Beweislastumkehr bedeutet also eine Haftungsverlagerung zugunsten des Patienten und zulasten des Arztes.

Wird durch einen ärztlichen Kunstfehler das Operationsrisiko **nicht unwesentlich erhöht,** trifft den Behandler die Beweislast dafür, dass schädliche Folgen auch ohne den Kunstfehler eingetreten wären. So ist beispielsweise mit der Feststellung des bloß allgemeinen Operationsrisikos beim Anlegen einer **Blutsperre** – dass die Risikoverwirklichung auch bei einer fachgerechten Operation (also mit Blutsperre) eintreten hätte können – dieser Nachweis nicht erbracht.

Der Behandlungsfehler verlangt zunächst in jedem Fall einen Sorgfaltspflichtverstoß. Gegen seine Sorgfaltspflicht verstößt der Arzt, wenn er gegenüber dem Patienten nicht die gebotene Sorgfalt walten lässt, also das in Kreisen gewissenhafter und aufmerksamer Ärzte oder Fachärzte vorausgesetzte Verhalten unterlässt. Es kommt somit auf die im jeweiligen **Facharztkreis** vorausgesetzten Fähigkeiten und erwarteten Kenntnisse an, nicht aber auf die tatsächlichen Fähigkeiten und Kenntnisse des einzelnen Arztes.

In **zivilrechtlicher** Hinsicht kann sich der Arzt also nicht damit entlasten, er habe eine medizinische Maßnahme noch nie durchgeführt, wenn diese schon zum Standard in der betreffenden Disziplin zählt. Auch die Aussage des Arztes, er sei schlecht ausgebildet worden, entlastet ihn nicht. Ebenso wenig kann er eingerissene Nachlässigkeiten in seiner Klinik für sich ins Treffen führen.

In **strafrechtlicher** Hinsicht könnten sich solche Umstände möglicherweise für den Arzt positiv auswirken. Damit der Arzt die gebotene

Strafrechtliche Verantwortlichkeit von Sozialversicherungsträgern

Die einzelnen Sozialversicherungsträger und der Hauptverband der österreichischen Sozialversicherungsträger unterliegen dem Verbandsverantwortlichkeitsgesetz, wenn sie medizinische Institutionen betreiben. Strafrechtlich verantwortlich können sie beispielsweise im Bereich von Kunst-, Behandlungs- und Organisationsfehlern (schon aufgrund der Häufigkeit sowie Vielfalt arbeitsteiliger Prozesse) werden. Die in medizinischen Einrichtungen tätigen Personen wie das Pflegepersonal, Ärzte, ärztliche Leiter usw. sind in der Regel Mitarbeiter, sodass deren Verhalten bei der strafrechtlichen Verantwortlichkeit von Sozialversicherungsträgern im Bereich der Kunst- und Behandlungsfehler eine vorrangige Rolle zukommt.

Ärzte sind zur Fortbildung verpflichtet

berufsfachliche Sorgfalt beachten kann, muss er den aktuellen medizinischen Standard kennen und beherrschen. Aufgrund der schnell voranschreitenden medizinischen Wissenschaft entsteht für den Arzt somit eine Rechtspflicht zur Fortbildung. Dieser genügt der in der Allgemeinmedizin tätige Arzt in der Regel dann, wenn er die inländischen Allgemeinfach-Periodika liest. Von anderen Fachärzten (z.B. Internisten, Kardiologen, Chirurgen etc.) kann darüber hinaus grundsätzlich noch die Lektüre der methodenspezifischen ausländischen Literatur erwartet werden.

Zu schnell, zu wenig

Ein Behandlungsfehler kann etwa dadurch verursacht werden, dass der Arzt die Befunde nicht vollständig erhebt (Verstoß gegen die **Befunderhebungspflicht**): Er nimmt sich nicht genügend Zeit dafür, kommt dann vorschnell zu einer Arbeitsdiagnose und behandelt entsprechend.

Behandlungsfehler können auch dadurch eintreten, dass der Arzt einen körperlich **gesunden Menschen** behandelt, der aus psychischen Gründen Beschwerden hat: Eine psychisch angespannte Handelsvertreterin klagt über permanente Halsschmerzen und Heiserkeit. Der Arzt schaut der Patientin in den Mund, stellt eine nicht vorhandene **Mandelentzündung** fest und rät ihr, die Mandeln herausnehmen zu lassen. Bei der Operation wird festgestellt, dass die Mandeln weder entzündet noch geschwollen waren. Hier liegt also ein Behandlungsfehler vor.

Diagnostik als Ursache für Behandlungsfehler

Ein Behandlungsfehler kann auch dann gegeben sein, wenn der Arzt zwar die Befunde richtig erhebt, zu einer richtigen Diagnose gelangt und sich auch für die richtige Behandlungsmethode entscheidet, diese jedoch fehlerhaft anwendet.

Zu wenig Erfahrung, mangelnde Hygiene

Die meisten Behandlungsfehler beruhen auf einem Übernahmeverschulden des Arztes, der eine Behandlung vornimmt, ohne die nötige **Erfahrung** und räumliche **Ausstattung** zu haben. Häufig sind auch die **hygienischen Verhältnisse** nicht patientengerecht. Der Arzt ist dann nicht in der Lage, die Befunde richtig zu deuten und die richtige Diagnose zu stellen. Schließlich kann auch Organisations- und Kontrollverschulden den Behandlungsfehler hervorrufen. Etwa, wenn Informationen an die Arzthelferin von dieser verharmlosend an den Arzt weitergegeben werden oder die Desinfektion von Geräten und Patient unkontrolliert und zu wenig sorgfältig vorgenommen wird. Ein typischer Behandlungsfehler ist auch die fehlende oder unzureichende **postoperative Kontrolle** des Patienten oder die mangelnde Überwachung der Operation selbst.

Nosokomiale Infektionen sind im Krankenhaus erworbene Infektionen. Hauptfälle sind: Harnwegsinfekte, Sepsis, Pneumonien, Wundinfektionen, abdominale und sonstige Infektionen. Das Risiko einer nosokomialen Infektion ist oft **schicksalhaft** mit der medizinischen Behandlung verbunden. Der Patient kann das Risiko gegebenenfalls nur dadurch vermeiden, dass er der jeweiligen medizinischen Behandlung nicht zustimmt. Und gerade darüber ist der Patient aufzuklären: Über ein etwaiges **typisches Risiko** einer nosokomialen Infektion und über die Alternativen einer anderen Behandlung sowie einer Nichtbehandlung.

Ist dem Krankenhausträger der ihm obliegende Beweis gelungen, dass sich ein Patient auch bei Aufklärung über einzelne Erreger und mögliche Infektionen (z.B. Risiko des bakteriellen Erregers Staphylococcus aureus) mit der erfolgten Infusionstherapie einverstanden erklärt hätte, kann offenbleiben, ob in der unterlassenen Aufklärung eine Pflichtverletzung zu sehen ist. Unterblieb aber bei einer nicht dringlichen Operation die Aufklärung über das eingetretene Risiko, dass eine operationsbedingte Infektion auch einen chronischen Verlauf nehmen kann, so kann darin eine Aufklärungspflichtverletzung bestehen. Nur wenn das Risiko eine offenkundige Tatsache darstellte (wie etwa das jedem Eingriff in den menschlichen Organismus innewohnende Infektionsrisiko), wäre eine andere Beurteilung vorzunehmen.

Eindeutige Diagnosefehler

Das **Nichterkennen** eines **Schienbeinbruches** trotz erfolgter röntgenologischer Abklärung stellt einen **Diagnosefehler** dar, wenn der Unfallchirurg lediglich eine Prellung diagnostiziert. Aufgrund dieses Fehlers kommt es zu einem zeitlich verlängerten, schmerzhaften Heilungsverlauf. Dadurch entstehen zusätzliche Schmerzen, aber auch ein längerer Krankenstand und höhere Heilungskosten, die bei sachgerechter Abklärung und Behandlung hätten vermieden werden können. Dies stellt schadenersatzrechtlich einen (ersatzfähigen) Schaden dar. Um einen Diagnosefehler handelt es sich auch, wenn ein **Verrenkungsbruch** der

Halswirbelsäule als Folge eines Bergunfalles nicht erkannt wird und in Folge zu einer Querschnittslähmung führt.

Diagnoseprobleme treten oft auf, wenn sich mehrdeutige Symptome überlagern und die Krankheit dadurch nicht leicht festzustellen ist. Das ist beispielsweise bei der Feststellung einer **Blinddarmentzündung** (Appendizitis) der Fall. In einem konkreten Fall überlagerten sich Grippesymptome mit den Symptomen einer Appendizitis, einer Nierenentzündung sowie einem Darmverschluss und Magenkatarrh. Der behandelnde Arzt ließ den Patienten trotz dieser Symptome über das Wochenende ohne ärztliche Betreuung zu Hause und veranlasste erst am darauffolgenden Montag die Einweisung ins Krankenhaus, wo sogleich eine Blinddarmnotoperation durchgeführt werden musste. Der Patient konnte aber dennoch nicht mehr gerettet werden und verstarb an den Folgen eines Blinddarmdurchbruchs. Der OGH (Oberste Gerichtshof) erblickte einen Behandlungsfehler darin, dass der behandelnde Arzt trotz Vorliegen mehrdeutiger Symptome mit der Einweisung ins Krankenhaus über das Wochenende gewartet hatte. Ein **Therapiefehler** kann vorliegen, wenn der Arzt

- den Patienten nicht persönlich behandelt;
- ohne Aufklärung des Patienten veraltete Methoden einsetzt;
- das einzuhaltende Maß (z.B. bei einer Strahlenbehandlung) überschreitet;
- vorhandene Geräte nicht benutzt.

Fehler bei Technik und Organisation

Arzt muss technische Geräte überprüfen und bedienen können

Auch **technische Fehler** sind denkbar. Werden technische Geräte nicht ausreichend gewartet oder richtig eingesetzt, kann der Patient erheblichen Schaden erleiden. Der Arzt, der ein technisches Gerät benutzt, muss sich über die Funktionsweise genauestens informieren. Bevor er ein Gerät in Betrieb nimmt, muss er dessen Funktionstüchtigkeit überprüfen. Ein Arzt darf sich nicht ausschließlich auf die Anzeigen von Apparaten verlassen.

Darüber hinaus kann ein Behandlungsfehler in einem organisatorischen Fehlverhalten erblickt werden, wenn der Arzt und/oder der

Krankenhausträger gegen organisatorische Sorgfaltspflichten verstößt **(Organisationsfehler).** Das Organisationsverschulden hat insbesondere Bedeutung in Krankenhäusern, wo eine zum Teil große Anzahl von Ärzten, Mitarbeitern des ärztlichen Hilfspersonals, Technikern etc. arbeitet, wo eine Vielzahl von Befunden zu erheben und zu sichern ist, Diagnosen zu stellen, Maßnahmen der verschiedensten Art zu treffen und zu dokumentieren sind, wo medizinische Geräte eingesetzt und überwacht werden müssen, wo große Mengen von Medikamenten bereitgehalten werden und wo Personal fortgebildet werden muss.

Für die Planung und Kontrolle der klinischen Abläufe sind der **leitende Arzt** und der **Krankenhausträger** verantwortlich. Aus dieser Pflicht zur sorgfältigen Organisation resultiert die Pflicht des Chefarztes, die Assistenzärzte im Rahmen regelmäßiger Visiten zu beobachten und sie gezielt zu **überprüfen** oder durch geeignete Oberärzte überprüfen zu lassen.

Übermüdete Ärzte stellen ein Organisationsverschulden dar

Zu den Organisationspflichten gehört es weiterhin, sicherzustellen, dass keine durch vorangegangene **Nachtdienste** übermüdeten Ärzte zu Operationen eingeteilt werden. Außerdem ist, insbesondere in psychiatrischen Kliniken, Vorsorge gegen eine Selbstschädigung der Patienten zu treffen. Aber auch scheinbar **banale,** für eine erfolgreiche Therapie unter Umständen gleichwohl wichtige Organisationspflichten wie z.B. die Vereinbarung, Einhaltung und Überwachung von Terminen mit den Patienten obliegen dem leitenden Arzt bzw. dem Krankenhausträger.

Die Klinikleitung hat die Gebrauchsfähigkeit von Desinfektionsmitteln zu gewährleisten und zu verhindern, dass es zur zufälligen Vermischung von Chemikalien kommt, die zur Behandlung der Patienten bestimmt sind. Eine weitere Organisationspflicht der Klinikleitung ist es, einen Standard im Krankenhaus aufzubauen und aufrechtzuerhalten, der den typischen Aufgaben entspricht und Gefahren wirkungsvoll begegnet. **Universitätskliniken** unterliegen dabei strengeren Anforderungen als kleinere und weniger differenzierte Krankenhäuser. Als Maßstab sind die Vertrauenserwartungen der Patienten heranzuziehen.

Schutz vor vermeidbaren Gefahren

Jeder Arzt muss sicherstellen, dass seine Patienten vor **vermeidbaren Gefahren** und Schäden im Zusammenhang mit der Behandlung, ein-

Unvollständige Befunde

Ein junger Student im Examensstress sucht wegen starker **Magenschmerzen** den Arzt auf. Der behandelnde Arzt hält die Schmerzen für stressbedingt und verabreicht ein hochpotentes Schmerzmittel. An dieser Diagnose, stressbedingte Schmerzen, hält der Arzt über 10 Tage fest. Er erhebt keine weiteren Befunde, etwa durch Ultraschall, um die Ursache der Schmerzen zu ermitteln. Nach 10 Tagen muss der Student mit einem akuten **Blinddarmdurchbruch** ins Krankenhaus gebracht werden. Dem Arzt ist der Vorwurf zu machen, dass – sofern er selbst über kein Ultraschallgerät verfügt – er den Patienten nicht in ein nahe gelegenes Krankenhaus zur weiteren Befunderhebung überwiesen hat.

schließlich des Aufenthaltes in den Behandlungs- und Praxisräumen, geschützt sind. So kann z.B. ein Organisationsverschulden und ein Behandlungsfehler darin liegen, dass der Arzt eine 89-jährige, eingeschränkt gehfähige Patientin unbeaufsichtigt auf einer Untersuchungsbank liegen lässt und diese dann von dort herunterfällt und sich verletzt.

Erfüllungsgehilfe

Ohne Aufklärung haftet der Arzt auch für Urlaubsvertretung (Gehilfenhaftung)

Voraussetzung einer Gehilfenzurechnung ist, dass das schuldhafte Verhalten des Erfüllungsgehilfen innerhalb des vom **Geschäftsherrn** übernommenen Pflichtenkreises liegt. Die Haftung für den Erfüllungsgehilfen setzt voraus, dass die Verpflichtung zu einer Leistung gegenüber dem Geschädigten besteht, die der Verpflichtete, statt sie selbst zu erfüllen, durch einen Dritten erbringen lässt. Unter dieser Voraussetzung kann dann auch eine Haftung für das Verhalten eines Gehilfen eines Gehilfen bestehen („**Gehilfenkette**"). Beim Gehilfen kann es sich auch um einen selbständigen Unternehmer handeln.

Keine Gehilfenzurechnung besteht aber dann, wenn die Leistung auf Grund vertraglicher Verpflichtung nur in der **Beistellung** eines Dritten bestand. Oder wenn ein Arzt falschen Befund erhält, besteht keine Haftung. Denn durch die Probenübermittlung an einen anderen selbständig tätigen Facharzt kommt ein eigener Behandlungsvertrag im Rahmen seines Fachgebiets zwischen Arzt und Patient zustande. Entscheidend ist

Klassische Behandlungsfehler

Zu den klassischen Behandlungsfehlern zählt etwa das **Vergessen von Tupfern,** Kompressen oder Operationsnadeln im Körper des Patienten. Auch das Verabreichen falscher Injektionen oder Infusionen gehört hierher; z.B., wenn eine Kalziuminjektion irrtümlich ins Gewebe statt intravenös verabreicht wird. Fehler in der **Dosierung der Röntgenbestrahlung** stellen ebenfalls einen Behandlungsfehler dar; ebenso das **unsachgemäße Überprüfen eines Gipsverbandes,** wenn vom Patienten gemeldete Beschwerden ignoriert werden, der Verband nicht abgenommen und kein Spaltgips angelegt wird.

also, ob sich jemand zu einer Leistung verpflichtet oder ob er nur jemand anderen auswählen soll, der die Leistung auf Grund eines eigenen Vertrags mit dem Auftraggeber erbringt. Erfüllungsgehilfe ist daher nur derjenige, dessen sich jemand zur Erfüllung einer ihm obliegenden Verpflichtung bedient. Der Gehilfe muss mit Willen des Schuldners im Rahmen der dem Schuldner obliegenden Verbindlichkeit tätig werden.

Eine Krankenkasse haftet für das Verschulden eines in ihrem Ambulatorium **angestellten Arztes**. Ansonsten haftet sie für ihre **Vertragsärzte** als deren Erfüllungsgehilfen aber nicht. Nach der Judikatur hat die Krankenkasse nicht selbst die ärztliche Hilfe zu leisten, sondern ist nur verpflichtet, dafür zu sorgen, dass sie von einem Dritten dem Versicherten geleistet wird. Die Leistung der Krankenkasse ist in dem Augenblick erfüllt, in dem die Krankenkasse den Partner an den Dritten gewiesen und

Fatale Verwechslung

Ein Facharzt wurde z.B. dafür haftbar gemacht, dass seine Sprechstundenhilfe (ohne medizinische Ausbildung) anlässlich einer Magenaushebung die Sonde statt in die Speiseröhre in die Luftröhre einführte und, weil sich kein Magensaft ausheben ließ, in diese noch 300 ccm Koffeinlösung einfüllte, was beim Patienten eine schwere Lungenentzündung auslöste. Dem Arzt wurde die Verletzung seiner Aufsichtspflicht zum Vorwurf gemacht.

diesen verpflichtet hat, ärztliche Hilfe zu leisten („Bereitstellung"). Das gilt auch für die Haftung der Krankenkasse für **Fahrtendienste**. Auch hierbei handelt es sich um eine Sachleistung. Die Krankenkasse übernimmt nur die Kosten für die Leistungen der Fahrtendienste, schuldet diese Leistungen aber nicht selbst.

Bedient sich der behandelnde Arzt der Mithilfe anderer (als ärztlicher) Hilfspersonen, treffen ihn nach dem Gesetz **Anleitungs- und Überwachungspflichten.** Er haftet für jedes Verschulden dieser (Hilfs-) Personen im Rahmen des Behandlungsvertrages wie für sein eigenes **(Erfüllungsgehilfenhaftung).** Dasselbe gilt für Krankenanstalten. Hierher gehören auch die in der Praxis nicht seltenen Fälle der Patientenverwechslung.

Konsultationsfehler

Konsultationspflicht bei Spezialgebieten

Ein **Konsultationsfehler** liegt vor, wenn der behandelnde Arzt, der aufgrund fehlender Kenntnisse und Fähigkeiten auf einem medizinischen Spezialgebiet nicht in der Lage ist, eine genaue Diagnose zu erstellen und eine adäquate Therapie durchzuführen, keinen **Spezialisten kosultiert** oder den Patienten nicht an einen Spezialisten oder ein Krankenhaus zur weiteren Abklärung verweist. Tritt etwa bei einer **Nasenseptumkorrektur** eine Sehnervverletzung auf, hat der operierende HNO-Facharzt unverzüglich einen Augenfacharzt beizuziehen, wenn er einen weiteren Behandlungsfehler vermeiden will.

Rechtlich umstritten ist die Frage, ob der Arzt verpflichtet ist, dem Patienten zu offenbaren, wenn er einen Behandlungsfehler begangen hat und dies erkennt. Eine generelle **Offenlegungspflicht** ist abzulehnen, weil sich niemand selbst Schadensersatzansprüchen und Strafverfolgungsmaßnahmen aussetzen muss.

Haftung des Arztes

Nicht jede misslungene Behandlung ist gleich ein Kunstfehler. Der Beweis, dass gepfuscht wurde, gestaltet sich vor Gericht oft äußerst schwierig. Dazu kommt noch eine hohe finanzielle Belastung.

Behandlungsfehler statt Behandlungserfolg

Die Gesundheitsversorgung in Österreich befindet sich auf einem anerkannt hohen Niveau. Neben der qualifizierten medizinischen Ausbildung der Ärzteschaft wird insbesondere auf die Qualitätssicherung ärztlicher Berufsausübung großer Wert gelegt. Trotzdem kann es zu Fehldiagnosen und Behandlungsfehlern kommen, wobei darauf hinzuweisen ist, dass nicht immer, wenn der gewünschte Behandlungserfolg ausbleibt, ein verschuldeter ärztlicher Behandlungsfehler vorliegt.

Fehlerquellen

Ob ein ärztliches Fehlverhalten vorliegt, hängt mit der Frage zusammen, ob beispielsweise bei der Befunderhebung oder der Diagnose

- falsche Schlüsse gezogen wurden,
- eine falsche Therapie eingeleitet, oder
- eine richtige Therapie falsch durchgeführt wurde,
- die Ausführung eines Eingriffes mangelhaft war,
- Medikamente falsch dosiert waren,
- die Überwachung von stationär aufgenommenen Patienten nicht ausreichend war,
- die hygienischen Bedingungen das Infektionsrisiko erhöht haben,
- in Fällen der Rufbereitschaft kein Facharzt oder nicht in angemessener Zeit beigezogen wurde,
- ärztliche Hilfskräfte nicht ausreichend angewiesen und beaufsichtigt wurden.

Aber auch die mangelnde Aufklärung wird als Behandlungsfehler gewertet.

Grundsätzliches Verbot von Eigenmacht und Selbsthilfe

Will jemand privatrechtliche Ansprüche durchsetzen, etwa wegen eines Behandlungsfehlers, darf er dabei nicht eigenmächtig vorgehen. Er muss sich dazu vielmehr der Hilfe der Zivilgerichte bedienen.

In Fällen einer fehlerhaften Behandlung oder unzureichenden Aufklärung stehen dem Patienten **Schadenersatz- und Schmerzensgeldansprüche** (juristisch: **Schmerzengeld**) zu. Bei Schäden, die durch Arzneimittel oder durch ein Medizinprodukt (z.B. Röntgengerät) verursacht worden sind, können auch Ansprüche gegen den pharmazeutischen Unternehmer bzw. den Hersteller bestehen.

Neben den klassischen Mitteln der Rechtsdurchsetzung (Strafprozess, Zivilprozess) besteht die Möglichkeit einer außergerichtlichen Einigung; sie erfolgt über die Schlichtungsstellen.

Bei Schlichtungsverfahren kein Kostenrisiko

Bei der **Schiedsstelle** der Ärztekammer wird in einem außergerichtlichen Verfahren versucht, eine Klärung herbeizuführen. Im Vergleich zum Zivilprozess können Sie bei einem Schlichtungsverfahren rascher mit einer Entscheidung rechnen. Und vor allem haben Sie kein Kostenrisiko zu tragen.

Kann im Schlichtungsverfahren kein Verschulden nachgewiesen werden und ist kein Schadenersatz durchsetzbar, gibt es noch den sogenannten Patientenhärtefonds. Diese auf Landesebene geschaffenen Entschädigungsfonds wirken quasi als „Fangnetz", das heißt zur Optimierung und Ergänzung des zivilrechtlichen Haftungsrechtes.

In den Geschäftsordnungen der meisten Patientenentschädigungsfonds sind **Höchstbeträge** (meist rund 21.000 Euro, in Tirol 35.000 Euro; bei besonderen Härtefällen 70.000 Euro, in Wien bis 100.000 Euro) für den einzelnen Schadensfall vorgesehen. Pro Jahr werden an die Patientenanwaltschaften in Österreich rund 1.000 solcher Fälle herangetragen. 80 bis 85 Prozent der Patienten bekommen Geld aus dem Fonds. Im Durchschnitt sind es zwischen 8.000 und 9.000 Euro. Grundsätzlich sind all jene Schadensereignisse umfasst, die sich nach dem 1.1.2001 in einer gemeinnützigen Krankenanstalt – nicht aber in privaten Spitälern oder niedergelassenen Arztpraxen – ereignet haben. Die dreijährige Verjährungsfrist gilt auch hier.

Haftungsvoraussetzungen

Grundsätzlich kann nicht jeder Misserfolg während einer Behandlung einem Arzt vorgeworfen werden. Damit ein Arzt die Haftung für einen rechtswidrigen Behandlungsfehler zu übernehmen hat, müssen folgende Voraussetzungen (kumulativ – also alle vier) vorliegen:

- **Schaden.** Es ist ein (Vermögens- oder Nichtvermögens-) Schaden entstanden.
- **Kausalität.** Der Schaden wurde vom Schädiger (durch eine Handlung oder eine Unterlassung) verursacht.
- **Verschulden.** Der Schaden wurde wenigstens leicht fahrlässig, also schuldhaft, zugefügt.
- **Rechtswidrigkeit.** Das Verhalten des Schädigers stellt einen Normverstoß dar.

Schaden

Tritt kein Schaden ein, so hat selbst der gröbste Behandlungsfehler keine Konsequenzen für den Arzt. Die Geburt eines gesunden, wenn auch **unerwünschten Kindes** nach einer Vasektomie bedeutet keinen Schaden im Rechtssinn. Ein Schadenersatzanspruch gegen den Arzt wegen Verletzung des ärztlichen Behandlungsvertrags auf Ersatz des Unterhaltsschadens besteht nicht. Ebenso wenig bei Geburt eines gesunden Kindes trotz Koagulation der Tube (elektrische Verschweißung der Eileiter).

Schadensbegriff weit gefasst

Bei einer Gesundheitsbeeinträchtigung infolge eines Kunstfehlers jedoch kann neben dem Schaden, der in ursächlichem Zusammenhang mit dem Fehler steht, noch der **Folgeschaden** geltend gemacht werden. Darunter sind vor allem die Kosten der Behandlung, Verdienstentgang, berufliche Umschulung und die Kosten für die Rechtsverfolgung zu verstehen.

Der Nichterfüllungsschaden aus einer unterbliebenen Vollendung einer beauftragten Tätowierung besteht in den Kosten für die Fertigstellung. Entfernungskosten stehen nicht zu.

„wrongful conception"

Unterlässt der Arzt bei einer Vasektomie die erforderliche Aufklärung, kann das gezeugte und gesund geborene Kind nicht als Schaden angesehen werden. Die Geburt eines gesunden, wenn auch unerwünschten Kindes bedeutet nämlich keinen Schaden im Rechtssinn. Trotz unzureichender Aufklärung über das trotz eines kunstgerecht durchgeführten Eingriffs gegebene Restrisiko, dass beim Geschlechtsverkehr lebende Samen übertragen werden, besteht kein Schadenersatzanspruch gegen den Arzt auf Ersatz des Unterhaltsaufwands. Etwas anderes könnte nur gelten, wenn durch die zusätzliche Unterhaltspflicht eine existenzielle Belastung der Familie eintreten würde. Auch steht der Mutter wegen einer durch Kaiserschnitt erfolgten Geburt kein Schmerzensgeld zu.

Steht fest, dass ein eingetretener Schaden zu ersetzen ist, stellt sich die (weitere) Frage, **wie** er zu ersetzen ist. Die Ersatzleistung ist nämlich unterschiedlich, je nachdem, ob es sich um einen **Vermögens-** oder einen **Nicht-Vermögensschaden** (z.B. Körper- oder Ehrverletzungen) handelt.

Von fahrlässig bis vorsätzlich

Höhe der Entschädigung vom Verschuldensgrad abhängig

Ob der wirkliche Schaden oder auch der entgangene Gewinn zu ersetzen ist, bestimmt sich nach der Schwere des Verschuldens: Bei **leicht fahrlässiger** Schadenszufügung ist nur der wirklich erlittene (Vermögens-)Schaden zu ersetzen, was auch Schadloshaltung genannt wird. Bei **grob fahrlässiger** oder gar **vorsätzlicher** Schadenszufügung ist neben dem erlittenen Schaden auch der entgangene Gewinn zu ersetzen, sogenannte volle Genugtuung. Bei Verstoß gegen ein Strafgesetz oder Handeln aus Mutwillen oder Schadenfreude ist darüber hinaus der **Wert der besonderen Vorliebe** zu ersetzen (Affektionsinteresse).

Zu den Nichtvermögensschäden zählen vor allem Körperverletzung und Tötung. Körperverletzung ist jede Beeinträchtigung der körperlichen und geistigen Gesundheit und Unversehrtheit des Menschen. Es müssen aber keine äußerlich sichtbaren Verletzungen eingetreten sein; auch nervliche Schädigungen und starke Einwirkungen auf die Psyche sind Körperverletzungen. Nicht ersetzt wurden bis dato Schockschäden dritter Personen – wenn beispielsweise die Tochter einer Patientin einen schweren Schock erleidet, als ihr die Nachricht überbracht wird, dass die Mutter infolge einer zu hohen Medikamentendosis an einer Medikamentenvergiftung verstorben ist.

Seit einer Entscheidung aus dem Jahr 2001 bejaht der Oberste Gerichtshof einen Anspruch auf **Trauerschmerzengeld** für den Verlust naher Angehöriger. Voraussetzung des Anspruchs ist eine intensive Gefühlsgemeinschaft, wie sie zwischen nächsten Angehörigen typischerweise besteht. Ein Ersatz dieses „bloßen Trauerschadens" ohne Krankheitswert kommt jedoch nur bei grober Fahrlässigkeit oder Vorsatz des Schädigers in Betracht.

Trauer- und Schockschaden nur im Ausnahmefall

Abzugrenzen ist das Trauerschmerzengeld allerdings vom „**Schockschaden**". In diesen Fällen ist entscheidend, ob das Verhalten des Schädigers gerade auch gegenüber dem Dritten besonders gefährlich war, also die Verletzungshandlung in hohem Maße geeignet war, einen Schockschaden herbeizuführen. Das gilt insbesondere dann, wenn der Schockschaden durch das Miterleben oder die Nachricht vom Tod oder einer schwersten Verletzung eines nahen Angehörigen hervorgerufen wird. So im Fall des Klägers, der nach einer über 30-jährigen Partnerschaft seine Gefährtin bei einer Routineoperation verloren hat, wodurch sich seine gesamte Lebenssituation nachhaltig veränderte, was zu einer mehrwöchig andauernden depressiven Anpassungsstörung führte, und ihm deshalb Schmerzengeld von 8.000 Euro zugesprochen wurde.

Das Gesetz sieht für die **Entschädigung von Körperverletzungen** vor, dass der Schädiger Heilungskosten, Verdienstentgang und Schmerzensgeld zu bezahlen hat. Demnach gebührt anders als bei Vermögensschäden schon ab leichter Fahrlässigkeit der volle Ersatz. Bei Körperverletzungen gibt es also keine Staffelung des Ersatzes nach Verschuldensgrad.

Heilungskosten

Heilungskosten sind alle Aufwendungen, die durch eine Körperverletzung verursacht wurden und in der Absicht gemacht werden, die Folgen der Körperverletzung zu beseitigen oder doch zu bessern. Zu ersetzen ist aber nur der **zweckmäßig** getätigte Aufwand, wozu beispielsweise gehört, dass entstellende Narben nachträglich durch eine kosmetische Operation verschönert werden.

Heilungskosten sind auch die Kosten einer durch Körperverletzung bedingten **Vermehrung der Bedürfnisse** des Geschädigten. Braucht ein Geschädigter z.B. die Hilfestellung dritter Personen (etwa einer Haushalts- oder Pflegehilfe) oder eine Wohnungsadaptierung (z.B. behindertengerechte Gestaltung oder Einbau eines Liftes), sind diese Kosten als Folge der Verletzung ebenfalls zu ersetzen. Dasselbe gilt für die Anschaffung eines entsprechend adaptierten Pkw bei einem als Folge der (Körper-)Verletzung querschnittgelähmten Patienten.

Verdienstentgang

Als **Verdienst** wird jedes (Arbeits-)Einkommen verstanden, sei es selbstständig oder unselbstständig erworben, nicht aber entgangener Gewinn.

Zwei Berechnungsmethoden für entgangenen Verdienst

Der Verdienstentgang kann, anders als die Heilungskosten und das Schmerzensgeld, die immer **konkret** (= Differenz zwischen bisherigem und künftigem Einkommen des Geschädigten) zu berechnen sind, auch **abstrakt** (= objektive Minderung/Verringerung der Erwerbsfähigkeit) berechnet werden. Der Kläger hat sich für eine dieser Möglichkeiten zu entscheiden.

Beispiel

Zweck des Behandlungsvertrags war die fachgerechte Aufklärung, Beratung und Betreuung der Mutter vor und bei der Geburt, um körperliche Schäden – und daraus allenfalls resultierende Vermögensschäden – von Mutter und Kind zu vermeiden. Dabei wird die Hintanhaltung eines Verdienstentgangs, den die Vertragspartnerin des Arztes deshalb erleidet, weil sie den Wiedereinstieg in ihren Beruf zwecks Pflege des durch einen Behandlungsfehler des Arztes behinderten Kindes verschieben muss, vom Zweck des Behandlungsvertrags gleichfalls erfasst. Ein Verdienstentgang der Mutter, der aufgrund der Pflege eines im Zuge der Geburt behinderten Kindes entsteht, ist daher kein mittelbarer Schaden.

Entschädigung

Beispiel für eine abstrakte Schadensberechnung ist die sogenannte abstrakte Rente: Jemand wird körperlich (schwer) verletzt (z.B. Verlust eines Auges), erleidet dadurch zunächst aber keinen (konkreten) Verdienstentgang, weil er dennoch gleich viel verdient wie vorher. Abstrakt ist diese Person (durch den Verlust des Auges) aber dennoch geschädigt und läuft Gefahr, künftig durch diese verbleibende Körperverletzung gegenüber anderen Arbeitnehmern am Arbeitsmarkt Nachteile zu erleiden. Würde man derartige Fälle nicht entschädigen, liefe das auf eine Entlastung des Schädigers hinaus, was nicht Ziel eines wohlverstandenen Schadenersatzes sein kann.

Einer durch ärztlichen Kunstfehler verletzten haushaltsführenden Ehefrau wird ein Ersatzanspruch für die Minderung ihrer Erwerbsfähigkeit zuerkannt (**Hausfrauenrente**). Dabei handelt es sich um keine abstrakte Rente, sondern um eine Entschädigung für konkreten Verdienstentgang, die unabhängig von der Einstellung einer Ersatzkraft gebührt. Ein solcher Ersatzanspruch ist also auch dann zu bejahen, wenn die Haushaltsarbeit von der Verletzten unter Mehraufwand von „Zeit und Mühe" selbst verrichtet wird.

Wird die Verfügbarkeit der **individuellen Arbeitskraft** des Verletzten unfallskausal beeinträchtigt, so stellt der entgehende Wert der Arbeitskraft einen Verdienstentgang dar. Der Schaden infolge des Verdienstentgangs entsteht in allen Bereichen, in denen der Verletzte nach dem – von ihm zu behauptenden und zu beweisenden – gewöhnlichen Lauf der Dinge seine Arbeitskraft ohne den Unfall und dessen Folgen eingesetzt hätte (z.B. Ersatz der entrichteten Geldbeträge für **Innenausbauarbeiten,** die er ohne den vom Beklagten zu vertretenden Kunstfehler selbst vorgenommen hätte).

Schmerzensgeld

Das Schmerzensgeld soll grundsätzlich eine einmalige Abfindung für Ungemach sein, das der Verletzte voraussichtlich zu erdulden hat. Mit dem (in Form einer Pauschalsumme entrichteten) Schmerzensgeld sollen alle

Schmerzensgeld nach Fehler des Geburtshelfers

60.000 Euro Schmerzensgeld infolge eines Fehlers des Geburtshelfers, der eine Zerreißung im Bereich der Gebärmuttervorderwand samt Einreißen der die Gebärmutter versorgenden Arterien bewirkte, sind angemessen. Diese stehen der Klägerin für die erlittene „höchstmögliche existierende Schmerzbelastung" ab dem Uterusriss bis zur Operation sowie für die ausgeprägten Beschwerden als Folge der durch die Entfernung von Uterus und Eierstöcken bedingten Dysbalance des Hormonhaushalts zu.

Schmerz- und **Unlustempfindungen** abgegolten werden, und zwar **körperliche** wie **seelische.** Bewusstlosigkeit schließt Schmerzensgeld ebenso wenig aus wie Körperverletzungen, die keine Schmerzen verursachen (etwa rechtswidriger Freiheitsentzug in einem Krankenhaus). Beispielsweise sind 20.000 Euro Schmerzensgeld für die Folgen einer unerkannt und vorerst unbehandelt gebliebenen Schulterverletzung angemessen.

Werden die Schmerzen durch eine **Schmerztherapie** gemildert, so sind die unter Berücksichtigung der Schmerzmedikation ermittelten Schmerzperioden der Globalbemessung des Schmerzensgelds zugrunde zu legen. Negative Begleiterscheinungen einer Schmerztherapie können sich im Rahmen der Globalbemessung anspruchserhöhend auswirken.

Schmerzensgeld wird nur selten gesondert eingeklagt

Für eine (ausnahmsweise zulässige) Teileinklagung von Schmerzensgeld muss der Verletzte das Vorliegen besonderer Gründe dartun. Ebenso müssen auch besondere, vom Kläger darzulegende Umstände vorliegen, die es ihm (ausnahmsweise) gestatten, trotz bereits erfolgter Schmerzensgeldabgeltung im Sinn einer **Globalbemessung** eine ergänzende Bemessung mittels Nachklage mit Erfolg durchzusetzen. Solche besonderen Gründe liegen im nicht vorhersehbaren Auftreten von Unfallfolgen, die nach dem gewöhnlichen Lauf der Dinge ursprünglich nicht zu erwarten waren, also in einer nachträglichen Änderung des bei vorangegangener Globalbemessung zugrunde gelegten Sachverhalts im Sinn eines **atypischen Geschehensverlaufs.**

Schmerzensgeld wird nach dem Gesetz **nicht automatisch zugesprochen.** Es muss **verlangt** werden, worunter letztlich gerichtliches Geltendmachen verstanden wird. Seit einer höchstgerichtlichen Entschei-

Vererbbarer Anspruch

Ein sechsjähriges Mädchen erleidet bei einer Grillveranstaltung im Kindergarten durch grob fahrlässiges Verhalten der Kindergartenhelferin schwere **Verbrennungen**. Die Schmerzensgeldansprüche des in der Folge verstorbenen Kindes gehen, obwohl sie gerichtlich noch nicht geltend gemacht worden waren, (im Erbweg) auf die Eltern über.

dung im Jahre 1997 werden Schmerzensgeldansprüche aber nicht mehr als persönliche Ansprüche verstanden, sondern als normale Schadenersatzansprüche, die **abtretbar, vererbbar** und **verpfändbar** sind. Das ist etwa dann von Bedeutung, wenn der Patient stirbt, bevor der Schmerzensgeldanspruch gerichtlich geltend gemacht oder vertraglich anerkannt werden konnte. Damit geht der Schmerzensgeldanspruch nunmehr auf die Erben über.

Schmerzensgeldansprüche sind vererbbar

Hat ein Behandlungsfehler nur ein Maß an körperlichen Schmerzen verursacht, das mit dem im Fall sachgerechter Behandlung identisch ist, hat der rechtswidrig Handelnde für den Schaden nicht einzustehen. Das Schmerzensgeld wird durch Gegenüberstellung der konkreten und der fiktiven Behandlungs- und Folgeschmerzen ermittelt. Er haftet nur für ein **Mehr an Schmerzen.**

Das gilt etwa, wenn die Entbindung in jedem Fall hätte stattfinden müssen und die Gebärende bei rechtmäßigem Alternativverhalten des Arztes, nämlich der medizinisch indizierten Entbindung mit **Kaiserschnitt,** die gleichen körperlichen Schmerzen erlitten hätte wie bei der konkreten Entbindung. Ebenso wenn die Behandlung eines „beherdeten" Zahnes „unbedingt erforderlich" war. Der Zahn hätte also auf jeden Fall behandelt werden müssen. Die mit der **Extraktion des Zahnes** eingeleitete Sanierungsmethode stellte insofern keine Fehlbehandlung dar. Der Patient hätte allerdings, wäre er vom Arzt entsprechend belehrt worden, trotz einer Erfolgswahrscheinlichkeit von (nur) 50 Prozent die Alternative einer Wurzelbehandlung gewählt.

Ist ein Patient im Vorprozess von einer Globalabgeltung ausgegangen, so steht dies einer Nachbemessung nicht entgegen, solange er nicht auf die Geltendmachung weiteren Schmerzensgelds verzichtet hat. Ist beispielsweise das Ausmaß einer **Kniegelenksarthrose** sowie das

Ausmaß und der Zeitpunkt der **Implantation einer Prothese** zum Zeitpunkt des Schlusses der mündlichen Verhandlung erster Instanz im Vorprozess noch nicht absehbar, so ist eine **ergänzende Schmerzensgeldbemessung** auf Grundlage der ergänzenden Feststellungen im Folgeprozess zulässig. 68.000 Euro (18.000 Euro und 50.000 Euro) Schmerzensgeld aufgrund erlittener und noch zu erwartender Schmerzen nach einer nicht fachgerecht behandelten Infektion – die infolge einer fachgerecht eingesetzten Kreuzbandplastik auftrat, zur Entfernung der eingesetzten Kreuzbandplastik und schließlich zu „Giving-away-Attacken" des Kniegelenks und zu weiteren Schäden führte – sind angemessen.

Bemessung der Höhe des Schmerzensgeldes ist abhängig vom Einzelfall

Ein Schmerzensgeld von 150.000 Euro sowie 15.000 Euro **Verunstaltungsentschädigung** infolge einer unterlassenen engmaschigen Kontrolle und umgehenden Behandlung der Augen, was praktisch von Geburt an eine **Erblindung** zur Folge hatte, sind angemessen. Mit dieser Erblindung sind gravierende Beeinträchtigungen der Entwicklung und auch beträchtliche psychische Belastungen verbunden. Die Komponente des psychischen Leids ist bei der Bewertung von Dauerfolgen stärker als früher in den Vordergrund zu rücken.

42.000 Euro Schmerzensgeld infolge einer bei Entfernung eines Tumors am Thymus schicksalshaft eingetretenen **Stimmlippenlähmung,** über die nicht aufgeklärt wurde, sind angemessen. Jede Verletzung ist in ihrer Gesamtauswirkung nach den besonderen Umständen des Einzelfalls zu betrachten und auf dieser Basis eine Schmerzensgeldbemessung vorzunehmen. Es sind insbesondere das Alter des Patienten in Relation zur prognostizierten Lebenserwartung und die psychischen Folgen der Beeinträchtigung der Stimme (z.B. psychische Veränderungen infolge einer hochgradigen Einschränkung der Lebensqualität aufgrund der nicht mehr verbesserungsfähigen, eingeschränkten Stimmfunktion sowie der Atem- und Schluckbeschwerden als Dauerfolgen) zu berücksichtigen.

20.000 Euro Schmerzensgeld für die Folgen einer unerkannt und vorerst unbehandelt gebliebenen **Schulterverletzung** sind angemessen; 10.000 Euro Schmerzengeld für drei Jahre wegen dauerhafter Schmerzen in der Hüfte. Der Zuspruch des Schmerzensgeldbetrags von 5.000 Euro für die durch den um sechs Monate **verzögerten Behandlungsbeginn** länger gegebenen physischen und psychischen Beeinträchtigungen hält sich im Rahmen der OGH-Rechtsprechung. Ebenso: Der Zuspruch eines Schmerzensgeldbetrags von 2.000 Euro aufgrund der jedenfalls zehn Minuten erlittenen starken seelischen Schmerzen in Form von Todesangst wegen einer allergischen Reaktion auf einen verabreichten Wirkstoff.

Im Fall eines **13-Jährigen**, bei dem aufgrund eines Schiunfalls als Dauerfolge unter anderem eine **erektile Impotenz** verblieb, sprach der Obersten Gerichtshof dem Burschen ein Schmerzengeld von 600.000 ATS zu (heute rund 90.000 EUR). Der Gerichtshof führte damals aus, für den zu Beginn der Pubertät stehenden Burschen müsse neben der Verkürzung des Beines insbesondere die Verstümmelung seines Geschlechtsteils und die durch die Verletzungen herbeigeführte, zu seiner Beischlafsunfähigkeit führende erektile Impotenz besonders niederdrückend sein.

Im Fall eines **33-Jährigen**, der bei einem Verkehrsunfall schwer verletzt wurde, wurden 650.000 ATS (heute mehr als 90.000 EUR) Schmerzengeld zuerkannt. Er litt 7 Tage Schmerzen qualvollen Grades, 42 Tage Schmerzen starken Grades, 70 Tage Schmerzen mittleren Grades und 150 Tage Schmerzen leichten Grades. Als Dauerfolgen verblieben eine vollkommene Harninkontinenz sowie Impotenz, woraus eine schwere psychische Beeinträchtigung des Geschädigten folgte (schwer depressive Stimmungslage).

In einem 2018 entschiedenen Fall ging es um eine durch einen ärztlichen Kunstfehler **unfruchtbar gewordene Frau**. Das Berufungsgericht nahm eine Teilbemessung des Schmerzengeldes vor, weil sich die künftigen körperlichen und seelischen Beeinträchtigungen der Frau noch nicht abschätzen ließen, und erachtete einen Pauschalbetrag von 25.000 Euro für angemessen.

Ein Mann „in relativ jungem Alter" hatte einen **Herzinfarkt** erlitten, der bei richtiger Diagnose seiner vermeintlichen Beschwerden in der linken Schulter mit hoher Wahrscheinlichkeit hätte vermieden werden können. Der Herzinfarkt führte zu einer Reduktion der körperlichen und psychischen Leistungsfähigkeit von zumindest 50 Prozent gegenüber einer gesunden Person. Die statistische Lebenserwartung war erheblich reduziert. Die weitere Entwicklung des Gesundheitszustands ließ sich nicht mit Sicherheit vorhersagen. In 30 bis 50 Prozent der Fälle sterben Patienten, die an chronischem Herzversagen leiden, an einem plötzlichen Herztod, in den restlichen Fällen nach schwerem Leiden infolge eines progressiv verlaufenden Pumpversagens des Herzmuskels. Dass die aus dem Wissen um die verringerte Lebenserwartung resultierenden Leidenszustände bei der Globalbemessung des Schmerzengeldes berücksichtigt wurden, widersprach nach Beurteilung des Obersten Gerichtshofs nicht der Rechtsprechung. In Anbetracht der Gesamtsituation des Klägers (50%ige Verringerung der Leistungsfähigkeit, tägliche Schmerzen sowie Wissen um eine deutlich verkürzte Lebenserwartung, aber aktive und selbstbestimmte Lebensgestaltung noch möglich) erschien den Richtern ein Schmerzengeld von 90.000 EUR als angemessen (heute: rund 98.000 Euro).

180.000 Euro an Schmerzengeld gab es nach einem **Narkosezwischenfall** unter Berücksichtigung der – die Mobilität der Patientin bereits einschränkenden – Vorerkrankungen, deren negative Auswirkungen massiv verstärkt wurden.

Verunstaltungsentschädigung

Kommt es infolge einer Körperverletzung zu einer Verunstaltung des Verletzten, hat der Verursacher auch dafür Ersatz zu leisten. Als Verunstaltung wird jede **nachteilige Veränderung des äußeren Erscheinungsbildes** eines Menschen verstanden. Dazu zählen etwa die Entstellung des Gesichtes, die Amputation eines Beines, Hinken, Verlust eines Fingers, Schielen, Sprachstörungen oder verbleibende Ungeschicklichkeiten. Es ist nicht erforderlich, dass die Verunstaltung Abscheu oder Mitleid erregt. Ersatzpflichten werden auch dann ausgelöst, wenn die Verunstaltung nur vorübergehend ist. **Achtung:** Der Ersatz besteht hier in der Regel in einem **Kapitalbetrag** und nur ausnahmsweise in einer Rentenzahlung. Eine Verunstaltungsentschädigung ist, wie grundsätzlich jeder Schadenersatzanspruch nach dem AGBG, ab leichter Fahrlässigkeit zu leisten.

Laut Judikatur kommt es für die Höhe der Verunstaltungsentschädigung auf den Grad der Verunstaltung und die Wahrscheinlichkeit der Verhinderung des besseren Fortkommens und die „Größe der Verminderung der Heiratschancen" an. Diese Entscheidung ist mit einem Pauschalbetrag zu bemessen.

Tötung

Führt eine Körperverletzung zum Tod, müssen nicht nur alle damit verbundenen Kosten (wie Bestattung) ersetzt werden, sondern auch den **Hinterbliebenen** (z.B. Kindern oder dem Ehegatten, allenfalls auch den Eltern), für deren **Unterhalt** der Getötete zu sorgen hatte, das, was ihnen dadurch entgangen ist. Wie bei der Körperverletzung sind auch in diesem Fall schon ab leichter Fahrlässigkeit Heilungskosten, Verdienstentgang und Schmerzensgeld zu ersetzen.

Unterhaltsansprüche bei tödlichem Behandlungsfehler

Der Anspruch auf entgangenen Unterhalt besteht so lange und in dem Umfang, als der Getötete nach dem Gesetz für den Unterhalt seiner Hinterbliebenen zu sorgen gehabt hätte; also z.B. bei Kindern bis zur Erreichung der Selbsterhaltungsfähigkeit. Eine allfällige Rente wird für die wahrscheinliche Lebensdauer des Getöteten zugesprochen.

Ursächlicher Zusammenhang (Kausalität)

Der Fehler des Arztes muss den Schaden beim Patienten verursacht haben. Gerade dieser Nachweis ist oft sehr schwierig, denn eine „Verknüpfung von schadensverursachenden Umständen, die außerhalb der erfahrungsgemäßen Wahrscheinlichkeit liegen" erachten die Gerichte als **Zufall.** Die Folgen eines solchen Zufalles sind jedoch einem Arzt nicht zuzurechnen. Der Beweis ist beispielsweise nicht gelungen, wenn auch eine frühere **Gastroskopie** und ein früheres Erkennen des **Karzinoms** nicht mit einer größeren **Heilungschance** verbunden gewesen wären.

Fehlende Aufklärung

Wurde eine Patientin über ein bestehendes Operationsrisiko vom Arzt nicht aufgeklärt, obwohl das Gesetz dies verlangt, stellt das eine Schutzgesetzverletzung dar. Der Eintritt dieses Risikos wird nicht als (vom Geschädigten zu tragender) Zufall angesehen, selbst wenn ein Verschulden des operierenden Arztes fehlt. So etwa, wenn sich das bei Kropfoperationen bestehende (objektive) Risiko einer Stimmbandlähmung verwirklicht.

Vergessener Tupfer

Operiert ein Arzt am Blinddarm und erleidet der Patient später im Zuge eines Magendurchbruchs einen dauernden Schaden, fehlt jeglicher Kausalzusammenhang zwischen Blinddarmoperation und späterem Schaden. Vergisst aber der Arzt bei der Operation, einen Tupfer zu entfernen, und hat dies gesundheitliche Folgen, so hat der Arzt eine **adäquate** Schadensursache gesetzt.

Komplexe Kausalitätsfragen bei Arzthaftung

Denkbar ist aber eine Haftung des Arztes trotz **ungeklärten Kausalablaufs.** Gemeint ist der Fall der Nichtfeststellbarkeit einer hohen Wahrscheinlichkeit der Kausalität des ärztlichen Fehlverhaltens. Den potenziell kausal, konkret und gefährlich handelnden Schädiger (Arzt) trifft insofern eine Teilhaftung. Das gilt auch bei Konkurrenz einer potenziellen Schädigung durch einen Aufklärungsfehler des Arztes mit einer beim Patienten bestehenden Veranlagung **(Grauer Star).** Da wie dort hätte ein pflichtgemäßes Verhalten des Arztes den Schaden vermieden. Es muss nur feststehen, dass der Patient bei ordnungsgemäßer Aufklärung von der Operation Abstand genommen hätte.

Steht ein Fehler (z.B. sorgfaltswidrige Unterlassung einer Antibiotikaprophylaxe) fest, der die Wahrscheinlichkeit eines Schadenseintritts unzweifelhaft **nicht bloß unwesentlich** erhöht hat (z.B. 66- bis 75-prozentige Wahrscheinlichkeit der Verhinderung der erlittenen nachteiligen Folgen), so hat der aus dem Behandlungsvertrag Belangte zu beweisen, dass die ihm zuzurechnende Sorgfaltsverletzung „mit größter Wahrscheinlichkeit" nicht kausal für den Schaden des Patienten war.

Das sorgfaltswidrige Verhalten muss den geltend gemachten Schaden verursacht haben. Dafür trifft grundsätzlich den Patienten die Beweislast. Ist durch die Verletzung der Aufklärungspflicht im Einzelfall bloß von einer **unwesentlichen Gefahrenerhöhung** auszugehen, weshalb keine Beweislastumkehr stattfindet, so ist das vertretbar. Kann nicht festgestellt werden, ob eine Vorschädigung bestand, geht dies wegen der den Patienten treffenden Behauptungs- und Beweislast für die Kausalität zu seinen Lasten.

Ein **„Anlagefall"** liegt vor, wenn zum Zeitpunkt des schädigenden Ereignisses bereits eine dem Geschädigten innewohnende (konstitutionelle) Schadensanlage bestand, die später zum gleichen Schaden geführt hätte, oder wenn eine durch den Schädiger unmittelbar herbeigeführte Verletzung (erst) zusammen mit einer besonderen Veranlagung des Geschädigten für die Schwere der Verletzungsfolgen bestimmend war. Diese Fälle sind unter dem Gesichtspunkt der **Adäquanz** zu beurteilen und werden so gelöst, dass der Schädiger selbst dann, wenn zwei Umstände nur zusammen die Schwere des Verletzungserfolgs bedingen, für den gesamten Schaden verantwortlich ist. Krankheitserscheinungen, die durch einen Unfall nur deshalb ausgelöst wurden, weil die Anlage zur Krankheit bei dem Verletzten bereits vorhanden war, sind im Sinn der Adäquanz in vollem Umfang Unfallsfolge, sofern die krankhafte Anlage nicht auch ohne die Unfallverletzung in absehbarer Zeit den gleichen gesundheitlichen Schaden herbeigeführt hätte.

Von Anlageschäden zu unterscheiden sind Fälle, in denen eine körperliche Vorschädigung des Patienten und ein ihr nachfolgender ärztlicher Behandlungsfehler einen bestimmten Gesamtschaden verursachen, der durch keine dieser Ursachen allein, sondern nur durch ihr **Zusammenwirken** herbeigeführt werden konnte. Hier haftet der Arzt nicht für die Folgen einer schon vor Behandlungsbeginn bestehenden **Grundschädigung,** sondern nur für jenen weiteren Schaden, der durch sein Fehlverhalten verursacht wurde. Voraussetzung dafür ist, dass in ihren natürlichen Ursachenzusammenhängen abgrenzbare Teilschäden feststellbar sind; sind die Schäden nicht abgrenzbar, so ist von einem Gesamtschaden auszugehen, den je zur Hälfte der Arzt und der Geschädigte zu tragen haben.

Keine Haftung bei atypischer Kausalität

Gefragt wird nach der Wahrscheinlichkeit und der Vorhersehbarkeit einer Verursachung und dem daraus erfolgten Schadenseintritt. Ausgeschlossen werden sollen damit **atypische Kausalverläufe** (z.B. leichter Schlag auf den Kopf führt zum Schädelbruch, weil der Geschädigte einen sogenannten Papierschädel hat).

Das Feststellen des Ursachenzusammenhangs ist in der Praxis insbesondere dann schwierig, wenn **mehrere Schädiger** infrage kommen: Etwa, wenn zwei Ärzte unabhängig voneinander eine falsche Medizin verschreiben, aber sich nicht mehr aufklären lässt, wessen Rezept der Patient eingelöst hat. Oder wenn ein Operateur nachweislich einen Fehler begangen hat und ein Pfleger den Patienten durch Unachtsamkeit zusätzlich schädigt (z.B. der Patient fällt beim Umbetten aus dem Bett). Oder wenn ein Unfallverletzter einen Kopftumor hatte, der erst im Rahmen der Unfallversorgung entdeckt wird. In solchen Fällen kommen Solidarhaftung wie Schadensteilung und Anteilshaftung in Betracht.

Aufgabenteilung zwischen Belegarzt und Belegspital

Der **Belegarzt** hat die ihm obliegende Behandlung des Patienten (einschließlich der notwendigen Nachbehandlung) eigenverantwortlich, im eigenen Namen und auf eigene Rechnung durchzuführen. Der Belegarzt ist befugt, den Patienten im **Belegspital** zu operieren und, solange eine stationäre Behandlung erforderlich ist, dort nachzubehandeln und vom Spitalspersonal betreuen zu lassen. Zur Durchführung der Operation hat das Belegspital seine Räumlichkeiten, Apparate und Instrumente entsprechend zur Verfügung zu stellen. Dem Belegarzt wird grundsätzlich auch die Mitwirkung nachgeordneter Ärzte, Schwestern und Pfleger zugesagt. Soweit dies der Fall ist, unterstehen diese Personen im Rahmen der Behandlung des Patienten den Weisungen und Anordnungen des Belegarztes. Aufgabe des Belegspitals ist es hingegen, den Patienten unterzubringen, zu verpflegen und die für die Durchführung der stationären Behandlung des Patienten durch den Belegarzt erforderlichen Hilfen zur Verfügung zu stellen, soweit dies nicht der Belegarzt selbst besorgt.

Hinweis

Unter Belegärzten versteht man niedergelassene Fachärzte, welche ihre Patienten im Rahmen ihrer selbstständigen Berufsausübung in privaten Krankenanstalten (Belegspitälern) behandeln, die nicht von ihnen selbst betrieben werden. Laut Rechtsprechung kann Belegärzte eine Erfüllungsgehilfenhaftung sowohl für spitalsexterne als auch für spitalsinterne (der Behandlung beigezogene) schuldhaft handelnde Fachärzte und Pflegekräfte treffen. Für das Verschulden des spitalseigenen Personals könnte es aber auch bei der solidarischen Haftung des Belegarztes mit dem Träger des Belegspitals bleiben.

Die im Belegarztvertrag erkennbare **Aufgabenteilung** führt gegenüber dem Patienten zu einer entsprechenden **Aufspaltung der Leistungspflichten** des Belegarztes einerseits und des Belegspitals andererseits. Wie der Oberste Gerichtshof bereits ausgesprochen hat, ist es allerdings möglich, dass die Pflichtenkreise des Belegarztes und des Belegspitals einander überschneiden. Dass zwischen den Patienten und dem Belegspital ein Krankenhausvertrag besteht, schließt keineswegs aus, dass Spitalsangestellte als **Erfüllungsgehilfen** des Belegarztes agieren. Dies gilt nicht nur im Rahmen einer vom Belegarzt durchzuführenden Operation, sondern auch im Rahmen der Operationsvorbereitung, aber auch im Rahmen der Behandlung operationskausal auftretender Komplikationen. Ob im Einzelfall eine solidarische Haftung sowohl des Belegarztes als auch des Krankenhausträgers zu bejahen ist, hängt hierbei stets von den konkreten Umständen ab und lässt sich daher nicht generell beurteilen.

Solidarhaftung von Belegarzt und Krankenhausträger

Verschulden

Meist ist im Streitfall der Arzt dem Vorwurf der **Fahrlässigkeit** ausgesetzt. Fahrlässig handelt ein Arzt dann, wenn er vom Sorgfaltsmaßstab eines sorgfältigen Arztes abweicht. Es handelt sich also um ein vorwerfbares, weil vermeidbares Verhalten, aus dem ein Schaden zwar bloß aus Versehen, aber immerhin durch schuldhafte Unwissenheit oder infolge zu geringer Aufmerksamkeit entsteht. Von Verschulden kann aber nur gesprochen werden, wenn sich der betroffene Arzt rechtmäßig hätte verhalten können. **Grobe** Fahrlässigkeit ist anzunehmen, wenn ein Arzt ungewöhnlich und auffallend nachlässig gehandelt hat und der Eintritt des Schadens wahrscheinlich vorhersehbar war. Das wäre anzunehmen, wenn er etwa einem Neugeborenen eine falsche Injektion verabreicht. **Leichte** Fahrlässigkeit liegt vor, wenn es sich um eine gewöhnliche Nachlässigkeit handelt, die auch einem an und für sich sorgfältigen Menschen unterlaufen kann; so, wenn beispielsweise ein Pfleger nach einer schwierigen endoskopischen Untersuchung das künstliche Gebiss einer Patientin zusammen mit diversem Abfall versehentlich in den Müllkübel befördert.

Der Arzt haftet als **Sachverständiger** im Sinn des § 1299 ABGB nicht für außergewöhnliche Kenntnisse und außergewöhnlichen Fleiß,

Mitschuld

Wirkt ein Patient etwa beim Heilungsprozess nicht im notwendigen Maße mit, hält er z.B. den Therapieplan (Diätplan) nicht ein, beachtet er die auf dem Beipackzettel des verschriebenen Medikamentes enthaltenen Warnhinweise nicht oder nimmt er das Medikament nicht entsprechend den ärztlichen Anweisungen ein, so kann dies ein Mitverschulden des Patienten begründen. Die Behauptungs- und Beweislast für das Mitverschulden des Patienten trägt aber der Arzt bzw. der Krankenanstaltsträger.

Ärzte haften auch für jedes sonstige schuldhafte Fehlverhalten im Rahmen ihrer die besondere Fachkunde erfordernden Tätigkeit

wohl aber für die Kenntnisse und den Fleiß, den seine Fachgenossen gewöhnlich haben. Bereits leichte Fahrlässigkeit genügt. Entscheidend ist der Leistungsstand der betreffenden Berufsgruppe, folglich gilt ein objektiver Verschuldensmaßstab, der sich durch die typischen Fähigkeiten des jeweiligen Berufsstands definiert. Nur wenn der Fachmann tatsächlich über den Standard seiner Berufsgruppe hinausgehende, also auch für einen Fachmann außergewöhnliche Kenntnisse besitzt, muss er diese zur Schadensabwendung einsetzen, wenn ihm das nur jedermann zumutbare Anstrengungen abfordert: So darf beispielsweise ein Arzt, der auf Grund eigener Forschung um die besondere Schädlichkeit eines in der Fachwelt als harmlos beurteilten Medikaments weiß, dieses nicht einsetzen; desgleichen hat ein Chirurg, der auch ausgebildeter Anästhesist ist, erforderlichenfalls sein Zusatzwissen einzusetzen. Kurzum: Der Sorgfaltsmaßstab ist nicht anhand eines Universitätsprofessors, sondern anhand eines Durchschnittsarztes zu definieren, der nicht sub auspiciis promoviert, sondern im Durchschnitt „befriedigende" Leistungen erbracht hat.

Spezialisten mit Durchschnittswissen als objektiver Sorgfaltsmaßstab

Der Kläger wurde dem Beklagten (Radiologen) von dessen Hausarzt zur Nachkontrolle nach Entfernung eines Nierenkarzinoms überwiesen. Die Zuweisung bezog sich auf die Bereiche Thorax, Abdomen und Becken. Die Untersuchung der Schilddrüse des Klägers war nicht Gegenstand der Zuweisung und daher auch nicht des Behandlungsvertrags zwischen den Parteien. Da aber „ein Großteil der Radiologen ohne vertiefte Ausbildung" – also der durchschnittliche Radiologe – Zufallsbefunde bezüglich der Schilddrüse nicht erkannt hätte, haftete der Facharzt nicht.

Mit- und Eigenverschulden

Mitverschulden muss nachgewiesen werden

Oft spielt **Mitverschulden** eine wichtige Rolle. Es gibt nämlich immer wieder Konstellationen, bei denen auch der Geschädigte zum Eintritt des Schadens schuldhaft beigetragen hat; auch **Eigenverschulden** genannt. Das ABGB umschreibt dies folgendermaßen: Wenn bei einer Beschädigung zugleich ein Verschulden vonseiten des Beschädigten eintritt, so trägt er mit dem Beschädiger den Schaden verhältnismäßig; und wenn sich das Verhältnis nicht bestimmen lässt, zu gleichen Teilen.

Apropos Eigenverantwortung: Die Unterlassung einer Aufklärung ist nicht haftungsbegründend, wenn der Arzt die Möglichkeit, im unmittelbaren Gespräch dem Patienten seine Aufklärung über weitere notwendige fachärztliche Abklärungen zu geben, nicht hat. Wenn er also schon davor bei seinen Versuchen scheiterte, mit dem Patienten zwecks Herbeiführung dieses unmittelbaren Kontakts einen Termin in seiner Ordination zu vereinbaren. Ausreichend sind (zumindest) zwei Versuche auf jeweils verschiedene Art (Telefon, Post). Etwa wenn von der Praxis bei der hinterlassenen **Mobiltelefonnummer** angerufen wurde, wäre eine Kontaktaufnahme – etwa Rückruf am Mobiltelefon bzw Bekanntgabe einer geänderten Mobiltelefonnummer – zumutbar gewesen.

Als Verletzung seiner Mitwirkungspflicht wurde es einem Patienten angelastet, dass er im Aufklärungs- bzw Anamnesegespräch mit dem Anästhesisten, der ausdrücklich nach Allergien oder Unverträglichkeiten gefragt hatte, keine **Mitteilung** von seiner Diclofenac-Unverträglichkeit gemacht hatte.

Patient darf Eintritt des Schadens nicht „provozieren"

Der geschädigte Patient ist auch verpflichtet, seinen Schaden so gering wie möglich zu halten und die (Schadens-)Folgen nicht durch das Unterlassen schadensmindernder Maßnahmen zu vergrößern **(Schadensminderungspflicht).** Der Geschädigte hat dabei die zumutbaren Maßnahmen von sich aus und ohne Rücksicht auf das Verhalten des Schädigers zu setzen.

Ein an seinem Körper Verletzter verstößt gegen seine Schadensminderungspflicht, wenn er trotz des ausdrücklichen Hinweises durch den Arzt und vonseiten des Krankenhauses auf die Wichtigkeit einer ihm zumutbaren Heilbehandlung (z.B. der verordneten Ergotherapie), durch die seine Beschwerden verbessert werden könnten (innerhalb eines Zeit-

Narkose verboten

Eine erst in Fachausbildung stehende Ärztin darf eine Narkose nicht alleine verabreichen. Diese Vorschrift soll spezifische Schäden durch nicht hinreichend ausgebildetes Personal vermeiden. Geschieht dies dennoch und fügt sie dabei z.B. durch Unterlassung einem Patienten Schaden zu, weil sie bestimmte Verhaltensregeln noch nicht kennt, haftet die Krankenanstalt für ihre (also der Ärztin) Unterlassung, weil just jener Schaden eingetreten ist, der hätte vermieden werden sollen. Diesfalls ist also ein Rechtswidrigkeitszusammenhang anzunehmen.

raums von wenigen Monaten hätten sich die Beschwerden z.B. „um die Hälfte" gebessert), diese verweigert (etwa, weil er niemanden für die **Hundebetreuung** hat). Er hat die von ihm zu vertretende Schadenserhöhung allein zu tragen.

Rechtswidrigkeit

Rechtswidrigkeit setzt immer einen **Normverstoß** voraus. Für die Feststellung, ob ein Verhalten rechtmäßig oder rechtswidrig war, sind alle Normen unseres Rechtssystems heranzuziehen: Gesetze (z.B. Ärztegesetz), Verträge (z.B. Behandlungsvertrag), aber auch die guten Sitten (§ 879 ABGB).

Vorbereitung eines Prozesses

Nicht jeder Behandlungsfehler begründet eine Arzthaftung

Der Gang vor ein Gericht stellt für den medizinischen und juristischen Laien auch heute noch ein Wagnis dar. Um das **Prozessrisiko** gering zu halten, sind umfangreiche **Vorarbeiten** notwendig, damit die Erfolgsaussichten einer Klage einigermaßen bewertet werden können. Trotz des rasanten medizinischen Fortschrittes übersteigen die Erwartungen in die medizinische Heilkunst häufig das, was die Medizin tatsächlich zu leisten vermag. Es ist daher Vorsicht dabei geboten, übereilt eine ärztliche Fehlleistung anzunehmen. Eine ungünstige Konstitution (schlechter Allgemeinzustand, Immunschwäche etc.) senkt nun einmal die Erfolgsaussichten einer Behandlung. Ärzte sprechen bei unverschuldetem Misslingen einer Therapie gerne von einem „schicksalshaften Behandlungsverlauf".

Erhärtet sich der Verdacht gegen den Arzt, so werden die ersten Recherchen der Beweissicherung dienen (Ablichtung der Krankengeschichte etc.). Details zu den weiteren Schritten wie Konsultation eines zweiten Arztes und Einholung eines Gutachtens finden Sie im Kapitel „Misserfolg der Behandlung, Behandlungsfehler" (siehe ► Seite 171).

In jedem Fall empfiehlt es sich, eine Beratungsstelle aufzusuchen, die bei allen Vorarbeiten Hilfestellung gewährt und sich bemüht, eine gütliche Einigung mit dem Arzt herbeizuführen. Schlussendlich kann ein Rechtsanwalt damit beauftragt werden, außergerichtliche Vergleichsverhandlungen mit dem Arzt bzw. mit dessen Haftpflichtversicherung aufzunehmen oder Schadenersatzklage einzubringen.

Sichern der Beweismittel

Ein nicht unerheblicher Teil der Arzthaftungsprozesse wird verloren, weil der Patient die tatsächlich gegebenen Behandlungsfehler nicht beweisen kann. Beweismittel werden sehr häufig entweder gar nicht, nicht richtig oder nicht rechtzeitig gesichert. Sichern Sie daher beim geringsten Behandlungsfehlerverdacht möglichst **frühzeitig** und **umfassend** alle Beweismittel!

Geben Sie Beweismittel auf keinen Fall aus der Hand! Das gilt insbesondere für z.B. fehlerhaft gefertigte oder ausgewählte Prothesen und ähnliche Hilfsmittel. Im Nachhinein lässt sich sonst der Fehler ohne Vorlage des damals verordneten Originals nur schwer nachweisen. Falls Sie jedoch eine Rückgabe nicht vermeiden können, empfiehlt sich dringend die vorherige Anfertigung von Fotos oder Videos – im Idealfall durch neutrale Dritte (= optimale Zeugen).

Auf Fehler achten

Vollständigkeit und Richtigkeit der Krankenunterlagen prüfen

Lesen Sie die Arztbriefe und andere Krankenunterlagen sorgfältig (oder lassen Sie sich diese erläutern) und achten Sie auf eine lückenhafte oder unzutreffende Darstellung Ihres Gesundheitszustandes oder Ihrer Äußerungen. Falls Sie **Fehler** (z.B. sind Untersuchungen eingetragen, die gar nicht durchgeführt wurden) in den Unterlagen entdecken, bestehen Sie den Ärzten gegenüber hartnäckig auf einer umgehenden **Korrektur.** Falls man dem nicht nachkommen möchte, weisen Sie die Klinikleitung und Ihre Krankenkasse umgehend schriftlich auf die unzutreffende Darstellung hin, und zwar so, dass diese sich dazu äußern müssen (z.B. in Form einer Frage, was nun weiter zu tun sei etc.). Lassen Sie von einem anderen Arzt in engem zeitlichen Zusammenhang Ihren aktuellen Zustand feststellen und sich dessen Befund in Kopie aushändigen.

Dazu ein Beispiel: Ein normalerweise zweistündiger Eingriff hat bei Ihnen fünf Stunden gedauert. Allein das kann in der Regel als deutliches Indiz für intraoperative Komplikationen auf Chirurgen- oder Anästhesistenseite gewertet werden. Wird die ungewöhnlich lange Dauer der Operation anschließend weder im Anästhesieprotokoll vermerkt noch Ihnen gegenüber angesprochen, spricht einiges für das Vorliegen eines Behandlungsfehlers. Das gilt auch, wenn in einem derartigen Fall im Operationsbericht ein ganz gewöhnlicher Verlauf des Eingriffs beschrieben wird. Sofern Sie unsicher sind, ob in Ihrem Fall alles zutreffend dokumentiert ist, lassen Sie die Unterlagen am besten von einem unabhängigen Mediziner prüfen.

Wozu der ganze Aufwand gut sein soll? In den meisten Fällen kann man getrost darauf verzichten. Steht jedoch der Vorwurf eines Behandlungsfehlers im Raum, ist die in sämtlichen **Details** zutreffende Wie-

Schweigen statt reden

Falls Sie den Verdacht einer Manipulation der Behandlungsunterlagen haben, behalten Sie diesen unbedingt für sich. Leisten Sie sich keine unvorsichtige Äußerung gegenüber irgendwelchen Mitarbeitern der entsprechenden Praxis/Klinik bzw. gegenüber anderen beteiligten Stellen. Wenden Sie sich lieber direkt an einen Anwalt oder einen unabhängigen Mediziner, um dem Verdacht auf geeignete Weise nachzugehen.

dergabe des Behandlungsgeschehens von äußerster Wichtigkeit. Denn bei der Beurteilung medizinischer Sachverhalte geht jeder Gutachter in erster Linie von der ihm vorliegenden Behandlungsdokumentation aus. Nach diesen Aufzeichnungen entscheidet sich in aller Regel, ob eine Fehlbehandlung bejaht oder verneint wird. Entsprechen die Eintragungen nicht den tatsächlichen Gegebenheiten, ist es für den Patienten äußerst schwierig, dies nachträglich zu beweisen.

Beweisregeln im Arzthaftungsprozess

Erfüllung der Aufklärungspflicht hat der Arzt zu beweisen

Dass ein ersatzfähiger Schaden eingetreten ist, muss vom Geschädigten nicht nur **behauptet,** sondern auch **bewiesen** werden. **Beweislast** heißt allgemein, wer in einem Prozess – bei sonstigem Prozessverlust – **was** zu beweisen hat. Die Beweislast für die Erfüllung der ärztlichen Aufklärungspflicht trifft die Ärzte. Ist die mangelnde Aufklärung belegt, muss der Arzt beweisen, dass der Patient auch bei ausreichender Aufklärung seine Zustimmung erteilt hätte. Die ärztliche Aufklärungspflicht reicht umso weiter, je weniger der Eingriff aus der Sicht eines vernünftigen Patienten vordringlich oder gar geboten ist. Hier ist die ärztliche Aufklärungspflicht im Einzelfall selbst dann zu bejahen, wenn erhebliche nachteilige Folgen wenig wahrscheinlich sind. Steht aber fest, dass sich ein Patient auch bei gehöriger Aufklärung der gewählten Behandlung unterzogen hätte, spielt es keine Rolle, wen die Beweislast trifft.

Behandlungsfehler oder Aufklärungspflichtverletzung?

Der Haftungsumfang des Arztes unterscheidet sich danach, ob ihm ein Behandlungsfehler oder eine Aufklärungspflichtverletzung vorzuwerfen ist. Im erstgenannten Fall hat der Arzt etwa für die vom Geschädigten unter Berücksichtigung der ihm zugutekommenden Beweiserleichterung zu beweisenden schädlichen Folgen des Behandlungsfehlers selbst einzustehen. Im Fall der Verletzung der Aufklärungspflicht hingegen für die Folgen der Verwirklichung des Risikos, auf das er hinweisen hätte müssen.

Beweislastumkehr

In der Regel muss der Geschädigte behaupten und beweisen, dass er einen Schaden erlitten hat. Unter bestimmten Voraussetzungen kommt es aber zur Beweislastumkehr. Dies ist der Fall, wenn keine ausreichende Krankengeschichte geführt wurde oder diese, was leider nicht selten vorkommt, unauffindbar ist, wodurch Behandlungsabläufe unaufgeklärt bleiben. Hier trifft den Arzt die Beweislast für sein Nichtverschulden. Der Beweis dafür wird ihm kaum gelingen, weshalb er im Prozess in der Regel unterliegt.

Anscheinsbeweis durch Gegenbeweis entkräftet

Eine Verschiebung des **Beweisthemas** und der **Beweislast** im Sinn des sogenannten **Anscheinsbeweises** ist möglich. Ein solcher Beweis kann bei mit erwiesenen Fehlern (z.B. Vergessen eines Tupfers im Bauchraum) möglicherweise zusammenhängenden Gesundheitsschäden des Patienten angenommen werden. Beim Anscheinsbeweis genügt es, dass bloß „überwiegende" Gründe für die Verursachung des Schadens sprechen. Der Anscheinsbeweis („prima-facie-Kausalität") wird aber entkräftet, wenn Tatsachen bewiesen werden, aus denen die konkrete Möglichkeit eines anderen Geschehensablaufs erschlossen werden kann. Gelingt dies, etwa aufgrund des Nachweises, dass die Gesundheitsbeeinträchtigung ernstlich auch auf eine Komplikation oder eine körperliche Vorschädigung zurückzuführen sein könnte, muss der Patient den **Vollbeweis** des Kausalzusammenhangs zwischen Sorgfaltsverstoß und Gesundheitsschädigung führen.

Beweislastumkehr bei Dokumentationsfehler

Auch für **Hebammen** und andere medizinische Berufe greift bei Verletzung der Dokumentationspflicht eine Beweislastumkehr in Bezug auf Umstände, die für den Schadenseintritt erheblich sein können (z.B. fehlende Dokumentation der Sklerenfarbe für die Feststellung einer Neugeborenengelbsucht). Aufgrund der Dokumentationspflichtverletzung hat der beklagte Krankenanstaltenträger nachzuweisen, dass zum Zeitpunkt der Untersuchung keinerlei auch nur unspezifische Auffälligkeiten vorlagen bzw. dass die erwiesene Vertragsverletzung im konkreten Fall für die nachteiligen Folgen mit größter Wahrscheinlichkeit unwesentlich geblieben ist.

Allerdings anerkennt die Rechtsprechung wegen den Beweisschwierigkeiten des Patienten beim Anscheinsbeweis eine Reduktion des Beweismaßes auf das Kriterium der überwiegenden Wahrscheinlichkeit, dass der Schaden auf den Behandlungsfehler zurückzuführen ist. Wenn dem Geschädigten der Kausalitätsnachweis auch unter Anwendung dieser Beweiserleichterung nicht gelingt, weil etwa zwei potenzielle Schadensursachen gleich wahrscheinlich sind, ist eine Schadensteilung vorzunehmen.

Beweis-
erleichterung

Beispielsweise kann der Anscheinsbeweis hinsichtlich der Kausalität der **Bluttransfusionen** für die Erkrankung einer Patientin sachgerecht sein. Der OGH bejahte den Anscheinsbeweis auch schon im Fall einer Blutspende (in den 1970er-Jahren) als Beweis der Kausalität für eine nachfolgende **Hepatitis-C-Erkrankung.** Von der Beweispflicht des Patienten kann hinsichtlich der Kausalität insbesondere bei ärztlichen Behandlungsfehlern ausgegangen werden, weil hier nicht dem Patienten, sondern dem zur Haftung herangezogenen Arzt die Mittel und die Sachkunde zum Nachweis zur Verfügung stehen.

Der OGH verlangt aber vom Geschädigten, dass dieser zuerst dem Arzt eine objektive Pflichtverletzung nachweist. Erst aus dem objektiven Beweis eines ärztlichen Behandlungsfehlers wird subjektiv (bis zum Beweis des Gegenteils) auf eine Verletzung der Sorgfaltspflicht des Arztes geschlossen. Für den Patienten ist es aber oft schwierig, einem Arzt einen Behandlungsfehler nachzuweisen. Steht etwa fest, dass die gewählte Operationstechnik den Regeln der ärztlichen Kunst entspricht, so kann der Umstand, dass ein Sachverständiger im Gerichtsverfahren im Nachhinein eine andere Operationstechnik als „vernünftiger" beurteilt, eine Haftung nicht begründen.

Beweis-
schwierigkeiten

Das Unterbleiben der Aufklärung über unterschiedlich hohe **Rückfallraten** von alternativen Behandlungsmethoden führt nicht dazu, dass der belangte Arzt nach einer lege artis (nach aktuellem Stand der Wissenschaft) gewählten und durchgeführten Behandlung den Beweis erbringen müsste, dass es auch bei jener Behandlungsmethode, die nach einer ordnungsgemäßen Aufklärung gewählt worden wäre, zu einem Rückfall gekommen wäre. Eine solche Beweislastumkehr wäre eine Überspannung des Schadenersatzrechts, weil dies eine Haftung wegen des Vorliegens einer Aufklärungspflichtverletzung begründen würde.

Lehrreich ist in diesem Zusammenhang das Sprichwort: „Recht haben und recht bekommen ist zweierlei!" Gemeint ist damit: Ich kann recht haben, bekomme aber dennoch nicht recht vor Gericht, wenn ich meinen Anspruch nicht beweisen kann. Bevor man zu Gericht geht (klagt), ist daher stets genau zu überlegen, ob man auch beweisen kann, was man beweisen muss.

Verjährungsfragen

3 Jahre Verjährungsfrist

Es ist eine Eigenart des Rechts, dass Ansprüche nur innerhalb einer bestimmten Zeit (Frist) geltend gemacht werden können. Das gilt auch für Schadenersatzansprüche. Verjährung bedeutet demnach: Rechtsverlust durch Nichtausübung eines Rechts während einer bestimmten Zeit. Schadenersatzansprüche verjähren grundsätzlich innerhalb einer Frist von drei Jahren.

Die Verjährungsfrist beginnt, sobald das Recht „an sich schon hätte ausgeübt werden können" – das heißt, mit der Möglichkeit des Geltendmachens seines Rechts mittels Klage. Die Verjährungsfrist beginnt also mit Kenntnis des Schadens und des Schädigers zu laufen. Kommt jemand durch einen ärztlichen Kunstfehler zu Schaden, beginnt die Verjährungsfrist bei Kenntnis, dass es sich um einen solchen handelt.

Der Geschädigte darf sich aber nicht rein passiv verhalten und es darauf ankommen lassen, dass er von den die Ersatzpflicht begründenden Umständen eines Tages zufällig Kenntnis erhält. Der geschädigte Patient muss nach der Rechtsprechung ohne nennenswerte Mühe auf ein Verschulden seines Arztes schließen können, also den Schaden und den Schädiger so weit kennen, dass eine **Klage mit Aussicht auf Erfolg** erhoben werden kann. Eine bloße Mutmaßung über das Vorliegen verschuldensbegründender Umstände reicht nicht aus.

Ist ein Patient zwar subjektiv vom Vorliegen eines Schadens (z.B. **Kieferbruch** im Zuge der Einzementierung einer Zahnbrücke) überzeugt, standen ihm zum damaligen Zeitpunkt aber keine medizinischen Unterlagen zur Verfügung, die eine Objektivierung seiner Ansicht ermög-

Dreijährige Frist

Werden die Folgen einer durchgeführten Operation dem Patienten beispielsweise erst nach fünf Jahren bekannt, beginnt die Verjährungsfrist erst damit, das heißt nach fünf Jahren, zu laufen und Verjährung tritt insgesamt erst acht Jahre nach dem Schadensereignis ein. Erfährt eine Patientin erst zwei Jahre nach der Operation, dass man ihr nicht nur die **Eileiter** entfernt hat, sondern auch die **Gebärmutter entfernt** wurde, obwohl dies nicht vereinbart und auch medizinisch nicht indiziert war, beginnt auch hier die dreijährige Verjährungsfrist erst mit Kenntnis dieses Umstandes zu laufen. Anders liegt der Fall, wenn ein **Patient weiß, dass** eine Operation nicht gelungen ist, und dennoch (viele Jahre) nichts unternimmt.

Verjährungsfrist beginnt mit Kenntnis von Schaden und Schädiger zu laufen

licht hätten (z.B. infolge eines **unrichtigen Sachverständigengutachtens**), so beginnt die Verjährungsfrist so lange nicht zu laufen, als die objektive Unkenntnis andauert (z.B. bis zur Anfertigung einer MRT), mögen auch Schaden und Person des möglichen Ersatzpflichtigen an sich bekannt gewesen sein. Sucht der Patient zwischen Vorprozess und Einbringung der Klage gegen den beklagten Sachverständigen „unzählige Ärzte in ganz Österreich" auf, um den Schaden beweisen zu können, ist er seiner **Erkundigungsobliegenheit** nach den für eine Erfolg versprechende Anspruchsverfolgung notwendigen Voraussetzungen nachgekommen.

Wird dem Patienten beispielsweise nach Vorliegen eines auf „Goldallergie" lautenden Testergebnisses ein „allfälliger", also bloß möglicher Zusammenhang zwischen seinen Beschwerden und dem Einsetzen seiner „Goldkronen" bewusst, beginnt die Verjährungsfrist erst ab jenem Zeitpunkt zu laufen, zu dem die „Goldkronen" durch Vollkeramikkronen **ersetzt** werden, worauf eine deutliche Besserung der Beschwerden eintritt.

Stützt ein Patient sein Begehren alternativ auf verschiedene Sachverhaltsvarianten (z.B. Behauptung zweier verschiedener Behandlungsfehler, die jeweils für sich allein den Schaden verursacht hätten), liegen in Wahrheit **zwei Ansprüche** vor, die auch **verjährungsrechtlich getrennt** zu beurteilen sind. Ist ein Patient vom Vorliegen eines Behandlungsfehlers subjektiv überzeugt, so wird damit noch nicht die Verjährungsfrist in Gang gesetzt. Den Patienten kann aber eine **Erkundigungspflicht** treffen,

Schritte zur Objektivierung seiner „Überzeugung" zu setzen. Dieser Obliegenheit kann er auch dadurch nachkommen, dass er sich zur Durchsetzung seiner behaupteten Ansprüche an die Patientenvertretung wendet. Ist der Geschädigte **Laie** und setzt die Kenntnis des Kausalzusammenhangs und die Kenntnis der Umstände, die das Verschulden begründen, **Fachwissen** voraus, so beginnt die Verjährungsfrist erst zu laufen, wenn der Geschädigte durch ein **Sachverständigengutachten** Einblick in die Zusammenhänge erlangt hat. Hätte ein in einem Schlichtungsverfahren eingeholtes Gutachten objektive Anhaltspunkte für einen Kunstfehler ergeben, wäre dadurch die Verjährung in Gang gesetzt worden.

Im Regelfall ist ein Laie zwar nicht verpflichtet, ein **Privatgutachten** einzuholen. Ausnahmsweise kann aber, sofern eine Verbesserung des Wissensstands nur so möglich und dem Geschädigten das Kostenrisiko zumutbar ist, auch die Einholung eines Sachverständigengutachtens als Obliegenheit des Geschädigten angesehen werden.

30 Jahre absolute Verjährung

Ist einem Patienten der Schaden oder die Person des Schädigers nicht bekannt geworden, verjährt bzw. erlischt sein Schadenersatzanspruch endgültig, also absolut, erst nach **dreißig Jahren.**

Wenn mehrere Ärzte dem Patienten bestätigen, dass eine Entzündung und die daraus entstandenen negativen Folgen auf eine Vernachlässigung des Venflons im Krankenhaus zurückzuführen seien, bestehen ausreichend gesicherte Anhaltspunkte für einen Behandlungsfehler, weshalb die dreijährige Verjährungsfrist zu laufen beginnt. Daran ändert auch nichts, dass die Ergebnisse des Schlichtungsverfahrens und des ersten Privatgutachtens nicht für oder sogar gegen den Prozessstandpunkt des Klägers sprachen. Der Geschädigte darf nicht solange zuwarten, bis er den Prozess mit Sicherheit zu gewinnen glaubt; er kann auch nicht solange zuwarten, bis er alle Beweismittel gesammelt hat, die sein Prozessrisiko auf ein Minimum reduzieren.

Hemmung der Verjährung

Der Verlauf der Verjährungsfrist wird **gehemmt,** das heißt, die bereits laufende Verjährungsfrist wird vorübergehend angehalten, wenn z.B. zwischen dem geschädigten Patienten und der Haftpflichtversicherung

Fristunterbrechung

Wichtig! Auch das Anrufen einer **Schlichtungsstelle oder Gutachterkommission** hemmt die Verjährungsfrist. Diese Tatsache wird immer wieder unrichtig dargestellt.

des Arztes Schadenersatzverhandlungen (im Sinne von **Vergleichsverhandlungen**) geführt werden. Um solche Verhandlungen nicht zeitlich unter Druck zu setzen, beginnt die Verjährungsfrist erst **nach** Beendigung, also etwa mit dem Scheitern dieser Verhandlungen zu laufen. Diese Rechtsprechung des OGH hatte einen realen Anlass: Eine Versicherungsgesellschaft hatte lang und hinhaltend verhandelt, um nach Ablauf von drei Jahren festzustellen, dass nun der Anspruch verjährt sei. Dieser unseriösen Vorgangsweise trat der OGH entgegen. Bei Wegfall des Hemmungsgrundes läuft die Verjährungsfrist unter Einrechnung der bereits abgelaufenen Zeit weiter.

Außergerichtliche Verhandlungen hemmen Verjährungsfrist

Nach dem Ärztegesetz sollen die nach Behandlungsfehlern geführten Vergleichsgespräche vor ärztlichen Schlichtungsstellen oder vergleichbaren Einrichtungen den „Ablauf" der Verjährung hemmen. Diese **Fortlaufshemmung** bedeutet, dass die Hemmung ab ihrem Eintritt **höchstens 18 Monate** dauern darf. Die Hemmung des Laufes der Verjährungsfrist kann mit dem Tag enden, an welchem die befasste ärztliche Schlichtungsstelle eine schriftliche Erklärung abgibt, dass sie die Vergleichsverhandlungen als gescheitert ansieht. Eine vom Vorsitzenden der Schlichtungsstelle geäußerte und in dieser Form in einem Protokoll festgehaltene Meinung, dass kein Schadenersatzanspruch bestehe und „keine Empfehlung an die Versicherung gegeben werden" könne, genügt dem nicht.

Fortlaufshemmung zeitlich begrenzt

Kostenfragen

Beim **zivilgerichtlichen Verfahren** muss der Patient den Arzt auf Schadenersatz klagen. Das bedeutet für den Patienten vorerst einmal

Mühsam und teuer

Der Zivilrechtsweg ist für den Patienten häufig schwierig. Er ist unter Umständen mit beträchtlichem finanziellen Aufwand verbunden, und der Nachweis eines rechtswidrigen und schuldhaften Verhaltens des Arztes ist mitunter schwer zu erbringen.

eine finanzielle Belastung. Er ist wahrscheinlich ein juristischer und medizinischer Laie, der zur Durchsetzung seiner Ansprüche einen Rechtsanwalt braucht. Das kostet Geld.

Außerdem ist der Ausgang des Gerichtsverfahrens nicht unbedingt Erfolg versprechend, und zwar aus folgendem Grund: Der Patient muss als Kläger den Schaden und die Kausalität desselben beweisen. Die Beweislast für die Patientenaufklärung trägt der Arzt.

Gewöhnlich muss ein medizinisches **Gutachten** erstellt werden. Die Kosten für dieses Gutachten muss vorerst der Kläger (also der Patient) tragen, er bekommt sie erst im Falle des Prozessgewinnes zurückerstattet.

Keine leichte Sache

Prozesse zu gewinnen ist nicht so leicht, gerade in der Medizin: Eine gesundheitliche Schlechterstellung kann nicht nur durch unsachgemäßes Handeln des Arztes, sondern auch durch die körperliche Verfassung des Patienten selbst eintreten (so wird z.B. ein unheilbar an Krebs erkrankter Mensch auch durch einen noch so guten Arzt nicht gerettet werden können). Der **Beweis,** dass durch das Verhalten des Arztes dem Patienten ein Schaden zugefügt wurde, wird daher nicht leicht zu erbringen sein.

Beweisführung obliegt dem Staatsanwalt

Beim **Strafprozess** fällt für den Patienten die finanzielle Belastung weg, da als Ankläger der Staatsanwalt auftritt und dieser den Beweis erbringen muss, dass der Arzt rechtswidrig und schuldhaft gehandelt hat. Ein Patient, der in seinen Rechten verletzt wurde, kann sich wegen seiner privatrechtlichen Ansprüche dem Strafverfahren anschließen.

Härtefonds

Der Patientenentschädigungsfonds springt ein, wenn Patienten ohne ärztliches Verschulden zu Schaden kommen, allerdings nur bei Behandlungen in sogenannten **Fondskrankenanstalten**. Die Entschädigung aus dem Fonds gebührt dann, wenn entweder **schuldhaftes Verhalten nicht ausgeschlossen** werden kann oder **seltene Komplikationen** auftreten; nicht jedoch, wenn eindeutig ein Verschulden, etwa ein ärztlicher Kunstfehler oder falsche bzw. mangelhafte Pflege, zu einer Schädigung geführt hat. Dies erspart Patienten die oft sehr schwierige Beweisführung vor Gericht, wo nur dann Schadenersatz zugesprochen werden kann, wenn ein Verschulden nachweisbar ist.

Wenn man also einen Schaden im Zuge einer Behandlung z.B. in Wien erlitten hat, wendet man sich am besten direkt an die Wiener Pflege-, Patientinnen- und Patientenanwaltschaft, die dann unabhängig und frei von Weisungen prüft, ob eine Entschädigung oder ein Schadenersatz möglich ist. Die Patientenanwaltschaft steht den Patienten aber auch bei Schadensabwicklungen mit Ärzten, der Versicherung oder dem Rechtsträger eines Spitals mit Rat und Tat zur Seite.

Achtung

Erhalten Sie als Patient, nachdem eine Entschädigung durch den Fonds ausbezahlt wurde, wegen desselben Falls eine Geldleistung ausbezahlt, haben Sie dies aufgrund einer allfälligen Rückzahlungsverpflichtung dem Fonds mitzuteilen!

Patientenrechte in der Psychiatrie und in Heimen

Der folgende Abschnitt beschäftigt sich mit den Besonderheiten im Fall einer sogenannten „Unterbringung" sowie der Freiheitsentziehung außerhalb von psychiatrischen Anstalten (Heimaufenthalt).

Die **persönliche Freiheit** eines Menschen ist eines der höchsten Rechtsgüter. Sie ist in Österreich zweifach verfassungsrechtlich abgesichert, einerseits durch das Bundesverfassungsgesetz über den Schutz der persönlichen Freiheit, andererseits durch die Europäische Menschenrechtskonvention. Das Heimaufenthaltsgesetz regelt den Schutz der persönlichen Freiheit **während** des Aufenthalts in Heimen oder anderen Pflege- und Betreuungseinrichtungen. Das Unterbringungsgesetz regelt die (zwangsweise) **Aufnahme** und Anhaltung psychisch kranker Menschen in psychiatrischen Krankenanstalten.

Voraussetzungen der Unterbringung

In der Praxis werden psychiatrische Patienten oftmals auffällig, wodurch – je nach Ausmaß und Schutzerwägungen – die Beiziehung professioneller Hilfe erforderlich wird. Abhängig davon, welche Notrufnummer gewählt bzw. wer zuerst kontaktiert wurde, sind in das Einsatzgeschehen der Rettungs- bzw. Notarztdienst, ein niedergelassener Arzt und/oder die Polizei involviert. Ein Kliniktransfer gegen oder ohne den Willen des Betroffenen ist möglich. Die Vorgehensweise orientiert sich am **Unterbringungsgesetz** sowie dem **Sicherheitspolizeigesetz,** wobei die Einsatzkräfte vorab die materiellen Unterbringungsvoraussetzungen zu prüfen haben.

Eine Unterbringung in einer psychiatrischen Abteilung ist demnach zulässig, wenn eine Person

Krankheit und Gefährdung sind für Unterbringung entscheidend

- an einer **psychischen Krankheit** leidet,
- im Zusammenhang damit ihr Leben oder ihre Gesundheit oder das Leben oder die Gesundheit anderer ernstlich und erheblich **gefährdet** und
- nicht in anderer Weise, insbesondere außerhalb einer psychiatrischen Abteilung, ausreichend ärztlich behandelt oder betreut werden kann.

„Psychische Krankheit" gesetzlich nicht definiert

„Psychische Krankheit" ist ein **Rechtsbegriff** und obliegt somit der Auslegung durch das Gericht. Es geht hier daher nicht um medizinische Fragen wie das subjektive Leiden eines Patienten, die Abweichung vom sozialen Normverhalten oder die Zuordnung zu einer bestimmten Diagnose oder einem Klassifikationssystem wie etwa ICD-10 (ICD steht für International Classification of Diseases – ein von der Weltgesundheitsorganisation herausgegebenes Manual aller anerkannter Krankheiten und Diagnosen) oder DSM-III-R (Diagnostisches und Statistisches Handbuch Psychischer Störungen), sondern vielmehr um die Beeinträchtigung der Selbstbestimmungsfähigkeit und den Verlust der Handlungsfreiheit, die den massiven Grundrechtseingriff der Unterbringung rechtfertigen.

In der Regel sind psychische Krankheiten im Sinn des Gesetzes **körperlich begründbare Psychosen** (z.B. Hirngefäßerkrankungen, degenerative Hirnprozesse, Hirntumore, traumatische Hirnschädigungen, höhergradiges organisches Psychosyndrom, Demenz) und **endogene Psychosen** (Schizophrenie, manisch-depressive [affektive] Psychose), nicht grundsätzlich hingegen Alkoholismus und Suchtkrankheit, Suizidversuch und geistige Behinderung. Uneinigkeit besteht jedoch bei Neurosen und Persönlichkeitsstörungen.

Gefährdungsprognose

Die im Gesetz geforderte Gefährdung ist im Sinn einer **Prognose** zu bestimmen und folgt nicht automatisch aus jeder psychischen Erkrankung. Es handelt sich hierbei um ein weiteres einschränkendes Kriterium. Ein konkreter Schadenseintritt ist nicht Voraussetzung; vielmehr muss dieser aufgrund objektiver und konkreter Anhaltspunkte wahrscheinlich sein. Die **Ernstlichkeit** der Gefahr liegt vor, wenn der Schaden mit hoher Wahrscheinlichkeit eintreten muss. Darüber hinaus hat die Schädigung direkt aus der Krankheit zu drohen. Eine bloß vage Möglichkeit einer Selbstbeschädigung oder Fremdschädigung ist nicht ausreichend.

Die Gefährdung muss sich nicht bereits realisiert haben, sondern es reicht aus, wenn nach der Lebenserfahrung krankheitsbedingte Verhaltensweisen zur Gefährdung von Leben und Gesundheit führen. Bei besonders schwerwiegenden Folgen genügt bereits eine geringere Wahrscheinlichkeit, um die Zulässigkeit der weitergehenden Beschränkungen der Bewegungsfreiheit zu bejahen. **Erheblichkeit** ist gegeben, wenn der drohende Schaden eine besondere Schwere aufweist, wobei als Maß die Definition der schweren Körperverletzung aus dem Strafrecht fun-

Einweisung

Gegen oder ohne ihren Willen darf eine Person von der Polizei nur dann auf eine psychiatrische Abteilung gebracht werden, wenn ein im öffentlichen Dienst stehender Arzt bzw. ein vom Landeshauptmann ermächtigter Arzt die Voraussetzungen bestätigt. Nur bei „Gefahr in Verzug" darf die Polizei einen Menschen direkt in eine psychiatrische Abteilung bringen.

giert. Stets muss ein Kausalzusammenhang zwischen psychischer Krankheit und konkreter Gefahr bestehen.

Das **Fehlen von Alternativen** stellt die letzte Zulässigkeitsvoraussetzung dar, wodurch das Subsidiaritäts- und Verhältnismäßigkeitsprinzip der Unterbringung zum Ausdruck kommt. In der Praxis ist vor allem eine für die Gefahrenabwehr ausreichende und aktuell verfügbare ambulante Behandlung (z.B. niedergelassener Facharzt, Tagesklinik, psychosoziale Dienste) oder ein freiwilliger Klinikaufenthalt zu prüfen. Eine Zwangseinweisung in andere Einrichtungen, z. B. in ein Pflegeheim, ist unzulässig.

Mangels Einsichtsfähigkeit des Patienten erfolgt meist Unterbringung ohne Verlangen

Das Unterbringungsgesetz unterscheidet einerseits eine Unterbringung auf Verlangen, wo ebenfalls die genannten Voraussetzungen vorliegen müssen und zudem der einsichtsfähige Patient seine Zustimmung erteilt, und andererseits die in der Praxis die Regel darstellende **Unterbringung ohne Verlangen.** Ab 2023 können Personen nur noch auf eigenes Verlangen auf einer psychiatrischen Station untergebracht werden: Das Verlangen eines gesetzlichen Vertreters reicht für die Unterbringung nicht mehr aus, auch dann nicht, wenn die betroffenen Personen noch minderjährig sind.

Die Beschränkung der Bewegungsfreiheit ist vom behandelnden Arzt jeweils besonders anzuordnen und in der Krankengeschichte unter Angabe des Grundes zu beurkunden. Es muss der Grund für die konkrete Beschränkung in einer Weise angeführt werden, dass beurteilt werden kann, ob die Zulässigkeitsvoraussetzungen im Einzelfall vorliegen. Je absehbarer und gleichbleibender die zur Beschränkung führenden Verhaltensweisen des Bewohners verlaufen, desto geringere Anforderungen sind an die Spezifikation in der Dokumentation zu stellen.

Mängel in der Dokumentation können **nachträglich** nur so weit beseitigt werden, als der Grund für die Beschränkung aus anderen Urkunden objektivierbar ist und es in der Krankengeschichte nur unterlassen wurde, auf diese zu verweisen. Ergibt sich in der Zusammenschau der Bestandteile der Krankengeschichte und der Mitteilung kein Zweifel am zugrunde liegenden Sachverhalt, so liegt kein relevanter **Dokumentationsmangel** vor, der zur Unzulässigkeit der Maßnahmen führen muss. Die Dokumentation muss in einem angemessenen zeitlichen Zusammenhang zur Maßnahme vorgenommen werden.

Gerichtliche Überprüfung

Gericht überprüft, ob die Unterbringung in der Psychiatrie gerechtfertigt ist

Jede „Unterbringung ohne Verlangen" muss sofort an das zuständige **Bezirksgericht** und an die Patientenanwaltschaft gemeldet werden. Der Patientenanwalt nimmt Kontakt mit der oder dem Betroffenen auf. Das Gericht überprüft, ob die Unterbringung rechtmäßig ist. Spätestens **vier Tage**, nachdem das Gericht informiert wurde, gibt es eine **erste Anhörung**. Es nehmen auf jeden Fall teil:

- der Patient;
- der Patientenanwalt;
- der Richter;
- ein auf der Station tätiger Arzt;
- eventuell ein Sachverständiger.

Patienten haben das Recht, eine Vertrauensperson oder einen Vertreter zu ernennen. Der Richter erklärt die Unterbringung entweder für unzulässig – in dem Fall entscheidet der Patient selbst, ob er noch weiter auf einer psychiatrischen Station in Behandlung bleiben möchte, oder entlassen wird. Wenn die Unterbringung für zulässig erklärt wird, findet innerhalb von **14 Tagen** eine **mündliche Verhandlung** statt. Davor wird eine zweite ärztliche Meinung von einem vom Gericht bestellten Sachverständigen eingeholt. In der Verhandlung wird dann erneut über die Unterbringung entschieden. Solange die Unterbringung aufrecht bleibt, finden immer wieder solche gerichtlichen Überprüfungsverhandlungen statt. Die Termine dafür sind zum Teil im Gesetz vorgegeben, zum Teil werden sie vom Gericht festgelegt.

Beschränkungen während der Unterbringung

Freiheitsbeschränkungen: es gelten strenges Transparenzprinzip und gesetzliche Meldepflichten

Zwangsweise untergebracht zu sein, heißt in der Regel, dass die **Bewegungsfreiheit** auf mehrere Räume oder einen räumlichen Bereich (Station) **eingeschränkt** wird. Weitere Zwangsmaßnahmen (Angurten, Festhalten, versperrte Zimmertüren) müssen ärztlich angeordnet, dokumentiert und begründet werden. Das gilt auch für das Recht auf Kontakt mit der Außenwelt (Telefonieren, Besuche empfangen). Solche beschränkenden Maßnahmen muss die Abteilung der Patientenanwaltschaft melden. Patienten haben das Recht, diese Beschränkungen gerichtlich überprüfen zu lassen. Dabei werden sie von dem Patientenanwalt unterstützt. Werden andere Rechte eingeschränkt (z.B. der Ausgang ins Freie, das Recht auf Tragen von Privatkleidung, das Recht, über die Medikation selbst zu entscheiden) dann kann ebenfalls beantragt werden, dass das Gericht diese Maßnahmen auf ihre Rechtmäßigkeit hin überprüft.

Ärztliche Heilbehandlung während der Unterbringung

Verabreichung einer Depotmedikation gegen den Willen der Betroffenen ist nur bei einer Unterbringung möglich

Entscheidungsfähige Patienten entscheiden **selbst**, ob sie Heilbehandlungen annehmen (z.B. oral eingenommene Medikamente). Wenn ein Patient **nicht entscheidungsfähig** ist, entscheidet der **gesetzliche Vertreter** über die Durchführung der Behandlung. Ärzte müssen Vertrauenspersonen zur Unterstützung hinzuziehen. Auf Verlangen kann zudem bereits im Vorfeld der Behandlung das Gericht eingeschaltet werden, um die Zulässigkeit der vorgesehenen Maßnahmen zu überprüfen.

Soll eine „besondere Heilbehandlung" (z.B. Operationen, Elektrokrampftherapie, Punktationen des Rückenmarks, Depotmedikamente) vorgenommen werden, hat ferner das **Gericht** zu entscheiden, ob die Behandlung durchgeführt wird.

Wenn der Patient nicht entscheidungsfähig ist und keine gesetzliche Vertretung bestellt ist, entscheidet bei „besonderen Heilbehandlungen" das Gericht; bei „einfachen Heilbehandlungen" kann er auch gegen oder ohne seinen Willen behandelt werden. In diesem Fall kann die Behandlung im Nachhinein vom Gericht auf ihre Rechtmäßigkeit überprüft werden.

Bei „**Gefahr in Verzug**", wenn also ohne die sofortige Behandlung eine schwere Gesundheitsschädigung oder starke Schmerzen entstehen würden, müssen die Ärzte sofort handeln, und dürfen nicht zuwarten, bis ein Vertreter bzw. das Gericht entschieden hat. Auch in diesem Fall gilt, dass entscheidungsfähige Personen immer selbst entscheiden. Eine zuvor erstellte Patientenverfügung gilt selbstverständlich auch dann, wenn die betroffene Person auf einer psychiatrischen Abteilung behandelt werden soll.

Dokumentationsmängel

Ein älterer Patient war auf einer chirurgischen Station verwirrt, nahm die Medikation nicht an und wurde schließlich körperlich aggressiv, worauf er durch Gurte fixiert und medikamentös sediert wurde. In der Meldung an die Bewohnervertretung (► Seite 239) über freiheitsbeschränkende Maßnahmen wurde lediglich auf die Verletzungsgefahr durch Sturz hingewiesen, nicht aber auf die Notwendigkeit medikamentöser Maßnahmen. Nachdem die Bewohnervertretung die gerichtliche Überprüfung der Beschränkungsmaßnahmen beantragt hatte, stellte der OGH klar: Gravierende Dokumentationsmängel können nicht nachträglich durch Zeugenaussagen oder einzuholende Sachverständigengutachten saniert werden.

Verständigungspflicht darf nicht überspannt werden

Beispiel

Ein junger Mann, der sich nach LSD-Konsum seiner Mutter gegenüber aggressiv und drohend verhalten hatte, wurde untergebracht und vorerst durch Vierpunkt-Fixierung beschränkt. Die ärztliche Anordnung über die Gurtfixierung von 18.02 Uhr bis 8.00 Uhr des nächsten Tages wurde der Patientenanwaltschaft umgehend per Fax übermittelt und erfolgte mittels eines Formulars, in dem das Ende (8.00 Uhr) bereits vorgedruckt ist. Bereits um 18.35 Uhr wurde die Vierpunktfixierung auf Anweisung des Arztes aufgehoben und der Patient bis 7.30 Uhr des Folgetages in ein psychiatrisches Netzbett verlegt; davon wurde die Patientenanwaltschaft nicht informiert. Der OGH erklärte die Beschränkungen der Bewegungsfreiheit für zulässig. Die spätere Umstellung auf eine gelindere Maßnahme ist von der vorherigen Meldung der gravierenderen Maßnahme gedeckt. Das heißt, dass die Vierpunktfixierung eine gravierendere Freiheitsbeschränkung ist als die Unterbringung in einem Netzbett.

Kinder- und Jugendpsychiatrie

Besondere Bestimmungen für die Unterbringung Minderjähriger

Die Unterbringung Minderjähriger ist nicht nur aufgrund der meist tristen sozialen und familiären Hintergründe emotional belastend, sondern auch medizinisch und in der rechtlichen Einordnung regelmäßig eine Herausforderung. In einem Fall wurde ein Achtjähriger, der bereits mit fünf Jahren den Eltern abgenommen und vorerst in eine betreute Wohngemeinschaft gebracht worden war, nach mehrmonatigem stationären Aufenthalt auf einer Abteilung für Kinder- und Jugendpsychiatrie untergebracht. Vorausgegangen waren dem mehrere heftige körperliche Angriffe auf andere Minderjährige und Betreuungspersonal, die teilweise zu erheblichen Verletzungen führten. Das Erstgericht erklärte diese Unterbringung für unzulässig und folgte dabei dem Sachverständigengutachten, nach dem es keine Hinweise auf eine entsprechende Gefährdung gebe.

Als der Bub nach weiteren derartigen Vorfällen mehrfach für gewisse Zeitspannen (bis zu 15 Minuten) von Betreuern festgehalten bzw. in einen sogenannten **„Auszeitraum"** (leerer Raum von ca. 25 m^2, dessen Wände mit Teppichen ausgekleidet sind und der bis auf eine Matratze leer ist) gebracht wurde, beantragte die Patientenanwältin, die Zulässigkeit dieser Unterbringung zu überprüfen.

Alle drei Instanzen erklärten die Unterbringung für **mehrere kurze Zeiträume** für zulässig. Mangels abstrakter Abgrenzungskriterien zwischen Maßnahmen der Pflege und Erziehung einerseits und der Unterbringung andererseits hängt diese Beurteilung von den konkreten Umständen des Einzelfalls ab. Durchaus pragmatisch und die schwierige Aufgabe des Betreuungspersonals auf Kinder- und Jugendpsychiatrien anerkennend führt der OGH abschließend wörtlich aus: „Im Übrigen duldeten die Ruhigstellungen wegen der unvorhersehbaren und massiven Aggressionsausbrüche keinerlei Aufschub und dauerten jeweils nur derart kurze Zeit an, sodass das Verlangen nach einer vorangehenden oder zeitgleichen Untersuchung durch den Anstaltsleiter illusorisch ist."

Ab 2023 können **Unterbringungen auf Verlangen** nur mehr von den Minderjährigen selbst gestellt werden. Es kann nämlich manchmal notwendig sein, dem Minderjährigen (auch räumlichen) Schutz zu bieten, damit er ein Problem, wie z. B. sexuellen Missbrauch, ansprechen kann.

Der umgekehrte Fall, dass der Minderjährige nicht untergebracht werden möchte, die Eltern das jedoch verlangen, kann – bei Vorliegen der Voraussetzungen – nur zu einer **Unterbringung ohne Verlangen** führen. Das Verlangen der Erziehungsberechtigten spielt dabei keine Rolle. Auch bei Personen unter 14 Jahren kann das Verlangen nicht mehr vom gesetzlichen Vertreter gestellt werden. Auch wenn die Eltern also keine Entscheidungsrechte in Bezug auf die Unterbringung ihrer Kinder haben, so sind sie doch davon zu informieren. Auf Verlangen des Minderjährigen oder seines Vertreters (Patientenanwalt, gewählter Vertreter oder Erziehungsberechtigter) hat ein Facharzt für Kinder- und Jugendpsychiatrie den Minderjährigen zu untersuchen und ein **zweites ärztliches Zeugnis** über das Vorliegen der Unterbringungsvoraussetzungen zu erstellen.

Beiziehung eines Facharztes für Kinder- und Jugendpsychiatrie

Der leitende Psychiater hat die Umstände der Lebens- und Familiensituation der Minderjährigen besonders genau kennen zu lernen. Allen-

„Alterstypische" Beschränkungen an Minderjährigen

Gemeint sind damit krankenhaustypische Vorgaben. Sie sollen die Behandlung der Minderjährigen ermöglichen. Oder sie dienen der Rücksichtnahme auf die anderen Patienten oder der Aufrechterhaltung des Krankenhausbetriebes. Sie sind bei Kindern und Jugendlichen deshalb mitunter notwendig, weil sie aufgrund ihres Alters und Entwicklungsstandes nicht in der Lage sind zu verstehen, weshalb bestimmte Verhaltensweisen notwendig sind.
„Krankenhaustypische" Beschränkungen fallen nicht unter das Unterbringungsgesetz, solange es sich nicht um Bewegungsbeschränkungen auf oder innerhalb eines Raumes handelt. Einschränkungen des Schriftverkehrs sind nie krankenhaustypisch; (zulässige) Einschränkungen der Benützung von Mobiltelefonen dann, wenn sie z. B. während der Therapie und nach 21.00 Uhr gelten, ebenso Besuchszeitenregelungen.
Krankenhaustypische Beschränkungen bei Minderjährigen sind in der Krankengeschichte unter Angabe des Grundes zu dokumentieren. Beschränkungen sind dem Erziehungsberechtigten mitzuteilen. Dieser kann einen Antrag auf gerichtliche Überprüfung stellen.

falls ist auch der Kinder- und Jugendhilfeträger bzw. ein Kriseninterventionsteam beizuziehen.

Grundsätzlich gelten die Bestimmungen für die Unterbringung von Erwachsenen auch für die Unterbringung Minderjähriger. Darüber hinaus sind in einem eigenen Abschnitt des Unterbringungsgesetzes spezielle Regelungen für die Unterbringung Minderjähriger vorgesehen. Es bestehen besondere Kooperationsverhältnisse und werden den **Elternrechten** gebührender Stellenwert eingeräumt. Beispielsweise setzt der Datenaustausch zwischen psychiatrischer Abteilung und Schule, Kindergarten etc. die Zustimmung des Erziehungsberechtigten oder – falls der Minderjährige entscheidungsfähig ist – dessen Einwilligung voraus.

Der entscheidungsfähige Minderjährige darf nur mit seiner Einwilligung behandelt werden und eine besondere **Heilbehandlung** bedarf zusätzlich der (schriftlichen) Zustimmung des Erziehungsberechtigten.

Zulässigkeit von Freiheitsbeschränkungen

Heimaufenthaltsgesetz im Spital anwendbar

Im Gegensatz zu Alten- und Pflegeheimen gilt das **Heimaufenthaltsgesetz** in Krankenanstalten nicht unbegrenzt. Ausgenommen sind vor allem psychiatrische Abteilungen, an denen unter dem Regime des Unterbringungsrechts der Rechtsschutz durch die Patientenanwälte gewährleistet wird.

Eine wichtige Ausnahme besteht für **Krankenanstalten** auch darin, dass die Anwendung des Heimaufenthaltsgesetzes vor allem voraussetzt, dass eine ständige Pflegenotwendigkeit aufgrund einer **psychischen Erkrankung** oder **geistigen Behinderung** gegeben sein muss. Beruht der Pflegeaufwand auf der in der Krankenanstalt erfolgenden medizinischen Behandlung, dann ist das Heimaufenthaltsgesetz nicht anzuwenden. Das bedeutet, dass nur Beschränkungen, die aufgrund der aus der psychischen Erkrankung/geistigen Behinderung resultierenden Selbst- oder Fremdgefährdung getroffen werden, als freiheitsbeschränkende Maßnahmen im Sinn des Heimaufenthaltsgesetzes anzusehen sind.

Das bedeutet aber auch, dass grundsätzlich jede Spitalsabteilung in die Lage kommen kann, das Heimaufenthaltsgesetz anwenden zu müssen. Naturgemäß wird dies verstärkt an geriatrischen, Remob-, neurologischen oder internen Abteilungen der Fall sein, aber eben nicht ausschließlich. Einen Hinweis auf die Anwendung des Heimaufenthaltsgesetzes stellt regelmäßig auch das Faktum dar, dass der betroffene Patient aus einem Heim kommt und dort freiheitsbeschränkt war.

Heimaufenthaltsgesetz

Mit der Aufnahme in ein **Pflegeheim** verändert sich die Lebenssituation für **alte Menschen** sehr stark. Die Betreuung und Pflege in modernen Heimen ist grundsätzlich hohen Qualitätsstandards unterworfen und durch verschiedene Gesetze geregelt. Das Heimaufenthaltsgesetz regelt für den Bereich der Pflegeheime die Durchführung von freiheitsbeschränkenden Maßnahmen. Diese Maßnahmen sind aufgrund verschiedener Krankheitsbilder manchmal nötig, dürfen aber nur unter strengen gesetzlichen Regelungen angewendet werden.

Seit 2017 sind auch alle Einrichtungen, auch jene, die unter der Aufsicht des **Kinder- und Jugendhilfeträgers** stehen, vom Heimaufenthaltsgesetz umfasst (z.B. auch private Kinder- und Jugendhilfeeinrichtungen, etwa Landesjugendheime, Heime privater Träger, sonder-, heil- und sozialpädagogische Wohngemeinschaften, SOS-Kinderdörfer oder Sonderschulen und Horte).

Das Gesetz kommt wie bisher nicht zur Anwendung, wenn der behinderte Minderjährige in der Familie gepflegt wird. Ebenso gilt es nicht für Nachsorgeeinrichtungen für aus dem Maßnahmenvollzug Entlassene.

Freiheitsbeschränkungen in Pflegeheimen: „Gegen ihren Willen"

Freiheitsbeschränkungen sind alle Maßnahmen, die eine Ortsveränderung des Bewohners gegen seinen Willen verhindern. Darunter zählt auch die „Warnung", das Haus ohne Zustimmung zu verlassen, die als **Verbot** aufgefasst wird. Im Wesentlichen gibt es drei Arten von freiheitsbeschränkenden Maßnahmen:

- **mechanische** Freiheitsbeschränkungen wie Gurte, Bettgitter, versperrte Türen oder das Entfernen einer Gehhilfe

Was ist eine Freiheitsbeschränkung?

Fall 1. Der Bewohner eines Pensionisten- und Pflegeheims leidet an fortgeschrittener Demenz, die durch Verhaltensauffälligkeiten, Persönlichkeitsveränderungen, Sprach- und Gedächtnisstörungen sowie das Vergessen von Verhaltensregeln gekennzeichnet ist. Der Verlauf der Erkrankung ist langsam fortschreitend und äußert sich in völliger Desorientierung, Agitiertheit, Muskelversteifung, motorischer Unruhe, Inkontinenz und kompletter Pflegebedürftigkeit. Dadurch ist eine steuerlos enthemmte Mobilität bedingt. In Fällen, in denen seine Aggressionsausbrüche zu einem hohen Grad der Selbst- und Fremdgefährdung führen, wird dem Bewohner das Narkotikum „Nalbufine" per Injektion verabreicht. Es liegt eine zulässige Freiheitsbeschränkung vor, da die Sedierung unmittelbar intendiert ist. Dass die Medikation wohl medizinisch indiziert ist, ändert an diesem Befund nichts.
Fall 2. Der Bewohner eines Pflegeheims leidet an seniler Demenz mit Poriomanie (Wandertrieb). Er versucht öfter, das Heim zu verlassen, um nach Hause zu gehen, wodurch er sich im Straßenverkehr selbst gefährdet. Zunächst wird Risperdal in einer Dosis von 3 x 1 mg täglich verabreicht, was dazu führt, dass der Bewohner zwar weiterhin mobil ist, sich aber weniger häufig dazu entschließt, das Heim zu verlassen. Eine Dosissteigerung auf 3 x 3 mg bewirkt in der Folge, dass er sehr müde wird und sehr viel schläft bzw. sich gar nicht mehr wecken lässt. Die Wirkung des Medikaments, den Bewohner so weit zu dämpfen, dass er sich nicht mehr entschließt, das Heim zu verlassen und sich dabei in Gefahr zu begeben, wurde vom anordnenden Arzt unmittelbar bezweckt. Daher liegt eine – „reaktive" – Freiheitsbeschränkung vor.
Fall 3. Ein krebskranker dementer Bewohner wird mit einem opioiden, stark sedierenden Medikament in therapeutisch notwendiger Dosierung behandelt. Andere ebenso wirksame Möglichkeiten zur Schmerzlinderung bestehen nicht. Zwar hat der anordnende Arzt die bewegungseinschränkenden Nebenwirkungen des Medikaments gekannt und wohl auch in Kauf genommen. Da die schmerzlindernde Wirkung des Medikaments nicht auch mit anderen – weniger sedierenden – Mitteln erreicht werden kann, liegt aber keine Freiheitsbeschränkung vor.

- **elektronische** Freiheitsbeschränkungen wie Sender, Alarmanlagen oder Überwachungsanlagen
- **medikamentöse** Freiheitsbeschränkungen wie nicht medizinisch indizierte sedierende Medikamente

Als Faustformel gilt

Eine Beschränkung der körperlichen Bewegungsfreiheit liegt immer dann vor, wenn es einer Person unmöglich gemacht wird, ihren Aufenthalt nach ihrem freien Willen zu verändern. Die ständige Abhängigkeit der freien Aufenthaltsveränderung vom Willen eines anderen stellt bereits die Beschränkung der Bewegungsfreiheit her. Das Fehlen des für eine Beaufsichtigung im offenen Bereich erforderliche Personal darf niemals zu Einschränkungen der Bewegungsfreiheit führen, welche nur unter den Voraussetzungen des Unterbringungsgesetzes zulässig sind.

Keine Freiheitsbeschränkung liegt vor, wenn der entscheidungsfähige Minderjährige persönlich zustimmt oder es sich um eine alterstypische Freiheitsbeschränkung handelt.

Alterstypische freiheitsbeschränkende Maßnahmen im Rahmen der Pflege und Erziehung sind z.B. ein Gitterbett bei Säuglingen, das Angurten eines Kleinkindes im Kinderwagen während Spazierfahrten aus Sicherheitsgründen oder ein Tischchen oder Sicherheitsgurt, das oder der während der Einnahme der Mahlzeit ein Kleinkind daran hindern soll, aus dem Kinder(hoch)sitz zu rutschen, es gleichzeitig aber auch am Aufstehen oder Weggehen während dieser Zeit hindert.

Freiheitsbeschränkung nur im Akut- bzw. Ausnahmefall

Der OGH hält zur Frage, wann eine medikamentöse Behandlung eine Freiheitsbeschränkung im Sinn des Heimaufenthaltsgesetzes ist, Folgendes wörtlich fest: „Zu Recht verweist die Bewohnervertretung auf die auch hier einschlägige Rechtsprechung zum Unterbringungsgesetz, wonach selbst die therapeutisch indizierte medikamentöse Behandlung als Freiheitsbeschränkung zu beurteilen ist, wenn sie primär der Unterbindung von Unruhezuständen und der Beruhigung, also zur ‚Ruhigstellung' des Kranken, dient. Von einer Freiheitsbeschränkung kann daher ausgegangen werden, wenn die Bewegungsbeschränkung – und nicht etwa das therapeutische Ziel – der **‚Hauptzweck'** der Behandlung ist."

Das **Versperrthalten der Eingangstür** einer Pflegeeinrichtung während des **Tages** (6 – 22 Uhr) stellt daher auch dann eine Freiheitsbeschränkung dar, wenn der Bewohner einen Betreuer ersuchen kann, ihm die Tür zu öffnen. Dass eine alternative Möglichkeit besteht, die Einrichtung zu verlassen (z.B. über eine „Balkontür" und durch den Garten)

Beispiele

Das Anlegen einer **Zwangsjacke** qualifiziert die Rechtsprechung als freiheitsbeschränkende Maßnahme. Das Anlegen eines am Rücken verschließbaren **Overalls** hingegen nicht. Entscheidend ist, ob damit Ortsveränderungen des Bewohners unterbunden werden. Eine Vereinbarung, die die **Ausgehzeiten** auf wenige Stunden pro Woche beschränkt, in Verbindung mit einem Sanktionskatalog, der im Wesentlichen eine weitere Einschränkung dieser Ausgehzeiten und auch eine Abgängigkeitsanzeige an die Polizei vorsieht, stellt keine Freiheitsbeschränkung nach dem Heimaufenthaltsgesetz dar. Es liegt auch keine Freiheitsbeschränkung darin, einem ohne **Rollstuhl** nicht fortbewegungsfähigen Bewohner einen Sitzgurt anzulegen, nur um einen Sturz zu verhindern und dadurch seinen Bewegungs- und Handlungsspielraum zu vergrößern, insbesondere durch das Ermöglichen der Teilnahme am sozialen Leben. Das Auflegen von **Sandkissen** auf Arme und Hände, um Kratzen zu verhindern, ist aber eine Freiheitsbeschränkung, nicht jedoch das Anziehen von **Stoffhandschuhen**. Aber auch die Beschränkung auf einzelne Bereiche der Einrichtung, die Beschränkung auf ein einzelnes **Zimmer** oder die Beschränkung innerhalb eines Raumes ist eine Freiheitsbeschränkung. Hierzu zählt der Gebrauch von speziellen Möbeln, von Kleidung oder Vorrichtungen, die verhindern, dass der Bewohner seinen Körper bewegt oder einen bestimmten Ort oder Raum verlässt; ebenso die Anbringung schwerer Türen, die von den Betroffenen nicht mehr geöffnet werden können. Wird hingegen das Verlassen des Betts durch die Bewohnerin durch einen **Sensoralarm** angezeigt, werden deren weitere Bewegungsmöglichkeiten aber nicht eingeschränkt, sondern (nur) ihr nicht zielgerichteter Bewegungsdrang nicht sofort aktiv gefördert und unterstützt, so liegt keine Freiheitsbeschränkung vor.

ändert daran jedenfalls dann nichts, wenn der Bewohner auf Grund seiner psychischen Erkrankung diese Möglichkeit nicht kennt und ihm jegliches Bewusstsein für diese Möglichkeit fehlt. Keine unzulässige Freiheitsbeschränkung ist hingegen das Versperrthalten der Eingangstür in der **Nacht** (22 – 6 Uhr). Selbst in der Nacht muss jedenfalls aber die Möglichkeit gegeben sein, die Einrichtung kontrolliert zu verlassen.

Die bloße ärztliche Anordnung eines eine Freiheitsbeschränkung herbeiführenden **Medikaments** unter bestimmten Voraussetzungen ohne dessen tatsächliche Verabreichung (Bedarfsmedikation) ist für sich allein noch keine Freiheitsbeschränkung. Sofern aber mit der Anordnung eines Medikaments beim Bewohner ein bestimmtes freiheitsbeschränkendes Verhalten veranlasst wird oder dieser den Eindruck gewinnen muss, keine andere Möglichkeit zu haben, als ein bestimmtes gewünschtes Verhalten zu setzen, andernfalls das Medikament verabreicht wird, liegt eine Freiheitsbeschränkung vor. Eine Freiheitsbeschränkung durch medikamentöse Mittel ist nur zu bejahen, wenn die Behandlung unmittelbar die Unterbindung des Bewegungsdranges bezweckt (z.B. Sedativum). Nicht jedoch bei unvermeidlichen bewegungsdämpfenden Nebenwirkungen, die sich bei der Verfolgung anderer therapeutischer Ziele ergeben können. Eine Freiheitsbeschränkung liegt bereits dann vor, wenn diese nur angedroht wird! Ob eine Freiheitsbeschränkung vorliegt, hängt nach der oberstgerichtlichen Rechtsprechung davon ab:

Alle Voraussetzungen für eine Freiheitsbeschränkung müssen gleichzeitig erfüllt sein und dokumentiert werden

- welchen therapeutischen Zweck die Anwendung jedes einzelnen der Medikamente verfolgt,
- ob die Medikamente, insbesondere in der dem Bewohner verabreichten Dosierung und Kombination, dieser Zweckbestimmung entsprechend eingesetzt wurden oder werden und
- welche konkrete Wirkung für den Bewohner mit dem Einsatz der Medikamente verbunden war und ist.

Freiheitsbeschränkungen sind nur zulässig, wenn eine **psychische** oder **geistige Behinderung** diagnostiziert ist und eine erhebliche **Selbst- oder Fremdgefährdung** besteht und die Maßnahme zur **Gefahrenabwehr** unerlässlich ist und die Maßnahme nicht durch andere, gelindere Mittel abgewendet werden kann. Personalmangel ist kein ausreichender Grund für freiheitsbeschränkende Maßnahmen. Bewegungsbeschränkungen zur Sicherstellung eines störungsfreien Anstaltsbetriebs oder aus Bequemlichkeit bzw. Überlastung des Anstaltspersonals sind unzulässig.

Eine Freiheitsbeschränkung ohne die Zustimmung des Betroffenen kann strafbar sein. Der strafrechtliche Tatbestand heißt Freiheitsentziehung und wird mit bis zu drei Jahren Haft geahndet, in schweren Fällen mit bis zu zehn Jahren. Der Tatbestand ist auch erfüllt, wenn Betroffene einer Freiheitsbeschränkung zwar zustimmen, die Tragweite ihrer Ent-

Meldepflicht

Die Unterlassung der Verständigung ist kein bloßer Verstoß gegen eine Ordnungsvorschrift. Sie bewirkt vielmehr die Unzulässigkeit der Maßnahme. Die Unzulässigkeit dauert allerdings nur bis zu jenem Zeitpunkt, in welchem der Bewohnervertreter tatsächlich Kenntnis von der angegebenen Freiheitsbeschränkung erlangt hat. Ab dieser Kenntnis ist die Unterlassung der Verständigung saniert, sodass die vorangegangene Unzulässigkeit der Freiheitsbeschränkung der Zulässigkeit hinsichtlich nachfolgender Zeiträume nicht entgegensteht. Dass die freiheitsbeschränkende Maßnahme nach Kenntnis durch den Bewohnervertreter allenfalls zulässig wird, ändert nichts an der Verpflichtung, freiheitsbeschränkende Maßnahmen auch nachträglich zu überprüfen. Die Verständigungspflicht besteht auch bei Verabreichung einer Bedarfsmedikation (**„Einmal-Medikation"**).

scheidung jedoch aufgrund von psychischen Beeinträchtigungen nicht abschätzen können.

Meldepflicht bei Freiheitsbeschränkung

Freiheitsbeschränkende Maßnahmen sind der betroffenen Person, deren Rechtsvertreter (Erwachsenenvertreter) oder einer genannten Vertrauensperson sowie der Bewohnervertretung zu melden. Die **Bewohnervertretung** ist eine kraft Gesetz beauftragte Person, die

Dokumentation

Der Grund, die Art, der Beginn und die Dauer der Freiheitsbeschränkung sind schriftlich zu dokumentieren. Ärztliche Zeugnisse und der Nachweis über die notwendigen Verständigungen sind diesen Aufzeichnungen anzuschließen. Die Dokumentation ist eine Voraussetzung der Freiheitsbeschränkung. Fehlt in der Dokumentation eine Angabe zum Grund zur Gänze, so liegt jedenfalls ein derart gravierender Mangel vor, der zur Unzulässigkeit der Maßnahmen führen muss, auch wenn sie an sich zulässig gewesen wäre. Je absehbarer und gleichbleibender die zur Freiheitsbeschränkung führenden Verhaltensweisen des Bewohners verlaufen, desto geringere Anforderungen sind an die Spezifikationen in der Dokumentation zu stellen. Je größer die Bandbreite des vom Bewohner gezeigten Verhaltens ist und je weniger absehbar ist, ob es zu einer Gefährdung kommt, desto genauer muss darauf eingegangen werden, welche konkrete Gefährdung die gesetzten Maßnahmen notwendig machte und allenfalls, welche anderen Mittel vergebens versucht wurden.

COVID-19

In einer Einrichtung mit betagten Bewohnern und einem damit erhöhten Risiko für einen schweren Krankheitsverlauf nach einer COVID-19-Infektion kann die Einzelisolierung eines Bewohners eine zulässige Freiheitsbeschränkung sein. Dies ist der Fall bei einem Bewohner der Betreuung und Begleitung bei allen Aktivitäten des täglichen Lebens benötigt, nach dessen Infektionsverdacht und einem ungeschützten Außenkontakt bei einer Sicherheit des Negativtests von nur 32 – 63 Prozent für einen Zeitraum von 14 Tagen ab der letzten Infektionssymptomatik.

zum Schutz der betroffenen Person tätig wird und die Rechtmäßigkeit der gesetzten Maßnahmen überprüft.

Die Voraussetzungen entsprechen im Wesentlichen denen des Unterbringungsgesetzes. Unzulässig wäre eine freiheitsbeschränkende Maßnahme etwa, wenn ein Patient in betrunkenem Zustand „nur" randaliert, andere Patienten belästigt oder beschimpft. Im Gegensatz dazu liegt z.B. eine zulässige Freiheitsbeschränkung vor, wenn ein **dementer Patient** am Verlassen des Bettes mittels Seitenteilen gehindert wird, weil er aufgrund von Desorientierung bereits mehrmals das Bett verlassen hat und am Krankenhausgelände „herumgeirrt" ist.

Anordnung

Arzt hat Anordnungsbefugnis

Die Anordnung einer freiheitsbeschränkenden Maßnahme kann nur durch eine befugte Person durchgeführt werden. Dies sind in der Regel der **leitende Arzt,** die Leitung des Pflegedienstes oder die pädagogische Leitung. Länger als 24 Stunden andauernde Maßnahmen dürfen nur durch einen Arzt angeordnet werden.

Der Grund, die Art, der Beginn und die Dauer der Freiheitsbeschränkung sind schriftlich zu dokumentieren; ärztliche Zeugnisse sind der **Dokumentation** anzuschließen. Die anordnungsbefugte Person hat den Patienten über den Grund, die Art, den Beginn und die voraussichtliche Dauer der Freiheitsbeschränkung auf geeignete Weise aufzuklären und den Leiter der Einrichtung unverzüglich zu verständigen. Dieser wiederum hat den Vertreter des Patienten und die Vertrauensperson des Patienten zu informieren.

Um die Meldepflicht möglichst einfach und unaufwendig zu gestalten, stellen die Vereine der Bewohnervertretung ein eigenes **Meldeformular** zur Verfügung. Die Möglichkeit der Meldung der Vornahme und Aufhebung einer Freiheitsbeschränkung unter Verwendung eines Formulars kann bei dem jeweiligen Verein der Bewohnervertretung abgefragt werden.

Vollzug

Pflegepersonal vollzieht Freiheitsbeschränkung

Ein Mitarbeiter eines von der Krankenanstalt beauftragten **Sicherheitsdienstes** darf keine Pflegemaßnahmen wie das Festhalten eines Kranken setzen; ausgenommen Notwehr, Nothilfe oder rechtfertigender Notstand. Der Oberste Gerichtshof hat auch bereits zu unterschiedlichen Fallkonstellationen Stellung genommen: So gehört das dem Anlegen einer 4-Punkt-Fixierung vorangehende Festhalten des Kranken im Rahmen der Unterbringung bereits zur psychiatrischen Gesundheits- und Krankenpflege und ist damit vorrangig dem Pflegepersonal vorbehalten. Auch dürfen die Mitarbeiter privater Sicherheitsdienste keine Pflegemaßnahmen wie das Festhalten des Kranken bei der Blutabnahme setzen. Weiters wurde auch bereits eine Freiheitsbeschränkung durch Androhung/Anordnung des Zurückhaltens durch Sicherheitswachebeamte bejaht. Die Durchführung der ärztlichen Anordnung, das (versuchte) Verlassen der Station durch den Bewohner mittels Festhaltens zu hindern, und ihn vor der drohenden Selbstgefährdung des Verlaufens zu schützen, gehört zur Betreuung und Pflege von Menschen mit psychischen Störungen und neurologischen Erkrankungen und damit zur psychiatrischen Gesundheits- und Krankenpflege; sie ist als Pflegehandlung dem **Pflegepersonal** vorbehalten.

Gerichtliche Überprüfung

Binnen sieben Tagen muss Gericht überprüfen

Der betroffene Patient, sein Vertreter, seine Vertrauensperson oder der Leiter der Einrichtung können bei Gericht einen Antrag auf Überprüfung der Freiheitsbeschränkung stellen. Zuständig ist das **Bezirksgericht,** in dessen Sprengel die Einrichtung liegt. Der Tod eines Patienten führt nicht (mehr) zum Erlöschen der Rechtsmittelbefugnis des Patientenanwalts. Die Antrags- und Rechtsmittelbefugnis des Patientenanwalts besteht auch dann, wenn er nicht (mehr) ausdrücklich einen Zusammenhang zwischen der Unterbringung und dem Tod behauptet. Binnen sieben Tagen folgt eine erste gerichtliche Anhörung mit den beteiligten Personen und allenfalls auch bereits mit einem Sachverständigen. Dabei kann das Gericht entweder gleich eine mündliche Verhandlung unter Beiziehung eines Sachverständigen abhalten oder vorläufig entscheiden und eine mündliche Verhandlung innerhalb der nächsten 14 Tage anberaumen.

Zur **mündlichen Verhandlung** sind wieder die beteiligten Personen zu laden und auch ein Sachverständiger beizuziehen. Die Gerichtsverhandlung ist grundsätzlich für die Öffentlichkeit zugänglich, diese kann aber unter Umständen vom Gericht ausgeschlossen werden. Das Gericht kann die erste gerichtliche Anhörung auch gleich mit der mündlichen Verhandlung verbinden, wenn es einen Sachverständigen beizieht. Diese Vorgehensweise ist in der Praxis weit verbreitet.

Am Schluss der mündlichen Verhandlung hat das Gericht **sofort** über die Zulässigkeit der Freiheitsbeschränkung zu entscheiden. Es verkündet den Beschluss mündlich samt Begründung und erklärt dem Bewohner in geeigneter Weise die Entscheidung. Wird die Freiheitsbeschränkung für **zulässig** erklärt, hat das Gericht im Beschluss eine bestimmte Frist für die zulässige Dauer der Freiheitsbeschränkung zu setzen. Die maximale Zulässigkeitsdauer beträgt sechs Monate. Fällt vor Ablauf der Frist eine Zulässigkeitsvoraussetzung weg, so ist die Freiheitsbeschränkung jedoch sofort aufzuheben. Das Gericht kann die Zulässigkeit der Freiheitsbeschränkung, wenn nötig, auch an **Auflagen** knüpfen, wie z.B. begleitend zur Freiheitsbeschränkung eine bestimmte Therapie oder Förderung für den minderjährigen Bewohner vorsehen, um so das Gefährdungspotential abzubauen, damit die Freiheitsbeschränkung so bald wie möglich nicht mehr erforderlich ist.

Maximal 6-monatige Freiheitsbeschränkung

Wird die Freiheitsbeschränkung für **unzulässig** erklärt, so ist sie sofort aufzuheben. Meldet der Leiter der Einrichtung unmittelbar in der Verhandlung gegen diesen Beschluss ein Rechtsmittel an und erkennt das Gericht diesem aufschiebende Wirkung zu, so kann die Freiheitsbeschränkung ausnahmsweise bis zur Entscheidung über das Rechtsmittel (oder früheren Wegfall einer Zulässigkeitsvoraussetzung) aufrecht erhalten werden.

Soll eine Freiheitsbeschränkung über ihre Frist hinaus **verlängert** werden, bedarf es einer **neuerlichen Verständigung** des Bewohners und der Leitung der Einrichtung, die ihrerseits die Bewohnervertretung, sonstige Vertreter sowie eine allfällige Vertrauensperson zu verständigen hat. Dies hat spätestens 14 Tage vor Ablauf der Frist zu erfolgen, um eine allenfalls notwendige neuerliche Entscheidung des Gerichts rechtzeitig zu ermöglichen.

Im Verfahren nach dem Heimaufenthaltsgesetz besteht **keine Kostenersatzpflicht**.

Bewohnervertretung

Bewohnervertreter arbeiten im Auftrag des Justizministeriums

Die Zulässigkeit von Freiheitsbeschränkungen in Alten- und Pflegeheimen, in Behinderteneinrichtungen und ähnlichen Einrichtungen, in denen wenigstens drei psychisch kranke oder geistig behinderte Menschen ständig betreut oder gepflegt werden können (in bestimmten Fällen auch in Krankenanstalten) ist in Österreich seit 2005 im Heimaufenthaltsgesetz ausdrücklich geregelt. Mit 1. Juli 2018 findet das Heimaufenthaltsgesetz auch auf Einrichtungen zur Pflege und Erziehung Minderjähriger Anwendung. Damit wird einerseits das Grundrecht der Bewohner dieser Einrichtungen auf persönliche Freiheit geschützt, andererseits aber auch eine rechtliche Absicherung für das Personal zur Vornahme notwendiger Maßnahmen geschaffen. Freiheitsbeschränkungen sind nur unter bestimmten Voraussetzungen zulässig. Auf Antrag der betroffenen Person oder ihres Vertreters wird dies vom Gericht überprüft.

Damit die betroffenen Personen ihre Rechte effektiv wahrnehmen können, werden von den nach dem Erwachsenenschutzvereinsgesetz anerkannten Vereinen Bewohnervertreter namhaft gemacht. Diese sind besonders ausgebildet, von der Anstalt unabhängig und zur Verschwiegenheit verpflichtet.

Die Einrichtungen sind verpflichtet, sämtliche Freiheitsbeschränkungen unverzüglich der Bewohnervertretung zu melden. Die Bewohnervertreter hinterfragen und überprüfen die Angemessenheit der Maßnahme, und arbeiten mit allen Beteiligten daran, die Beschränkung möglichst aufzuheben bzw. zumindest deren Dauer oder Intensität zu verkürzen. Erforderlichenfalls stellen sie einen Antrag auf Überprüfung bei Gericht und vertreten den Bewohner in diesem Verfahren.

Erwachsenenvertretung

Wenn eine **volljährige Person** aufgrund einer **psychischen Krankheit** oder einer vergleichbaren Beeinträchtigung in ihrer **Entscheidungsfähigkeit eingeschränkt** ist und ihr ein **Nachteil droht**, weil sie manche ihrer Angelegenheiten nicht mehr selbst erledigen kann, kann sie für diese Angelegenheiten eine gesetzliche Vertretung wählen oder bekommen. Es gibt für erwachsene Personen mehrere Möglichkeiten der gesetzlichen Vertretung. Die **Vertretungsarten** sind:

- Vorsorgevollmacht;
- gewählte Erwachsenenvertretung;
- gesetzliche Erwachsenenvertretung;
- gerichtliche Erwachsenenvertretung.

Regelungen zum Erwachsenenschutzrecht finden sich in erster Linie im Allgemeinen Bürgerlichen Gesetzbuch (**ABGB**) und im Außerstreitgesetz (**AußStrG**).

Der Wunsch der erwachsenen Person muss immer gehört werden

Die vertretene Person soll trotz Stellvertretung so weit wie möglich über ihre Angelegenheiten selbst bestimmen können. Der Erwachsenenvertreter ist zwar nicht Unterstützer, aber er hat die Wünsche und Vorstellungen der vertretenen Person zu beachten (**Wunschermittlungspflicht**). Dazu ist es notwendig, dass er regelmäßig mit der vertretenen Person spricht und sie über Entscheidungen informiert und ihre Meinung einholt. Auch wenn die Voraussetzungen für eine gesetzliche

Psychische Krankheiten versus körperliche Behinderungen und Sucht

Hirnorganische Störungen durch langjährigen Alkoholkonsum gehören ebenso zu den psychischen Krankheiten wie Demenz. Körperliche Behinderungen und Suchtkrankheiten sind keine Gründe für eine Erwachsenenvertretung. Ein Erwachsenenvertreter wird frühestens dann bestellt, wenn der Betroffene das 18. Lebensjahr vollendet hat.

Vertretung einer erwachsenen Person vorliegen, ist die Vertretungsperson verpflichtet, die vertretene Person so gut als möglich in die Lage zu versetzen, ihre Angelegenheiten (wieder) selbst zu besorgen.

Angehörige

Angehörige haben kein Recht darauf, durch Antragstellung ein Erwachsenenschutzverfahren einzuleiten. Sie haben genauso kein Recht, einen Antrag auf Übertragung der Erwachsenenvertretung auf eine andere Person zu stellen. Ein Angehöriger kann eine Umbestellung bloß anregen.

Erklärt sich bei bestehender gerichtlicher Erwachsenenvertretung ein Angehöriger bereit, die Angelegenheiten als gesetzlicher Erwachsenenvertreter zu besorgen, und ist er dafür geeignet, so ist die gerichtliche Erwachsenenvertretung zu beenden, um die Eintragung des Angehörigen als gesetzlicher Erwachsenenvertreter zu ermöglichen. Die Beendigung der gerichtlichen Erwachsenenvertretung darf aber nicht zur Unzeit erfolgen.

Geschäftsfähigkeit

Entscheidungs- und Geschäftsfähigkeit

Geschäftsfähig zu sein beinhaltet ganz allgemein die Fähigkeit, Verträge abzuschließen. Dazu zählen z.B. das alltägliche Einkaufen, die Buchung eines Urlaubs und der Abschluss eines Handyvertrags. Auch wenn eine erwachsene Person eine Vertretungsperson hat, wird ihre Geschäftsfähigkeit grundsätzlich nicht automatisch eingeschränkt. Wenn die vertretene Person entscheidungsfähig ist, kann sie auch ohne Zustimmung ihrer Vertretungsperson weiter gültig Verträge abschließen. Ist sie nicht entscheidungsfähig, dann benötigt sie die Genehmigung des Geschäftes durch die Vertretungsperson.

Alltagsgeschäfte – das sind Rechtsgeschäfte des täglichen Lebens, die die Lebensverhältnisse der Person nicht übersteigen – kann die vertretene Person immer gültig abschließen, auch wenn sie nicht entscheidungsfähig ist. Die Grenze der Lebensverhältnisse hängt von den individuellen Lebensumständen ab. Die Geschäfte werden mit Erfüllung gültig, das heißt z.B., wenn der vollständige Kaufpreis gezahlt ist.

Eine Ausnahme gilt für die gerichtliche Erwachsenenvertretung. Hier kann das Gericht bei Vorliegen bestimmter Voraussetzungen – wenn sich die Person sonst ernstlich und erheblich gefährdet – einen so genannten **Genehmigungsvorbehalt** aussprechen. Ein Rechtsgeschäft der vertretenen Person ist dann nur mit der Zustimmung ihrer Vertretungsperson gültig (unabhängig von der konkreten Entscheidungsfähigkeit).

Medizinische Behandlung

Als Patient, der entscheidungsfähig ist, entscheidet jeder selbst, ob eine bestimmte medizinische Behandlung durchgeführt werden soll oder nicht. Diese Grundregel gilt auch, wenn ein Patient einen Vertreter hat.

Keine medizinischen Behandlungen gegen den Willen

Ob die erforderliche Entscheidungsfähigkeit vorliegt, wird vom **Arzt** nach dem **Aufklärungsgespräch** beurteilt. Wenn ein Patient nicht allein entscheidungsfähig ist, soll sie in der Entscheidungsfindung durch geeignete Personen unterstützt werden. Solche **Unterstützer** können z.B. Angehörige, nahestehende Personen, Vertrauenspersonen oder auch besonders geübte Fachleute sein. Ein Patient kann die Beiziehung solcher Personen aber auch ablehnen. Im besten Fall gelingt es, dass der Patient mit Unterstützung entscheidungsfähig wird.

Wenn das nicht gelingt und der Patient (gegebenenfalls auch mit Unterstützung) nicht entscheidungsfähig ist, hat die Vertretungsperson nach dem **Willen des Patienten** zu entscheiden. Dabei ist es wichtig, dass eine Vertretungsbefugnis für den Wirkungsbereich der medizinischen Behandlungen besteht. Wenn die Vertretungsperson anders als der Patient entscheidet, so muss das Gericht angerufen werden.

Sterilisation

Einer Sterilisation des Betroffenen darf der Erwachsenenvertreter grundsätzlich **nicht** zustimmen. Eine **Ausnahme** von diesem Verbot besteht dann, wenn aufgrund eines körperlichen Leidens ohne diesen Eingriff das Leben oder die Gesundheit der betroffenen Person gefährdet wäre. Eine Entscheidung darüber kann nur im Rahmen eines eigenen Genehmigungsverfahrens erfolgen.
Weder ein **minderjähriges Kind**, noch die Eltern können in eine medizinische Maßnahme, die die dauernde Fortpflanzungsunfähigkeit zum Ziel hat, einwilligen. Dies gilt auch für behinderte Menschen.

Der entscheidungsunfähige Patient muss über die **Grundzüge** der medizinischen Behandlung informiert werden. Wenn aber mit einer Behandlung nicht (länger) ohne schwere gesundheitliche Folgen für den Patienten auf die erfolgreiche Unterstützung zur Entscheidungsfindung bzw. Information des Patienten oder auf die Zustimmung des Vertreters bzw. Entscheidung des Gerichts gewartet werden kann, so müssen Ärzte die notwendige Behandlung einleiten.

Wenn es Behandlungen gibt, die man sich keinesfalls wünschen würde, z.B. künstlich lebensverlängernde Maßnahmen, kann – solange man entscheidungsfähig ist – eine **Patientenverfügung** errichtet werden. Das ist eine schriftliche Erklärung, mit der bestimmte Maßnahmen abgelehnt werden können. Verbindliche Patientenverfügungen sind vom Arzt auch in Notfällen zu beachten.

Aufgaben der Erwachsenenvertreter

Die konkreten Aufgaben der Erwachsenenvertreter richten sich nach den Angelegenheiten, für die **Vertretungsbefugnisse** eingeräumt wurden. Je nach Vertretungsform kann der Vorsorgebevollmächtigte oder Erwachsenenvertreter für einzelne oder Arten von Angelegenheiten bestellt werden.

Zuständigkeitsbereich des Erwachsenenvertreters

Nach Rücksprache mit der vertretenen Person ist die Vertretungsperson im Rahmen ihres **Wirkungsbereiches** berechtigt, Entscheidungen zu treffen. Hierbei gilt immer der Grundsatz: Jede erwachsene Person soll trotz Stellvertretung so selbstbestimmt wie möglich agieren können. Die Vertretungsperson hat je nach den konkreten Lebensumständen der vertretenen Person dafür zu sorgen, dass diese ihr Leben weiterhin nach ihren Wünschen und Vorstellungen gestalten kann. Der Vertreter darf nicht über die vertretene Person hinweg, sondern soll mit ihr entscheiden.

Wenn das Wohl der vertretenen Person sonst ernstlich und erheblich gefährdet wäre (z.B. Gefährdung der Existenzgrundlage), darf eine Entscheidung auch **gegen** ihren Willen erfolgen. In wichtigen persönlichen Angelegenheiten hat der Erwachsenenvertreter auch eine Entscheidung des Gerichts einzuholen.

Der Erwachsenenvertreter ist verpflichtet, die Urkunde über seinen Wirkungsbereich und die für die Eintragung ins Österreichische Zentrale

Vertretungsverzeichnis (ÖZVV) erforderlichen ärztlichen Zeugnisse bis zur Beendigung der Tätigkeit aufzubewahren. Auf Verlangen sind diese Unterlagen dem Gericht zu übermitteln. Diese Verpflichtung trifft auch den Vorsorgebevollmächtigten.

Wenn der Erwachsenenvertreter auch über andere Urkunden der vertretenen Person verfügt oder ihm diese von der vertretenen Person ausgehändigt werden, hat er auch diese aufzubewahren. Wenn eine andere Person zur Vertretungsperson gewählt oder bestellt wird, hat die bisherige Vertretungsperson der neuen sämtliche Urkunden auszuhändigen. Bei Beendigung der Vertretung sind die Urkunden der vertretenen Person selbst zu übermitteln.

Rechtsschutz in der Psychiatrie

Es kann notwendig sein, eine Person in eine psychiatrische Einrichtung bzw. Abteilung einzuweisen. Eine solche **Unterbringung** ist nur unter **strengen Voraussetzungen** zulässig. Dazu zählen insbesondere, dass die vertretene Person sich oder andere ernstlich und erheblich an Leib oder Leben gefährdet und keine ausreichende Behandlungsalternative außerhalb der psychiatrischen Einrichtung bzw. Abteilung vorliegt.

Zwangseinweisung ist im Unterbringungsgesetz geregelt

Wenn solche Umstände vorliegen, kann der Erwachsenenvertreter die **Zwangseinweisung** anregen. Dazu muss er die Polizei verständigen, die einen Amts- oder Polizeiarzt beiziehen muss. Ob die Voraussetzungen einer Unterbringung tatsächlich vorliegen, wird nach der Einweisung von Fachärzten der psychiatrischen Einrichtung geprüft. In der Folge muss das Gericht die Rechtmäßigkeit der Unterbringung überprüfen. Regelungen dazu finden sich im Unterbringungsgesetz.

Um die Interessen der untergebrachten Person zu wahren, wird ihr ein **Patientenanwalt** zur Seite gestellt. Dieser vertritt die Anliegen und Rechte gegenüber dem Krankenhaus und dem Gericht.

Vorsorgevollmacht

Die Vorsorgevollmacht ist eine **vorsorglich** eingeräumte Vollmacht, die erst zu einem späteren Zeitpunkt (nach Eintritt des Vorsorgefalls, also wenn die betreffende Person nicht mehr entscheidungsfähig ist) wirksam werden soll.

Vorsorgevollmacht ist im 2. Erwachsenenschutz-Gesetz geregelt

Vorsorgebevollmächtigter kann grundsätzlich **jede** erwachsene Person sein. Ausnahmen bestehen nur für Personen, die aus bestimmten Gründen ungeeignet erscheinen, weil z.B. sie selbst ihre Angelegenheiten nicht ausreichend besorgen können oder in einem Abhängigkeitsverhältnis zu einer Einrichtung stehen, von der die Person betreut wird (etwa ein Pfleger in einem Heim).

In der Regel wird jemand eine Person bevollmächtigen, zu der er bereits ein gewisses **Vertrauensverhältnis** hat. Das können Angehörige, Freunde, Nachbarn oder andere nahestehende Personen sein.

Die Vorsorgevollmacht muss **schriftlich** bei einem Notar, Rechtsanwalt oder – in einfachen Fällen – bei einem Erwachsenenschutzverein errichtet werden.

Bei der Vorsorgevollmacht sind zwei Schritte auseinanderzuhalten, nämlich ihre **Errichtung** und ihre **Wirksamkeit**. In einem ersten Schritt wird im ÖZVV die Errichtung einer Vorsorgevollmacht registriert. Erst mit Eintritt und Eintragung des so genannten Vorsorgefalls (Verlust der Entscheidungsfähigkeit) wird in einem zweiten Schritt die Vorsorgevollmacht wirksam. Der Verlust der Entscheidungsfähigkeit ist zu bescheinigen. Dafür ist die Vorlage eines ärztlichen Zeugnisses notwendig.

Vertretungsbefugnis ab Eintragung des Wirksamwerdens im ÖZVV

In der Vorsorgevollmacht kann der **Wirkungsbereich** des Vorsorgebevollmächtigten individuell geregelt werden. Die Vertretungsbefugnis kann für einzelne oder Arten von Angelegenheiten erteilt werden, also z.B.

- für ein ganz bestimmtes Geschäft, etwa den Verkauf einer Liegenschaft, oder
- für generelle Angelegenheiten, z.B. für Einkäufe, für die Verwaltung von Vermögen (etwa Sparguthaben oder Wertpapierfonds)

Tipp

Der Betroffene und der Bevollmächtigte sollten je eine Ausfertigung der Vollmacht aufbewahren. Die sicherste Methode ist, die Vollmacht bei der Erstellung von einem Notar oder Rechtsanwalt im ÖZVV registrieren zu lassen.

oder für Geschäfte zur Deckung des Pflege- und Betreuungsbedarfs etc.

Die Vorsorgevollmacht **endet**

- mit dem Tod der vertretenen Person oder des Vorsorgebevollmächtigten;
- wenn das Gericht dies beschlussmäßig ausspricht, z.B. weil der Vorsorgebevollmächtigte nicht zum Wohl der vertretenen Person handelt;
- mit Eintragung der Kündigung, des Widerrufs oder des Wegfalls des Vorsorgefalls im ÖZVV: Die vertretene Person kann die Vorsorgevollmacht jederzeit widerrufen. Sie muss dazu zu einer der Eintragungsstellen (Notar, Rechtsanwalt, Erwachsenenschutzverein) gehen und dies eintragen lassen.

Die Vorsorgevollmacht ist nicht zeitlich befristet.

Gewählte Erwachsenenvertretung

Die gewählte Erwachsenenvertretung soll eine **Alternative** zur Vorsorgevollmacht für alle Personen sein, die nicht rechtzeitig Vorsorge treffen. Es handelt sich um eine neu eingeführte Vertretungsart. Jeder kann einmal in einer schwierigen Lebenssituation sein und aufgrund einer psychischen Krankheit oder vergleichbaren Beeinträchtigung der Entscheidungsfähigkeit nicht mehr alle Angelegenheiten für sich selbst besorgen können. In einer solchen Lebensphase wird die volle Entscheidungsfähigkeit oft nicht mehr vorliegen, sodass auch keine Vorsorgevollmacht mehr errichtet werden kann. Dann kann aber immer noch eine gewählte Erwachsenenvertretung in Betracht kommen: Auch bei dieser sucht sich die betroffene Person selbst eine oder mehrere Personen aus, die sie bei diesen Angelegenheiten vertreten können.

Voraussetzung dafür ist das Vorliegen von **geminderter Entscheidungsfähigkeit**. Die Person muss also noch verstehen können, was es bedeutet, eine Vertretungsperson zu haben, und dies auch wollen.

Als gewählter Erwachsenenvertreter kommt **jede** nahestehende Person in Betracht. Das kann jede Person sein, zu der ein **Vertrauensverhältnis** besteht, z.B. Angehörige, Freunde, Nachbarn oder andere Bekannte.

Die Vertretungsperson und die vertretene Person müssen eine **schriftliche** Vereinbarung schließen. Die schriftliche Vereinbarung muss vor einem Notar, einem Rechtsanwalt oder einem Erwachsenenschutzverein errichtet werden.

Vertretung in einzelnen Angelegenheiten oder Kreise von Angelegenheiten in bestimmten Bereichen

Die gewählte Erwachsenenvertretung kann für einzelne oder Arten von Angelegenheiten eingerichtet werden; die Vertretung vor Gericht ist mitumfasst (soweit nicht anders vereinbart). Das bedeutet, dem Vertreter können Vertretungsbefugnisse

- für ein ganz bestimmtes Geschäft, etwa den Verkauf einer Liegenschaft, oder
- für generelle Angelegenheiten, z.B. für die Verwaltung von Vermögen (etwa Sparguthaben oder Wertpapierfonds) oder für Geschäfte zur Deckung des Pflege- und Betreuungsbedarfs etc. eingeräumt werden.

Die vertretene Person kann in der schriftlichen Vereinbarung auch festhalten, dass der Vertreter nur mit ihrer Zustimmung Vertretungshandlungen setzen kann (so genannte Mitentscheidung oder „**Co-Decision**").

Vertretungsbefugnis ab Eintragung im ÖZVV

Die gewählte Erwachsenenvertretung wird mit der **Eintragung** in das ÖZVV **wirksam**. Die Eintragung wird von einer professionellen Errichtungsstelle vorgenommen. Sie **endet**

- mit dem Tod der vertretenen Person oder der Vertretungperson;

- wenn das Gericht dies beschlussmäßig ausspricht, weil z.B. die Vertretungsperson nicht zum Wohl der vertretenen Person handelt;
- mit Eintragung der Kündigung oder des Widerrufs im ÖZVV: Die vertretene Person kann die gewählte Erwachsenenvertretung jederzeit kündigen. Sie muss dazu zu einem Notar, Rechtsanwalt oder Erwachsenenschutzverein gehen und dies eintragen lassen.

Gesetzliche Erwachsenenvertretung

Die gesetzliche Erwachsenenvertretung kommt in Betracht, wenn eine erwachsene Person ihre Angelegenheiten aufgrund ihrer psychischen Krankheit oder vergleichbaren Beeinträchtigung der Entscheidungsfähigkeit nicht mehr ohne Gefahr, sich selbst zu schaden, alleine besorgen kann. Diese Vertretungsart kommt immer erst dann zum Tragen, wenn die erwachsene Person nicht mehr selbst einen Vertreter wählen kann oder will.

Es besteht die Möglichkeit, der gesetzlichen Erwachsenenvertretung oder der Vertretung durch bestimmte nächste Angehörige vorab zu widersprechen. Dieser **Widerspruch** muss für seine Wirksamkeit im ÖZVV registriert werden.

Gesetzliche Erwachsenenvertreter können **nächste Angehörige** der betroffenen Person sein. Dazu zählen

- Eltern,
- Großeltern,
- volljährige Kinder,
- Enkelkinder,
- Geschwister,
- Nichten und Neffen,
- Ehegatte, eingetragene Partner,
- Lebensgefährte im gemeinsamen Haushalt (seit drei Jahren) und

- Personen, die in einer Erwachsenenvertreter-Verfügung genannt sind.

Alle diese Angehörigen stehen **gleichrangig** nebeneinander. Es ist also nicht so, dass beispielsweise Eltern vor den Großeltern vertretungsbefugt sind oder Geschwister vor entfernten Verwandten. Vielmehr will das Gesetz auf die individuellen Familiensysteme Rücksicht nehmen. Die Familie soll sich untereinander einig werden, wer die Person in welchen Angelegenheiten vertreten will.

Es kommt vor, dass man sich in der Familie nicht einigen kann. In solchen Fällen ist die gesetzliche Erwachsenenvertretung nicht die ideale Lösung, stattdessen ist an eine gerichtliche Erwachsenenvertretung zu denken.

Es können auch **mehrere** Angehörige als gesetzliche Erwachsenenvertreter eingetragen werden. Deren Wirkungsbereiche dürfen sich aber nicht überschneiden.

Vertretungsbefugnis ab Eintragung im ÖZVV

Die gesetzliche Erwachsenenvertretung muss im ÖZVV **eingetragen** werden (Wirksamkeitsvoraussetzung). Dafür müssen die zu vertretende Person und der nächste Angehörige zu einem Notar, einem Rechtsanwalt oder einem Erwachsenenschutzverein gehen. Sie **endet**

- automatisch nach **3 Jahren**;
- wenn die vertretene Person oder der Vertreter widerspricht und der Widerspruch im ÖZVV eingetragen wird.

Vertretung in einzelnen Angelegenheiten oder Kreise von Angelegenheiten in bestimmten Bereichen und Vertretung vor Gericht

Die gesetzliche Erwachsenenvertretung kann vor Ablauf der 3 Jahre erneut eingetragen werden. Dafür müssen die vertretene Person und der nächste Angehörige wieder zu einem Notar, Rechtsanwalt oder Erwachsenenschutzverein gehen. Dort werden die Voraussetzungen neuerlich geprüft. Wenn notwendig, ist auch ein Hausbesuch möglich.

Die **Wirkungsbereiche** sind vom Gesetz genau vorgegeben. Es können einzelne oder alle Bereiche ausgewählt werden. Die Vertretung kann die nachstehenden Bereiche betreffen:

- Vertretung in Verwaltungsverfahren oder Verfahren vor Verwaltungsgerichten, z.B. ein Antrag auf Pflegegeld oder auf Wohnbeihilfe;

Die Rechte des Betroffenen

- Eine Entscheidung gegen die Wünsche des Betroffenen darf ein Erwachsenenvertreter nur dann treffen, wenn diese Wünsche klar dem objektiven Wohl des Betroffenen schaden.
- Eine verbindliche Patientenverfügung, die erstellt wurde, bevor der Betroffene die Einsichtsfähigkeit verlor, bleibt gültig. Eine Vorsorgevollmacht schließt meist die Bestellung eines Erwachsenenvertreters aus.
- Der Erwachsenenvertreter hat die Pflicht, den Betroffenen dabei zu unterstützen, sein Leben im Rahmen seiner Fähigkeiten und Möglichkeiten nach seinen Vorstellungen und Wünschen zu gestalten.
- Der Betroffene hat das Recht, vom Erwachsenenvertreter über wichtige Maßnahmen in Bezug auf seine Person oder sein Vermögen rechtzeitig verständigt zu werden.
- Der Betroffene hat jederzeit das Recht, in den Gerichtsakt Einsicht zu nehmen.
- Das Gericht darf Fremden keine Auskünfte über die Vermögensverhältnisse des Betroffenen geben.
- Der Betroffene hat das Recht, beim Pflegschaftsgericht eigene Anträge zu stellen und gegen Beschlüsse Rekurs zu erheben.
- Die persönliche Freiheit des Betroffenen darf weder vom Erwachsenenvertreter noch vom Pflegschaftsgericht durch Zwangsmaßnahmen oder Beschränkungen beeinträchtigt werden.

- Vertretung in gerichtlichen Verfahren, z.B. in einem Zivilprozess, wo die vertretene Person als Kläger oder Beklagter auftritt;
- Verwaltung von Einkünften, Vermögen und Verbindlichkeiten, z.B. Verfügungen gegenüber der Bank;
- Abschluss von Rechtsgeschäften zur Deckung des Pflege- und Betreuungsbedarfs, z.B. der Kauf eines Pflegebettes oder die Anstellung einer Pflegekraft;
- Entscheidung über medizinische Behandlungen und Abschluss von damit im Zusammenhang stehenden Verträgen, z.B. Zustimmung zu einer Operation;
- Änderung des Wohnorts, z.B. Übersiedlung in ein Heim, und Abschluss von Heimverträgen;
- Vertretung in anderen personenrechtlichen Angelegenheiten, z.B. Scheidung der betroffenen Person;

- Abschluss von nicht oben genannten Rechtsgeschäften, z.B. Kauf eines Autos.

Gerichtliche Erwachsenenvertretung

Gerichtliche Erwachsenenvertretung ist bisherige Sachwalterschaft

Die gerichtliche Erwachsenenvertretung ist die letzte Stufe bzw. das **letzte Mittel** (auch vierte Säule genannt) der Vertretungsmöglichkeiten. Wie sich bereits aus der Bezeichnung ergibt, liegt die Entscheidung hier beim **Gericht**. Die Frage, ob und in welchem Umfang jemand einen Erwachsenenvertreter benötigt, wird – anders als bei den anderen Säulen – in einem gerichtlichen Verfahren geklärt. Die gesetzlichen Verfahrensvorschriften sehen auch hier gewisse Mitsprachemöglichkeiten der zu vertretenden Person vor:

Allgemein lässt sich sagen, dass die gerichtliche Erwachsenenvertretung vor allem für jene Fälle gedacht ist,

- in denen nicht einmal mehr geminderte Entscheidungsfähigkeit für eine selbstgewählte Vertretung vorliegt,
- die zu vertretende Person keinen selbstgewählten Vertreter will,
- keine geeigneten Vertreter vorhanden sind (weil es z.B. an nahen Angehörigen fehlt oder diese sich nicht einig sind),
- die bestehende Vertretung nicht ausreicht (weil z.B. komplexe rechtliche Angelegenheiten zu besorgen sind und die konkrete Vertretungsperson überfordert ist),
- die bestehende Vertretung nicht zum Wohl der Person handelt.

Auch für die gerichtliche Erwachsenenvertretung ist Voraussetzung, dass eine erwachsene Person ihre Angelegenheiten aufgrund ihrer **psychischen Krankheit** oder vergleichbaren Beeinträchtigung der Entscheidungsfähigkeit nicht mehr ohne Gefahr, sich selbst zu schaden, alleine besorgen kann.

Das Gesetz sieht einen Stufenbau der möglichen Vertretungspersonen vor. Vorrangig sollen auch bei der gerichtlichen Erwachsenenvertretung

selbstgewählte Personen zum Zug kommen. Das können z.B. Personen sein, die in einer Erwachsenenvertreter-Verfügung genannt sind. Wenn dies nicht der Fall ist, sollen vor allem **nahestehende geeignete Personen** als gerichtliche Erwachsenenvertreter tätig werden. Wenn auch solche Personen nicht vorhanden sind oder nicht geeignet sind, können **Erwachsenenschutzvereine** als gerichtliche Erwachsenenvertreter bestellt werden. Mitarbeiter der Erwachsenenschutzvereine sind im Umgang mit Menschen, die aufgrund einer psychischen Krankheit oder einer vergleichbaren Beeinträchtigung im alltäglichen Leben mit Barrieren konfrontiert sind, besonders geschult und erfahren.

Ist auch die Bestellung eines Erwachsenenschutzvereins nicht möglich (weil diese dafür nur begrenzte Ressourcen haben), so ist ein **Rechtsanwalt** oder ein **Notar** oder eine andere geeignete Person zu bestellen. Die Notariatskammern und die Rechtsanwaltskammern führen Listen von zur Übernahme von Vorsorgevollmachten und gerichtlichen Erwachsenenvertretungen besonders geeigneten Notaren und Rechtsanwälten. Jene, die in eine solche Liste eingetragen sind, können auch mehr als 15 Vertretungen übernehmen (ansonsten kann niemand mehr als 15 Vertretungen übernehmen). In Fällen, in denen für die Besorgung der Angelegenheiten vor allem rechtliches Fachwissen gefragt ist, sollen vorrangig Vertreter der rechtsberatenden Berufe (Rechtsanwälte, Notare) bestellt werden.

Es empfiehlt sich vorsorglich, eine **Erwachsenenvertreter-Verfügung** zu errichten. Es handelt sich um eine wirksame Möglichkeit, seinen Willen trotz Verlust der Entscheidungsfähigkeit und möglicherweise nicht mehr ausreichender Artikulationsfähigkeit auch im gerichtlichen Bestellungsverfahren Ausdruck zu verleihen.

Für die gerichtliche Erwachsenenvertretung ist das Gericht zuständig. Der Erwachsenenvertreter wird vom Gericht mit einer schriftlichen Entscheidung (Beschluss) bestellt. Die Voraussetzungen werden in einem gerichtlichen Verfahren geklärt. Dieses besteht aus mehreren Schritten:

Abklärung (Clearing) durch den Erwachsenenschutzverein

In einem ersten Schritt hat das Gericht in einer so genannten Abklärung (**Clearing**) durch den Erwachsenenschutzverein erheben zu lassen, in welcher Lebenssituation sich die betroffene Person befindet. In der Ab-

Wohl des Betroffenen steht im Vordergrund

Das Gesetz gewährleistet weder eine (Um-)Bestellung allein aufgrund einer Wunschäußerung des Betroffenen, noch eine freie Auswahl des (gerichtlichen) Erwachsenenvertreters. Sowohl nach der alten als auch der neuen Rechtslage ist das Wohl der behinderten Person der beherrschende Grundsatz für die Auswahl des Sachwalters/ Erwachsenenvertreters. Das **Wohl der betroffenen Person** ist zwar nicht ausschließlich von einem **materiellen Gesichtspunkt** aus zu beurteilen, sondern es ist auch auf ihre **Befindlichkeit** und ihren **psychischen Zustand** abzustellen, im Allgemeinen ist aber eine stabile Betreuungssituation wünschenswert. Auf eine mögliche Interessenkollision des Vertreters ist Bedacht zu nehmen. Eine **Interessenkollision** liegt etwa vor, wenn ein Rechtsanwalt, der Rechtsberater und Rechtsvertreter der Eltern ist, gleichzeitig Sachwalter deren Sohnes ist.

klärung soll neben dem persönlichen und sozialen Umfeld insbesondere geklärt werden:

- welche konkreten Angelegenheiten zu besorgen sind,
- wie die Fähigkeiten der betroffenen Person eingeschätzt werden,
- ob und welche Unterstützung sie benötigt und bekommt,
- ob und welche Alternativen zur gerichtlichen Erwachsenenvertretung bestehen.

Die betroffene Person ist von der **Verfahrenseinleitung** (Beauftragung der Abklärung) schriftlich zu verständigen. Mit dem Bericht des Erwachsenenschutzvereins kann das Gericht eine erste Einschätzung treffen, ob das Verfahren fortzusetzen ist. Das Gericht hat nach jedem Verfahrensschritt, also auch noch im späteren Verfahrensverlauf, die Möglichkeit, das Verfahren zu beenden (einzustellen).

Persönliches Gespräch mit dem Betroffenen (Erstanhörung)

Wenn das Verfahren fortgesetzt wird, hat das Gericht die betroffene Person zu einem persönlichen Gespräch, der so genannten Erstanhörung, zum

Gericht zu laden. Dabei soll sich der Richter einen **persönlichen Eindruck** von der Person verschaffen und über den Grund und den Zweck des Erwachsenenschutzverfahrens informieren. Die betroffene Person soll Gelegenheit zur Äußerung haben.

Vertreter für das Verfahren (Rechtsbeistand)

Der Betroffene bekommt für das weitere Verfahren einen Vertreter, den so genannten Rechtsbeistand. Dieser ist vom Gericht zu bestellen, wenn der Betroffene nicht selbst einen Vertreter für das Verfahren wählt. Der Rechtsbeistand soll die **Interessen des Betroffenen** im Verfahren vertreten und ihm zur Seite stehen.

Einstweilige Erwachsenenvertretung

Wenn schon während der Dauer des Verfahrens wichtige und **unaufschiebbare Dinge** zu erledigen sind, bestellt das Gericht einen einstweiligen Erwachsenenvertreter.

Diese Vertretungsbefugnis wird sofort wirksam und endet mit der Endentscheidung des Verfahrens, also entweder mit Einstellung des Verfahrens oder regulärer Bestellung eines gerichtlichen Erwachsenenvertreters.

Sachverständigengutachten

Eine der Voraussetzungen für die Bestellung einer gerichtlichen Erwachsenenvertretung ist das Vorliegen einer psychischen Krankheit oder einer vergleichbaren Beeinträchtigung der Entscheidungsfähigkeit. Da diese Beurteilung oftmals medizinisches Fachwissen erfordert, kann das Gericht einen Arzt aus dem jeweiligen Fachbereich beauftragen, ein Gutachten zu erstellen. Auch der Betroffene kann die Bestellung eines Gutachtens beantragen.

Unter Umständen ist ein Gutachten aus einem anderen Fachbereich einzuholen (z.B. Pflege oder Sonder- und Heilpädagogik). Das Gutachten muss der betroffenen Person und dem Rechtsbeistand zugeschickt werden.

Wenn ausreichende aktuelle ärztliche Unterlagen über die Krankheit vorliegen, kann das Gericht von der Einholung eines Sachverständigengutachtens ausnahmsweise auch absehen.

Mündliche Verhandlung

Wenn die Ergebnisse der Abklärung und allenfalls des Sachverständigengutachtens vorliegen und das Verfahren fortgesetzt wird, findet eine mündliche Verhandlung statt, wenn das Gericht eine solche für notwendig hält. Der Betroffene kann dies auch beantragen. Der Betroffene, sein Rechtsbeistand und der in Aussicht genommene Erwachsenenvertreter sind zur Verhandlung zu laden. Bei der Verhandlung werden alle relevanten Informationen für die Entscheidung des Gerichts gesammelt und besprochen.

Gerichtliche Entscheidung (Beschluss)

Gerichtliche Bestellung

Am Ende des Verfahrens trifft das Gericht eine schriftliche Entscheidung (Beschluss), ob und in welchem Umfang ein gerichtlicher Erwachsenenvertreter bestellt wird. Der Beschluss kann entweder auf **Einstellung** des Verfahrens oder auf **Bestellung** lauten. Im ersten Fall begründet das Gericht, warum es keinen Grund für die Bestellung sieht. Im zweiten Fall enthält der Beschluss eine Begründung, warum diese notwendig ist.

Der Bestellungsbeschluss enthält folgende **wichtige Informationen**:

- Namen und die Adresse der Person, die zum Erwachsenenvertreter bestellt wird;
- Wirkungsbereich: Umschreibung der konkreten Angelegenheiten, für die der Vertreter vertretungsbefugt ist;
- Befristung: Im Beschluss wird angeführt, wann die Erwachsenenvertretung endet;
- Verfahrenskosten;
- Begründung: Das Gericht erklärt in diesem Abschnitt, warum die Erwachsenenvertretung notwendig ist;
- Rechtsmittelbelehrung.

Der Beschluss muss der betroffenen Person persönlich zugestellt werden. Gegen die Bestellung kann ein Rechtsmittel erhoben werden (binnen 14 Tagen ab Zustellung). Dieses muss schriftlich eingebracht werden. Will die betroffene Person ein Rechtsmittel erheben, so genügt es, dass aus dem Schriftstück hervorgeht, dass sie mit der Entscheidung nicht einverstanden ist.

Genehmigungsvorbehalt

Das Gericht kann auch aussprechen, dass in der gerichtlichen Erwachsenenvertretung die Wirksamkeit bestimmter rechtsgeschäftlicher Handlungen oder Verfahrenshandlungen der vertretenen Person von der Zustimmung der Erwachsenenvertretung abhängt. Bei außergewöhnlichen Geschäften (**außerordentlicher Wirtschaftsbetrieb**) ist zusätzlich die Genehmigung des Gerichts notwendig.

Ein derartiger Genehmigungsvorbehalt durch das Gericht setzt voraus, dass aufgrund des bisherigen Verhaltens der betroffenen Person Grund zur Annahme besteht, sie würde sich sonst ernstlich und erheblich schaden. Der Genehmigungsvorbehalt steht im Bestellungsbeschluss oder kann in einem eigenen Beschluss erfolgen. Das Gericht muss vor einer solchen Anordnung jedenfalls mit der erwachsenen Person reden.

Der Genehmigungsvorbehalt betrifft die **Gültigkeit von Rechtsgeschäften** oder Verfahrenshandlungen. In (allen) anderen Bereichen, z.B. bei medizinischen Behandlungen, kommt es immer allein auf die Entscheidungsfähigkeit der betroffenen Person an. Liegt sie vor, hat die Person allein zu entscheiden. Ein Genehmigungsvorbehalt ist hier nicht möglich.

Angehörige

Auch nahe Angehörige sollen über die Einleitung des gerichtlichen Verfahrens **informiert** werden. Das Gesetz nennt hier:

- Ehegatten, eingetragene Partner, Lebensgefährten,
- Eltern,
- volljährige Kinder,
- in einer Erwachsenenvertreter-Verfügung genannte Person.

Wenn die betroffene Person nicht möchte, dass (bestimmte) Angehörige verständigt werden, kann sie sich **dagegen** aussprechen. Dies kann auch vorab, z.B. in einer Vorsorgevollmacht oder Erwachsenenvertreter-Verfügung, erfolgen.

Zuständigkeit des gerichtlichen Erwachsenenvertreters

Die gerichtliche Erwachsenenvertretung kann nur für einzelne oder Arten von gegenwärtig zu besorgenden Angelegenheiten bestellt werden. Das bedeutet, dem Vertreter können Vertretungsbefugnisse

Gerichtlicher Erwachsenenvertreter darf nur für einzelne oder mehrere gegenwärtig zu besorgende und bestimmt zu bezeichnende Angelegenheiten bestellt werden

- für ein ganz **bestimmtes Geschäft**, etwa den Abschluss eines Heimvertrags, oder
- für gegenwärtig zu besorgende **Arten von Angelegenheiten**, z.B. für Geschäfte zur Deckung des Pflege- und Betreuungsbedarfs

eingeräumt werden.

Der Wirkungsbereich ergibt sich aus dem gerichtlichen Bestellungsbeschluss. Dort sind die Angelegenheiten, für die der Vertreter zuständig ist, genau angeführt. Der Wirkungsbereich des gerichtlichen Erwachsenenvertreters kann nach Bestellung auch **erweitert** oder **eingeschränkt** werden. Dies wird ebenso in einem gerichtlichen Verfahren geklärt, das dem Bestellungsverfahren ähnelt. Allerdings ist die Einholung einer Abklärung und die Erstanhörung nicht zwingend notwendig.

Die vertretene Person wird in ihrer **Geschäftsfähigkeit** nicht automatisch eingeschränkt, auch wenn sie einen Erwachsenenvertreter hat. Wenn die vertretene Person entscheidungsfähig ist, kann sie auch weiter gültig Geschäfte abschließen. Wenn sie nicht entscheidungsfähig ist, ist zur Wirksamkeit des Geschäfts die Zustimmung der Vertretungsperson erforderlich. Ausnahme: Wenn das Gericht einen Genehmigungsvorbehalt ausgesprochen hat, sind die davon umfassten Angelegenheiten (es kann nur um Rechtsgeschäfte oder Verfahrenshandlungen gehen) nur mit Zustimmung des Erwachsenenvertreters gültig (unabhängig von der konkret vorliegenden Entscheidungsfähigkeit).

Beginn und Ende der Vertretung

Vertretungsbefugnis ab Rechtskraft des Bestellungsbeschlusses

Die gerichtliche Erwachsenenvertretung wird wirksam mit der **Rechtskraft des Bestellungsbeschlusses**. Eine gerichtliche Entscheidung erwächst dann in Rechtskraft, wenn gegen sie kein Rechtsmittel mehr erhoben werden kann. Die Rechtsmittelfrist gegen einen Beschluss beträgt 14 Tage und beginnt für jede rechtsmittellegitimierte Partei mit der Zustellung des Beschlusses an sie. Ab Rechtskraft des Beschlusses kann der Vertreter rechtsgültig innerhalb seines Wirkungsbereiches Handlungen vornehmen. Die gerichtliche Erwachsenenvertretung **endet** in folgenden Fällen:

- mit dem Tod der vertretenen Person oder der Vertretungsperson,
- durch gerichtliche Entscheidung (Beendigungsbeschluss),
- durch Zeitablauf nach drei Jahren.

Vertretungsende in der Praxis

Ob eine Angelegenheit, für die der gerichtliche Erwachsenenvertreter bestellt wurde, „erledigt" und damit die Erwachsenenvertretung zu beenden oder zumindest einzuschränken ist, hängt sehr von der **Art der zu besorgenden Angelegenheit** ab. So ist bei der Betrauung des Erwachsenenvertreters mit dem Verkauf des Hauses und der Übersiedelung in eine Pflegeeinrichtung die Angelegenheit erfüllt, wenn der Verkauf grundbücherlich durchgeführt ist und der Betroffene auf Basis eines wirksamen Heimvertrags in der Pflegeeinrichtung wohnt. Bestimmte andere Angelegenheiten werden hingegen ihrer Art nach kaum jemals als „erledigt" angesehen werden können, man denke etwa an den Wirkungsbereich der Zustimmung zu medizinischen Behandlungen bei einer älteren und kränklichen Person, die immer wieder medizinische Hilfe in Anspruch nehmen muss. Für die Frage, ob die Angelegenheit, für die der gerichtliche Erwachsenenvertreter bestellt wurde, „erledigt" ist, ist im Übrigen nicht allein auf die **aktuelle Situation** (in der allenfalls kein Vertretungsbedürfnis vorliegt) abzustellen. Es ist vielmehr – zur Vermeidung eines „Einschränkungs- und Ausdehnungs-Ping-Pongs" – einzuschätzen, ob und welche Angelegenheiten in **absehbarer Zeit** anfallen werden.

Die gerichtliche Erwachsenenvertretung ist also **zeitlich befristet**. Grundsätzlich soll sie nur so lange wirksam sein, wie es zur Besorgung der Angelegenheiten notwendig ist. Sobald die konkreten Geschäfte erledigt sind, kann das Gericht von sich aus (von Amts wegen) oder über Antrag die Beendigung der Erwachsenenvertretung aussprechen. Ansonsten endet sie automatisch nach drei Jahren.

Die gerichtliche Erwachsenenvertretung kann auch **erneuert** werden. Das wird in einem gerichtlichen Verfahren geklärt, das dem Bestellungsverfahren nachgebildet ist. Das Gericht informiert die Vertretungsperson ein halbes Jahr vor Ablauf der Frist über die Möglichkeit eines Erneuerungsverfahrens. So ist die lückenlose Vertretung gewährleistet. Auch die gerichtliche Erwachsenenvertretung wird im ÖZVV eingetragen.

Was kostet eine gerichtliche Erwachsenenvertretung?

Verfahrenskosten. Das gerichtliche Verfahren ist kostenlos. Nur das Honorar für ein Sachverständigengutachten (ca. 400 – 700 Euro) muss von der betroffenen Person bezahlt werden. Wenn das Einkommen sehr gering ist oder das Verfahren eingestellt wird, übernimmt diese Kosten der Staat.

Jährlich Lebenssituationsbericht und Rechnungslegung

Pflegschaftsrechnung. Im Rahmen der Überwachung der Vermögensverwaltung hat der Vertreter dem Gericht am Ende des ersten Kalenderjahres seiner Tätigkeit Rechnung zu legen (Antrittsrechnung), danach in vom Gericht festzusetzenden Zeitabständen (laufende Rechnung) und nach Beendigung seiner Tätigkeit (Schlussrechnung). All diese Rechnungslegungen heißen Pflegschaftsrechnung.

Aufwandersatz. Der gerichtliche Erwachsenenvertreter kann der Pflegschaftsrechnung eine Aufstellung seiner Aufwände (Fahrt-, Telefon-, Portokosten, Haftpflichtversicherungsprämie) beilegen. Wenn diese Aufwände vom Gericht mit Beschluss genehmigt werden, können sie aus dem Vermögen des Vertretenen entnommen werden. Von der Entnahme ist abzusehen, wenn die Person nur ein geringes Einkommen hat und ihr Unterhalt sonst gefährdet wäre.

Entschädigung. Dem gerichtlichen Erwachsenenvertreter gebührt im Regelfall eine Entschädigung, deren Höhe nach gesetzlichen Kriterien vom Gericht festzusetzen ist. Der Vertreter kann beim Gericht einen Antrag auf Entschädigung stellen. Die Höhe der Entschädigung ist von den Einkünften und dem Vermögen der vertretenen Person abhängig. Die Entschädigung beträgt grundsätzlich 5 Prozent der Nettoeinkünfte.

Wenn das Vermögen der vertretenen Person 15.000 Euro übersteigt, erhöht sich dieser Betrag um 2 Prozent des Mehrbetrags (= das Vermögen, das 15.000 Euro übersteigt). Wenn der Vertreter noch kein ganzes Jahr tätig war, ist die Entschädigung nur aliquot zu bemessen.

Das Gericht kann die Entschädigung je nach den Umständen des Einzelfalls auch mindern (z.B. weil die Vertretungstätigkeit nur einen geringen Aufwand bedeutete) oder erhöhen (z.B. weil die Vertretungstätigkeit besonders umfangreich und erfolgreich war).

Entgelt. Vertreter der rechtsberatenden Berufe (Notariat, Anwaltschaft), die als Erwachsenenvertreter bestellt worden sind, steht für die rechtliche Vertretung der vertretenen Person ein angemessenes Entgelt zu, wenn dafür besondere Rechtskenntnisse erforderlich waren. Dies gilt nicht, wenn die vertretene Person aufgrund ihres geringen Einkommens Verfahrenshilfe beantragen könnte oder die Kosten von der anderen Partei übernommen werden müssen.

Hilfe im Konfliktfall

Patientenanwälte und Patientenvertretungen helfen, beraten und vermitteln. Schlichtungs- und Schiedsstellen bemühen sich um eine außergerichtliche Einigung. Diese Angebote sind kostenlos.

Patientenanwälte

Patientenanwaltschaften (Adressen siehe ► Seite 271f) sind eigenständige Institutionen der einzelnen Bundesländer. Sie helfen Ihnen bei der Vertretung Ihrer Rechte als Patient im Gesundheits- und Spitalsbereich. Die Patientenanwaltschaften stehen für **kostenlose** Rechtsverfolgung, für professionelles Beschwerdemanagement und als Interessenvertretung der Patienten zur Verfügung. In manchen Bundesländern werden sie als Patientenvertretungen bezeichnet. Die **Aufgaben** im Einzelnen sind:

Kostenloser Service

- Hilfe bei Meinungsverschiedenheiten
- Beratung und Erteilung von Auskünften
- Vermittlung bei Streitfällen bzw. Konflikten
- Versuch der außergerichtlichen Schadensbereinigung nach Behandlungsfehlern

Die Patientenanwaltschaften der **Bundesländer** haben unterschiedliche Zuständigkeitsbereiche. Alle Patientenanwaltschaften sind für Krankenanstalten zuständig. Die Kärntner Patientenanwaltschaft zusätzlich für niedergelassene Ärzte, die Steiermärkische Patientenvertretung und die Vorarlberger Patientenanwaltschaft zusätzlich für Pflegeheime. Die Patientenanwaltschaften von Wien, Niederösterreich und dem Burgenland haben den umfassendsten Zuständigkeitsbereich, nämlich für alle Einrichtungen des Gesundheits- und Sozialwesens.

Für die Zuständigkeit der Patientenanwaltschaften bzw. -vertretungen kommt es nicht darauf an, wo der Patient seinen Wohnsitz hat, sondern darauf, wo der **Anlass** zur Beschwerde liegt. So ist beispielsweise für eine Beschwerde über eine Krankenanstalt in Niederösterreich die NÖ Patienten- und Pflegeanwaltschaft zuständig, auch wenn es sich beim beschwerdeführenden Patienten um einen Vorarlberger handelt.

Achtung. Verwechseln Sie nicht die nach dem Unterbringungsgesetz zu bestellenden **Patientenanwälte** mit der **Patientenvertretung**. Die Aufgabe der **Patientenanwälte** bei der Unterbringung besteht in der Vertretung psychisch Kranker in psychiatrischen Einrichtungen. Die

Patientenvertretung dagegen ist für die Wahrung und Sicherung der Rechte und Interessen von Patienten in Krankenanstalten zuständig.

Bewohnervertreter

Die Bewohnervertreter (Adressen siehe ► Seite 272f) sind Mitarbeiter der Vereine der Bewohnervertretung. Für die verschiedenen Einrichtungen, die dem Geltungsbereich des Heimaufenthaltsgesetzes unterliegen, ist der jeweils regional tätige Verein der Bewohnervertretung zuständig.

- **Burgenland.** VertretungsNetz – Erwachsenenvertretung, Patientenanwaltschaft, Bewohnervertretung
- **Kärnten.** VertretungsNetz – Erwachsenenvertretung, Patientenanwaltschaft, Bewohnervertretung
- **Niederösterreich.** NÖ Landesverein für Erwachsenenschutz – Erwachsenenvertretung, Bewohnervertretung; VertretungsNetz – Erwachsenenvertretung, Patientenanwaltschaft, Bewohnervertretung,
- **Oberösterreich.** VertretungsNetz – Erwachsenenvertretung, Patientenanwaltschaft, Bewohnervertretung
- **Salzburg.** Hilfswerk Salzburg – Sachwalterschaft und Bewohnervertretung; VertretungsNetz – Erwachsenenvertretung, Patientenanwaltschaft, Bewohnervertretung
- **Steiermark.** VertretungsNetz – Erwachsenenvertretung, Patientenanwaltschaft, Bewohnervertretung
- **Tirol.** VertretungsNetz – Erwachsenenvertretung, Patientenanwaltschaft, Bewohnervertretung
- **Vorarlberg.** Verein ifs Erwachsenenvertretung, Patientenanwaltschaft und Bewohnervertretung
- **Wien.** VertretungsNetz – Erwachsenenvertretung, Patientenanwaltschaft, Bewohnervertretung

Diese vier Vereine kooperieren in Bezug auf ein gemeinsames Ausbildungscurriculum und Arbeitskonzept für Bewohnervertreter. Auf Grundlage des Heimaufenthaltsgesetzes sollen das Bewusstsein und die Sensibilität für freiheitsbeschränkende Maßnahmen in den jeweiligen Einrichtungen, beim Pflege- und Betreuungsteam, bei den Ärzten, bei den Angehörigen und in der Gesellschaft erhöht werden. Alternativen zu freiheitsbeschränkenden Maßnahmen sollen dadurch wesentlich häufiger eingesetzt werden.

Um die Freiheitsbeschränkung zu dokumentieren und an die Bewohnervertretung zu melden, wurde von den Bewohnervertretervereinen in Absprache mit dem „Dachverband Österreichischer HeimleiterInnen" ein einheitliches Formular entwickelt. Die jeweils zur Verfügung stehende Möglichkeit der Meldung der Vornahme und Aufhebung einer Freiheitsbeschränkung unter Verwendung eines Formulars kann bei dem zuständigen Verein der Bewohnervertretung abgefragt werden.

Schiedsstellen

Einige Ärztekammern bieten Patienten **kostenlos** Schieds- bzw. Schlichtungsstellen an. Sie haben die Aufgabe, eine Einigung zwischen Arzt und Patient herbeizuführen für den Fall, dass ein Patient glaubt, ein Behandlungsfehler liege vor. Wurde ein solcher festgestellt, schlägt die Schiedsstelle auch die an den Patienten zu leistende Entschädigung vor.

Die Schiedsstelle kann durch formlosen Antrag angerufen werden. Es empfiehlt sich, anzugeben, durch wen, wann oder wo dieser Behandlungsfehler passiert ist. Es gilt eine dreijährige Verjährungsfrist. Die Schiedsstelle kann aber nur vor der Befassung eines Gerichtes in Anspruch genommen werden, da es Aufgabe der Schiedsstelle ist, eine außergerichtliche Entscheidung zu erreichen. Wenn der Patient mit der Entscheidung der Schiedsstelle nicht einverstanden ist, kann er jederzeit den ordentlichen Rechtsweg beschreiten.

Sonstige Hilfseinrichtungen

Manche Krankenanstalten besitzen direkt vor Ort Anlaufstellen für Auskünfte und Beschwerden. Weiters stehen zur Unterstützung und Beratung der Patienten und der Angehörigen sowie zur Umsetzung der Patientenrechte die Arbeiterkammern, Mediatoren, Rechtsanwälte und die Volksanwaltschaft zur Verfügung.

Daneben hat sich eine Vielzahl von Selbsthilfegruppen und privaten Vereinen auf bestimmte Problemstellungen im Gesundheitsbereich spezialisiert. Einen Überblick über das gesamte Angebot an Gesundheitsinitiativen und **Selbsthilfegruppen** bzw. eine Orientierungshilfe bei der Suche nach einer organisierten Interessenvertretung bietet die Service- und Informationsstelle des Fonds Gesundes Österreich (Adresse und Telefonnummer ► Seite 274).

Checkliste: Ihre Rechte als Patient im Überblick

- ☐ Recht auf Aufklärung und umfassende Information über Behandlungsmöglichkeiten und Risiken
- ☐ Recht auf rücksichtsvolle Behandlung
- ☐ Recht auf Vertraulichkeit
- ☐ Recht auf fachgerechte und schmerzarme Behandlung und Pflege
- ☐ Recht auf Zustimmung zur Behandlung oder Verweigerung der Behandlung
- ☐ Recht auf Einsicht in die Krankengeschichte bzw. Aushändigung einer Kopie
- ☐ Recht des Patienten oder einer Vertrauensperson auf medizinische Information durch einen zur selbstständigen Berufsausübung berechtigten Arzt in möglichst verständlicher und schonungsvoller Art
- ☐ Recht auf ausreichende Besuchsmöglichkeiten und Kontakte mit der Außenwelt
- ☐ Recht auf Kontakt mit Vertrauenspersonen auch außerhalb der Besuchszeiten im Fall nachhaltiger Verschlechterung des Gesundheitszustandes des Patienten
- ☐ Recht der zur stationären Versorgung aufgenommenen Kinder auf eine möglichst kindergerechte Ausstattung der Krankenräume
- ☐ Recht auf religiöse Betreuung und psychische Unterstützung
- ☐ Recht auf vorzeitige Entlassung
- ☐ Recht auf Ausstellung eines Arztbriefes
- ☐ Recht auf Einbringung von Anregungen und Beschwerden
- ☐ Recht auf Sterbebegleitung
- ☐ Recht auf ein würdevolles Sterben und Kontakt mit Vertrauenspersonen

Service

Adressen/Links

Stichwortverzeichnis

Burgenland

Patienten- und Behindertenanwaltschaft Burgenland
Technologiezentrum, Bauteil 5-EG
Marktstraße 3, 7000 Eisenstadt
Tel. (02682) 600-2153
E-Mail: post.patientenanwalt@bgld.gv.at
www.burgenland.at (Gesundheit und Soziales, Patientenanwalt)

Kärnten

Patientenanwaltschaft
Völkermarkter Ring 31, 9020 Klagenfurt
Tel. (050) 536 57102
E-Mail: patientenanwalt@knt.gv.at
www.patientenanwalt-kaernten.at

Niederösterreich

Patienten- und Pflegeanwaltschaft
Landhausplatz 1, Haus 13, 3109 St. Pölten
Tel. (02742) 90 05-155 75
E-Mail: post.ppa@noel.gv.at
www.patientenanwalt.com

Oberösterreich

Patienten- und Pflegevertretung
Bahnhofplatz 1, 4021 Linz
Tel. (0732) 77 20-142 15
E-Mail: ppv.post@ooe.gv.at
www.land-oberoesterreich.gv.at

Salzburg

Patientenvertretung
Michael-Pacher-Straße 36, 5020 Salzburg
Tel. (0662) 8042-2030
E-Mail: patientenvertretung@salzburg.gv.at
www.salzburg.gv.at

Steiermark

PatientInnen- und Pflegeombudsschaft
Friedrichgasse 9, 8010 Graz
Tel. (0316) 877-3350/3191
E-Mail: ppo@stmk.gv.at
www.patientenvertretung.steiermark.at

Tirol

Patientenvertretung
Meraner Straße 5, 6020 Innsbruck
Tel. (0512) 508 7700
E-Mail: patientenvertretung@tirol.gv.at
www.tirol.gv.at/patientenvertretung

Vorarlberg

Patientenanwaltschaft
Marktplatz 8, 6800 Feldkirch
Tel. (05522) 815 53
E-Mail: anwalt@patientenanwalt-vbg.at
www.patientenanwalt-vbg.at

Wien

Wiener Pflege-, Patientinnen- und Patientenanwaltschaft
Ramperstorffergasse 67, 1050 Wien
Tel. (01) 587 12 04
E-Mail: post@wpa.wien. gv.at
www.patientenanwaltschaft.wien.at

Bewohnervertreter

Vorarlberg

ifs Bewohnervertretung
Poststraße 2/4, 6850 Dornbirn
Tel. 05 1755 590 Fax 05 1755 9595
E-Mail: bewohnervertretung@ifs.at
www.ifs.at

Salzburg

Erwachsenenvertretung Salzburg, Zentrale
Hauptstraße 91d, 5600 St. Johann im Pongau
Tel. 06412/6706 Fax DW 4
E-Mail: office@erwachsenenvertretung.at

Regionalstelle
Flugplatzstraße 52/7, 5700 Zell am See
Tel. 06542/74253 Fax DW 4
E-Mail: zell@erwachsenenvertretung.at

Niederösterreich

NÖ Landesverein für Erwachsenenschutz – Erwachsenenvertretung,
Bewohnervertretung, Geschäftsführung
Bräuhausgasse 5/2/2, 3100 St. Pölten
Tel. 02742/77175 Fax: 02742/77175-379
E-Mail: bewohnervertretung@noelv.at
www.noelv.at

Laurenz-Dorrer-Straße 6, 3300 Amstetten
Tel. +43 7472 65 380 Fax DW 679
E-Mail: bewohnervertretung-am@noelv.at

Wienerstraße 2/2/2, 2340 Mödling
Tel. +43 2236 48 882 Fax DW 779
E-Mail: bewohnervertretung-md@noelv.at

Bräuhausgasse 5/2/3, 3100 St. Pölten
Tel. +43 2742 36 16 30 Fax DW 279
E-Mail: bewohnervertretung-sp@noelv.at

Herrengasse 25/1, 2700 Wr. Neustadt
Tel. +43 2622 26 738 Fax DW 879
E-Mail: bewohnervertretung-wn@noelv.at

Neuer Markt 15, 3910 Zwettl
Tel. +43 2822 54 258 Fax DW 479
E-Mail: bewohnervertretung-zw@noelv.at

VertretungsNetz – Erwachsenenvertretung, Patientenanwaltschaft, Bewohnervertretung

Fachbereichsleitung, Zentrum Rennweg
Ungargasse 66/2/3.OG, 1030 Wien
Tel. 01/330 46 00
E-Mail: bewohnervertretung@vertretungsnetz.at
www.vertretungsnetz.at

Burgenland

Ziegelofengasse 33/1/3, 1050 Wien
Tel. 0676/83308 3200
E-Mail: noebgld.bwv@vertretungsnetz.at

Kärnten/Osttirol

Rudolfsbahngürtel 2/4. Stock, 9020 Klagenfurt
Tel. 0676/83308 3570
E-Mail: klagenfurt.bwv@vertretungsnetz.at

Niederösterreich

Ziegelofengasse 33/1/3, 1050 Wien
Tel. 0676/83308 3200
E-Mail: noebgld.bwv@vertretungsnetz.at

Oberösterreich

Rennbahnstraße 15/2. Stock, 4600 Wels
Tel. 0676/83308 3300
E-Mail: wels.bwv@vertretungsnetz.at

Salzburg

Petersbrunnstraße 9, 5020 Salzburg
Tel. 0676/83308 3400
E-Mail: salzburg.bwv@vertretungsnetz.at

Steiermark

Kärntnerstraße 417/1.OG, 8054 Graz
Tel. 0676/83308 3500
E-Mail: graz.bwv@vertretungsnetz.at

Tirol

Olympiastraße 17/1/Top 2, 6020 Innsbruck
Tel. 0676/83308 3450
E-Mail: innsbruck.bwv@vertretungsnetz.at

Wien

Ziegelofengasse 33/2/5, 1050 Wien
Tel. 0676/83308 3100
E-Mail: wien1.bwv@vertretungsnetz.at

Weitere Kontaktadressen

Bundesministerium für Gesundheit
Radetzkystraße 2, 1030 Wien
Tel. (01) 711 00-0 Fax (01) 713 44 04-2277
www.gesundheit.gv.at

Fonds Gesundes Österreich,
ein Geschäftsbereich der Gesundheit Österreich GmbH
Aspernbrückengasse 2/4, 1020 Wien
Tel. (01) 895 04 00
E-Mail: fgoe@goeg.at
www.fgoe.org

ELGA GmbH
Treustraße 35-43/Stiege 4/1. Stock, 1200 Wien
Tel. Serviceline 050 124 4411
E-Mail: office@elga.gv.at

Das österreichische Testmagazin

Ihr Ratgeber für den täglichen Einkauf
Jeden Monat mit Tests, Reports und Analysen. Ohne Inserate, deshalb unabhängig von Firmen. Nur dem Leser verpflichtet.

www.konsument.at

Beratung & Konsumentenschutz

Wir beraten Sie vor und nach dem Kauf
Und helfen Ihnen, zu Ihrem Recht zu kommen. In **Musterprozessen** zeigen wir Missstände auf.Besserer Konsumentenschutz ist das Ziel.

www.vki.at

Test-Urteile

Test ist nicht gleich Test
Nur Konsumentenschutzorganisationen wie der VKI prüfen nach international anerkannten Standards. Deshalb ist auf unsere Testergebnisse Verlass. Strenge Qualitätsrichtlinien zeichnen unsere Arbeit aus.

Wir sind für Sie da

Aboservice
Für Fragen zu Ihrem KONSUMENT-Abonnement, für Adressänderungen sowie für Buchbestellungen wählen Sie Tel. 01 588 774 (Mo–Do 9–16 Uhr, Fr 9–14 Uhr)

Beratung
Die ExpertInnen unseres Beratungszentrums sind unter Tel. 01 588 77-0 erreichbar (Mo–Fr 9–13 Uhr)

Persönliche Beratung
Wien: Mariahilfer Straße 81, Tel. 01 588 77-0
(Terminvereinbarung Mo, Mi 9–18 Uhr, Di, Do 9–16 Uhr)
Innsbruck: Maximilianstraße 9, Tel. 0512 58 68 78
(Mo–Do 8–12 Uhr)

Besuchen Sie uns im Internet **www.konsument.at**